D1718758

Oluf F. Konstroffer

So nutzen Sie Ihre Chancen
in amerikanischer
Unternehmenskultur

Oluf F. Konstroffer

So nutzen Sie Ihre Chancen in amerikanischer Unternehmenskultur

Erfolgreich arbeiten bei US-Firmen

Die Deutsche Bibliothek CIP-Einheitsaufnahme

Konstroffer, Oluf F.:
So nutzen Sie Ihre Chancen in amerikanischer Unternehmenskultur :
erfolgreich arbeiten bei US-Firmen / Oluf F. Konstroffer. –
Landsberg am Lech : mvg-verl., 2000
ISBN 3-478-74170-X

© 2000 bei mvg-verlag im verlag moderne industrie AG & Co. KG, Landsberg am Lech

Umschlaggestaltung: Vierthaler & Braun, München
Satz: Fotosatz H. Buck, Kumhausen
Druck- und Bindearbeiten: Himmer GmbH, Augsburg
Printed in Germany 74170/700352
ISBN 3-478-74170-X

Inhaltsverzeichnis

Vorwort

„American corporate culture" – dieser Begriff weckt Emotionen. Die einen sehen hier als Folge der Verbindung von freier Marktwirtschaft und Turbokapitalismus eine Arbeitsatmosphäre für Schwerstabhängige in den Unternehmen. Andere vertrauen auf die Kräfte des Marktes, bestehen darauf, dass Unternehmen Gewinne erwirtschaften müssen und sehen in einem Arbeitsvertrag einen ganz normalen Deal. Wer hier als Mitarbeiter sein Wissen, seine Arbeitskraft und seine soziale Kompetenz zum Nutzen eines Unternehmens ohne Wenn und Aber einsetzt, den will und wird man fördern. Wer die erwünschten, meist auch vereinbarten Ergebnisse nicht abliefert, der ist und hat ein Problem. Und das wird er schnell merken. Die Stichworte sind MBO, „hire and fire" oder „dealing with changes", die in diesem Buch erläutert werden.

Um Vorurteile abzubauen, die immer noch insbesondere durch die Köpfe derjenigen geistern, denen der Kündigungsschutz mehr bedeutet als variable Gehaltsanteile und Incentive-Programme, haben wir uns mit einigen Hintergründen befasst, die das Denken, Handeln und auch das Leben der Amerikaner beleuchten.

Was Sie wissen sollten, bevor Sie sich bei der deutschen Tochtergesellschaft einer US-Corporation bewerben bzw. vorstellen, und wie Sie in diesem Unternehmen Karriere machen können, das wollen wir Ihnen vermitteln. Wissenschaftliche Ausarbeitungen helfen hier nicht weiter, schon eher Erfahrungen und Beispiele aus der Praxis. Sie als Leser sollten mit Flexibilität, Leistungsfreude, einem gesunden Schuss Risikobereitschaft und einer guten Portion Ehrgeiz an Ihre Aufgaben herangehen. Fragen Sie nicht, was das Unternehmen für Sie tun kann, sondern was Sie für das Unternehmen zu leisten imstande sind. Die Belohnung kommt schneller, als Sie denken; in amerikanischer Unternehmenskultur haben wir schon atemberaubende Karrieren verfolgt. „Entrepreneurial spirit", unternehmerisches Denken und Handeln also – das wird von Managern sehr hoch eingeschätzt.

Wenn Sie Spaß am beruflichen Erfolg haben und die damit einhergehenden, angenehmen Begleiterscheinungen schätzen, dann sollten Sie die Chancen nutzen, die sich Ihnen in der US corporate culture bieten. Dieses Buch soll Sie einerseits dazu motivieren und Ihnen andererseits aufzeigen, welches Verhalten gefragt ist. Auf jeden Fall gilt: Think positive!

Danken möchte ich besonders Anette Sommer, die dieses Buchprojekt umsichtig und zuverlässig managte, sowie Dietmar Lipfert, der sich mit dem komplexen Thema der amerikanischen Investitionen herumgeschlagen hat.

In unserem US-Team in Chicago haben mich Christiane Holke und Drew Reaves bei den Recherchen und der amerikanischen Fassung der Artikel in hervorragender Weise unterstützt. Thank you guys!

Oluf F. Konstroffer

Teil I

1. Die Entwicklung der US-Investitionen in Deutschland und Europa

1.1 Positive Entwicklung trotz zweier Weltkriege – US-Direktinvestitionen in der ersten Hälfte des 20. Jahrhunderts

Mit dem industriellen Wandel kamen Ende des vorigen Jahrhunderts die ersten amerikanischen Firmen nach Deutschland. In Berlin wurde am 29.01.1903 die erste amerikanische Handelskammer gegründet, um amerikanische Unternehmen dabei zu unterstützen, ihre innovativen Produkte in Deutschland einzuführen und zu vermarkten. Sie war die erste ausländische Kammer auf deutschem Boden und die zweitälteste „American Chamber of Commerce" in der Welt.

Einige der ersten amerikanischen Firmen, die ihre Produkte auf dem europäischen Kontinent vorstellten, waren: *Columbia Phonograph, California Fruit, Tennessee Coal and Iron Co., New York Life Insurance, Bradstreet* Co. sowie auch *Singer*-Nähmaschinen, der Kassenhersteller *National Cash Register,* der Landmaschinenhersteller *International Harvester* und der Aufzughersteller *Otis.* Neue Firmen wie die *Deutsche Edison Gesellschaft für angewandte Electricität* (mit Beteiligung der *General Electric*) und die *Deutsch-Amerikanische Petroleumgesellschaft* und spätere *Esso (Standard Oil)* wurden gegründet.

Ein erster tiefer Einschnitt in die deutsch-amerikanischen Wirtschaftsbeziehungen war der Erste Weltkrieg, dem aber in den Goldenen Zwanzigern eine neue Investitionswelle folgte. Im Jahre 1926 eröffnete *Woolworth* in Bremen sein erstes Kaufhaus und 1928 erwarb *General Motors* die *Adam Opel AG.* Im Jahre 1930 legte Henry Ford den Grundstein für das *Ford*-Werk in Köln mit einer anfänglichen Belegschaft von 619 Mitarbeitern und einer Produktion von 6021 Automobilen pro Jahr. Die *Chrysler G.m.b.H.* in Berlin-Johannisthal stellte Mitte der 30er Jahre den „Chrysler 65 – Der Avus Rekordwagen" dem deutschen Publikum vor. Die gesamten

US-Direktinvestitionen in Deutschland beliefen sich zu dieser Zeit auf immerhin 216,5 Millionen US-Dollar oder ungefähr 17 Prozent aller US-Direktinvestitionen in Westeuropa.

Der zweite tiefe Einschnitt in die deutsch-amerikanischen Wirtschaftsbeziehungen war die Zeit des Nationalsozialismus. Viele Ausländer liquidierten, wenn noch möglich, ihren Besitz in Deutschland. Im Jahre 1936 betrugen die US-Direktinvestitionen immer noch 227,8 Mio. US-Dollar oder 20 Prozent der US-Direktinvestitionen in Westeuropa. Die Gewinne der sich in amerikanischem Eigentum befindenden Unternehmen durften nicht mehr zu ihren Eigentümern transferiert werden: Der Anreiz zum Produzieren wurde vernichtet. Während des Zweiten Weltkriegs wurde ungefähr die Hälfte der amerikanischen Beteiligungen zerstört und rund ein Viertel schwer beschädigt.

1.2 Der Marshall-Plan und das deutsche Wirtschaftswunder – US-Direktinvestitionen im Nachkriegsdeutschland

Nach der bedingungslosen Kapitulation durch das deutsche Oberkommando 1945 und der Teilung in einen West- und einen Oststaat war auch eine politische Weiche gestellt, die die westdeutsche Wirtschaftspolitik aus den autarkischen oder protektionistischen Zwangslagen, Irrwegen und Sackgassen herausführen sollte. In der Nachkriegszeit waren in der Tat die Rahmenbedingungen für ein liberales Weltwirtschaftssystem weitaus günstiger als in den Anfangsjahren der Weimarer Republik. Bereits in der Atlantik-Charta von 1941 hatten die Vereinigten Staaten von Amerika ihre „open-door-policy" als Grundprinzip der Weltwirtschaft der Nachkriegszeit festgeschrieben. Ein Jahr nach Ende des Zweiten Weltkriegs betrug die Zahl der Firmen in der Bundesrepublik Deutschland, die teilweise oder ganz durch amerikanisches Kapital kontrolliert wurden, 159. Allerdings war das von den West-Alliierten besetzte Nachkriegsdeutschland kaum durch eine liberale Investitionspolitik geprägt. Nach dem Zusammenbruch der deutschen Wirtschaft 1946/47 wurde die mit erheblichen Desinvestitionen versehene und nur partiell durchgeführte Morgenthau-Politik gegenüber Deutschland aufgegeben und durch den Marshall-Plan ersetzt, der nach wie vor als eine bedeutende Grundlage des wirtschaftlichen Aufschwungs oder des „Wirtschaftswunders" von 1948 bis 1965 gilt. Die durch den Weltkrieg in starke Mitleidenschaft gezogene Produktion wurde durch verschiedene Hilfsprogramme der USA wieder in Gang gesetzt. Für die Bundesrepublik Deutschland bedeutete dies, dass neben den Rohstoff- und Nahrungsmittellieferungen in Höhe von 1,8 Mrd. US-Dollar aus dem GARIOA (Government Appropriation and Relief for Import in Occupied Areas)-Programm insbesondere Mittel des Marshall-Plans in Höhe von 1,3 Mrd. US-Dollar als Devisenhilfe innerhalb des am 05.06.47 vom US-Außenministeriums verkündeten und von 1948 bis 1952 durchgeführten „European Recovery Program" (ERP) bereitgestellt wurden. Diese ERP-Programme werden bis heute in abgewandelter Form von der Bundesregierung zur Förderung von Existenzgründern fortgeführt.

Die amerikanischen Investitionen in der Bundesrepublik liefen zu Beginn der 50er Jahre zunächst sehr zögerlich an, da die erzielten Gewinne nur mit Schwierigkeiten transferiert werden konnten. Auch ein deutsch-amerikanischer Vertrag zur Vermeidung der Doppelbesteuerung kam erst Mitte 1954 zustande. Wie schon zur Weimarer Zeit war die kapitalarme deutsche Wirtschaft auf amerikanisches „capital" angewiesen, um die gesamtwirtschaftliche Produktion wieder zum Laufen zu bringen. Im Jahre 1950 erreichten die US-Direktinvestitionen in der Bundesrepublik 204 Mio. US-Dollar und stiegen dann bis 1958 auf 666 Mio. US-Dollar oder 35 Prozent der gesamten Investitionen in den damaligen sechs EG-Ländern. Die *Esso AG* warb mit ihrem Slogan „Happy Motoring in Germany with *Esso Extra*". *IBM* penetrierte den westdeutschen Büromarkt mit seinen „elektrischen SchreIBMaschinen ... den meistgekauften der Welt". *Gillette Roth-Büchner GmbH*, eine Tochter von *The Gillette Company*, Boston, bearbeitete den Markt für Rasierer mit neuartigen, auswechselbaren Rasierklingen. Mit Gründung der Europäischen Gemeinschaft im Jahre 1958 konnten amerikanische Unternehmen ihre Erfahrungen aus einem großen Markt auf Europa wirkungsvoll transferieren. Im gleichen Jahr eröffnete die *Hilton*-Hotelkette ihr erstes Hotel in Berlin, das damals 27 Mio. DM plus 7,5 Mio. für das Innendesign kostete. Weiter stiegen die US-Direktinvestitionen um beachtliche 20 Prozent auf 795 Mio. US-Dollar. Ford steigerte seine Produktion auf 213 881 Kraftfahrzeuge bei einer Belegschaft von 20 000 Mitarbeitern.

1.3 „Ami go home" und „Germany goes west" – US-Direktinvestitionen in den 60er und 70er Jahren

Die US-Direktinvestitionen überschritten 1960 bei einem Wachstum von 26 Prozent gegenüber dem Vorjahr die Milliarden-US-Dollar-Grenze. Im Jahr 1961 fertigte Ford sein millionstes Kraftfahrzeug in Deutschland. Im gleichen Jahr wurden 700 Firmen in der Bundesrepublik gezählt, die sich ganz oder teilweise in amerikanischem Eigentum befanden. Bereits Mitte der 60er Jahre wurde die Marke von zwei Mrd. US-Dollar deutlich überschritten. Im Jahre 1968 eröffnete *Goodyear* sein erstes deutsches Werk in Philippsburg nahe Heidelberg. Die Kosten betrugen 14 Mio. US-Dollar und der anfängliche Personalbestand umfasste 465 Mitarbeiter. Die Kapazität von 2 000 Reifen pro Tag wurde bald auf 3 200 gesteigert. Gegen Ende der 60er Jahre kamen wegen der Finanzkraft der US-Konzerne und der weltpolitischen Vormachtstellung der Vereinigten Staaten von Amerika Überfremdungsängste in der Bundesrepublik auf. Erste Schilder mit Slogans wie „Ami go home" tauchten auf.

Anfang der 70er Jahre kam es, ausgelöst durch den Entwurf des Mitbestimmungsgesetzes, zu einer ernsthaften Belastung der amerikanischen Investitionswilligkeit. Obwohl sich die Amerikanische Handelskammer aus der Diskussion heraushalten wollte, löste ein von ihr in Auftrag gegebener Untersuchungsbericht über die Rechtmäßigkeit dieses Gesetzes für amerikanische Firmen, der sogenannte Wengler-Report, erregte Diskussionen aus. Das im Jahre 1976 verabschiedete Mitbestimmungsgesetz, das den Anteilseignern letztendlich die Kontrolle überließ, war ein Gesetz, mit dem die amerikanischen Firmen leben konnten. Die nominellen US-Direktinvestitionen befanden sich in den 70er Jahren auf einem „steady path", von ungefähr 4,5 Mrd. US-Dollar 1970 auf ungefähr 13,5 Mrd. US-Dollar 1979. Allerdings berücksichtigen diese Zahlen nicht den Verfall des US-Dollars nach der Abkehr von den Vereinbarungen des Bretton-Woods-Abkommens von 1973. In der Tat fiel der relative Anteil innerhalb der Europäischen Gemeinschaft an US-Direktinvestitionen in der Bundesrepublik von 39 Prozent 1970 auf 21 Prozent 1979. Wobei der Vollständigkeit halber anzumerken ist, dass zur gleichen Zeit die Mitgliederzahl der Europäischen Gemeinschaft von sechs auf neun stieg.

In den 70er Jahren waren die deutschen Direktinvestitionen im Ausland zum ersten Mal größer als die ausländischen in der Bundesrepublik. Dies mag auf die gestiegene Finanzkraft deutscher Unternehmen hindeuten. Zugleich kann es aber auch als eine Reaktion der deutschen Wirtschaft auf den zunehmenden weltweiten Protektionismus verstanden werden. In der Tat versuchten deutsche Firmen, angesichts von protektionistischen Tendenzen in den USA, die Zollgrenzen durch verstärkte Präsenz vor Ort zu überspringen. Während die deutschen Direktinvestitionen in die USA zunahmen, gingen die Exporte in die USA zu Gunsten solcher in die Europäische Gemeinschaft zurück. Die steigenden deutschen Investitionen könnten aber auch mit dem für zumindest deutsche Unternehmer weniger attraktiv werdenden Industriestandort „Bundesrepublik Deutschland" zusammenhängen. In der zweiten Hälfte der 70er Jahre besannen sich die Europäer – ganz im gaullistischen Sinne – wegen der Differenzen mit den USA auf sich und gründeten u.a. 1979 das Europäische Währungssystem EWS. Auch die angespannte konjunkturelle Lage, ausgelöst durch die zwei so genannten Ölkrisen, unterstützte diesen Prozess. Die US-Direktinvestitionen in den Jahren 1977 bis 1979 nahmen gegenüber dem jeweiligen Vorjahr seit langer Zeit zum ersten Mal ab.

1.4 Stillstand, bis die Mauer fiel – US-Direktinvestitionen in den 80er Jahren

Die 80er Jahre, die zumindest wirtschaftlich durch die Reagan-Ära beeinflusst waren, führten den US-Dollar von einem anfänglichen Rekordtief über schwindelnde Höhen zu einem erneuten Sturz zu Ende des Jahrzehnts. Die US-Direktinvestitionen stagnierten in der ersten Hälfte der 80er Jahre bei 16 Mrd. US-Dollar. Von Mitte bis Ende der 80er Jahre weisen die Zahlen des U.S. Department of Commerce keinen bedeutenden Anstieg der Direktinvestitionen in der Bundesrepublik aus. Vielmehr fielen diese im Vergleich zum jeweiligen Vorjahr (1986 bis 1988 in DM bewertet und 1988 in US-Dollar bewertet). Auch für die Europäische Gemeinschaft ergeben sich für die Jahre 1986 bis 1988 negative Zuwachsraten. Die Prognose großer Anlagevorhaben in der Bundesrepublik und Europa, die im Zusammenhang mit der „Vollendung des europäischen Binnenmarktes" hoffnungsvoll erstellt wurde, schien sich nicht zu bestätigen. Vielmehr nahmen die Gründungen kleiner amerikanischer Tochtergesellschaften und die Neuerwerbungen von bereits in der Europäischen Gemeinschaft etablierten US-Tochterfirmen stark zu. Dies zeigen Daten des U.S. Department of Commerce, nach denen die Neuerwerbungen bisher rein europäischer Unternehmen von 1985 bis 1990 um ungefähr 50 Prozent zugenommen haben. Diesem Trend der Anpassung der Unternehmensplanung von bereits in der Europäischen Gemeinschaft operierenden US-Firmen an die zukünftigen Gegebenheiten steht eine geringe Zahl von Neugründungen bisher rein amerikanisch orientierter Betriebe gegenüber. Die Direktinvestitionen in der Bundesrepublik Deutschland Ende der 80er Jahre kamen in der Tat nur zu einem geringen Teil durch Mittelzuflüsse von außen, sondern wurden zum Großteil durch reinvestierte Gewinne aus der Europäischen Gemeinschaft finanziert.

Die bei den meisten US-Firmen bereits seit Jahren, wenn nicht Jahrzehnten, bestehende „paneuropäische" strategische Marktpenetration erforderte somit nur eine Anpassung ihrer Operationen an die aktuellen Rahmenbedingungen. Im Gegensatz zu ihren hiesigen Mitbewerbern mußten die US-Unternehmen nun nicht vollkommen neue Strategien zur bestmöglichen Marktdurchdringung entwickeln, sondern konnten sich auf Modifizierungen der nunmehr gebotenen Handlungsweisen bei Herstellung, Vermarktung und Distribution beschränken. Insofern stimulierte der Binnenmarkt die amerikanischen Investitionen in Europa in den 80er Jahren wenig, was auch die Zahlen des U.S. Department of Commerce zu belegen scheinen.

1.5 Konsumrausch im Osten: Tausche Trabi gegen Opel – US-Direktinvestitionen zu Beginn der 90er Jahre

Zu Beginn der 90er Jahre stiegen die amerikanischen Direktinvestitionen in der Bundesrepublik weiter auf 32,9 Mrd. US-Dollar oder 7,3 Prozent aller US-Investitionen im Ausland beziehungsweise 17 Prozent in der Europäischen Gemeinschaft. In den ersten Jahren der Wiedervereinigung machten sich insbesondere die Töchter der amerikanischen Konsumgüterhersteller wie *Coca-Cola, Kellogg, Philip Morris* und *Opel (General Motors)* daran, die riesige Nachfrage im Osten der Bundesrepublik und Europa zu befriedigen. Allein der deutsche Markt wuchs durch die Vereinigung der beiden deutschen Staaten um 17 Mio. Konsumenten.

Zigaretten aus dem Westen, die schon seit Jahrzehnten beliebt, aber fast unerschwinglich waren, konnten sich nun auch die Normalbürgerin und der Normalbürger im Osten leisten. Die Trabi- und Wartburgproduktion wurde eingestellt und die Verkaufszahlen von Opel und Ford stiegen 1991 in den neuen Bundesländern explosionsartig um 27 Prozent bzw. 41 Prozent gegenüber dem Vorjahr. Die Markenartikel von *Procter & Gamble* brachten ebenfalls zweistellige Zuwachsraten. *Philip Morris* schaffte auf Anhieb einen Anteil von 45 Prozent des Zigarettenmarktes in den neuen Bundesländern und schraubte seine Verkaufszahlen um 17 Prozent nach oben.

Neben der direkten Nachfragebefriedigung waren die US-Unternehmen vor allem im Bereich der Kapitalinvestitionen und von Joint Ventures mit Distributions- und anderen Partnern aktiv. Nach Angaben der American Chamber of Commerce investierten ungefähr 145 US-Firmen im Osten Deutschlands umgerechnet 3 Mrd. DM und schufen damit direkt oder indirekt 30 000 Arbeitsplätze. Das neue Automobilwerk der *Adam Opel AG* in Eisenach mit einer Investitionssumme von 1 Mrd. DM wurde zum Symbol und Aushängeschild des amerikanischen Engagements in den neuen Bundesländern. Nach Aussagen der Treuhand entwickelten sich die Vereinigten Staaten von Amerika 1992 mit 19,9 Prozent zum Hauptinvestor in den neuen Bundesländern, gefolgt von Frankreich mit 19,5 Prozent, Kanada 13,6 Prozent, Großbritannien mit 10,2 Prozent sowie den Niederlanden und der Schweiz mit jeweils 7 Prozent.

1.6 Wachstum in Europa, Stagnation in Deutschland – US-Direktinvestitionen zwischen 1994 und 1998

Mitte der 90er Jahre war der Konsumrausch in Ostdeutschland einer hohen Arbeitslosigkeit gewichen und die US-Direktinvestitionen gerieten bei nur moderatem Wachstum von 38,9 Mrd. US-Dollar 1994 auf 42,9 Mrd. US-Dollar 1998 ins Stocken. Gleichzeitig beschleunigte sich die Globalisierung der Volkswirtschaften auf Grund verstärkter Direktinvestitionen ins Ausland. Die zunehmende wirtschaftliche Verflechtung vollzog sich besonders ausgeprägt innerhalb und zwischen den sich herausbildenden Wirtschaftsregionen der Europäischen Union, der NAFTA und der ASEAN-Staaten in Form von Firmenkäufen, Fusionen, Joint Ventures und Neugründungen in beide Richtungen. Die USA spielten dabei eine sehr aktive Rolle, verhielten sich gegenüber Deutschland allerdings seit Mitte der 90er Jahre sehr bedeckt.

Die US-amerikanischen Vermögenswerte in Form von Direktinvestitionen im Ausland hatten nach Angaben des Bureau of Economic Analysis als

1. Die Entwicklung der US-Investitionen

Teil des U.S. Department of Commerce 1998 auf der Basis historischer Kosten[1] einen Rekordwert von 980,5 Mrd. US-Dollar im Jahr erreicht. Diese Position hatte sich gegenüber 1991 verdoppelt und gegenüber 1987 verdreifacht. Dies entspricht einem durchschnittlichen Wachstum von jährlich ca. 11 Prozent in den 90er Jahren. In umgekehrter Richtung entwickelten ausländische Investoren in den USA mit einer durchschnittlichen Wachstumsrate von jährlich ca. 9 Prozent ein ähnlich dynamisches Engagement.

Zu den wichtigsten Zielländern von US-Direktinvestitionen gehörten Großbritannien, Kanada, die Niederlande und Deutschland (s. Abb. 1). In der oben genannten Gesamtposition zum Jahresende 1998 konnte Großbritannien einen Anteil von 178,7 Mrd. US-Dollar (1994: 100,8 Mrd. US-Dollar), Kanada einen Anteil von 103,9 Mrd. US-Dollar (1994: 74,2 Mrd. US-Dollar), die Niederlande einen Anteil von 79,4 Mrd. US-Dollar (1994: 29,9 Mrd. US-Dollar) und Deutschland einen Anteil von 42,9 Mrd. US-Dollar (1994: 38,9 Mill. US-Dollar) für sich verbuchen. Damit hatte sich Großbritannien gegenüber 1994 um zwei Prozentpunkte (von 16 Prozent auf 18 Prozent) und die Niederlande sogar um drei Prozentpunkte (von 5 Prozent auf 8 Prozent) verbessern können, während Deutschland zwei Prozentpunkte (von 6 Prozent auf 4 Prozent) zurückfiel. Darüber hinaus hatten die Niederlande Deutschland seit 1996 von dem dritten auf den vierten Platz verdrängt.

Noch deutlicher zeigt sich die Zurückhaltung der US-Investoren gegenüber Deutschland, wenn man deren globale Prioritäten anhand der Wirtschaftsregionen betrachtet. Die Europäische Union hatte ihre Position trotz der verschärften globalen Wettbewerbssituation und der aufstrebenden Wirtschaftsregionen NAFTA und ASEAN von 253,2 Mrd. US-Dollar (1994) auf 433,7 Mrd. US-Dollar (1998) verbessern können. Ihr Anteil an den gesamten US-Direktinvestitionen wuchs damit zwischen 1994 und 1998 von 41 Prozent auf beachtliche 44,2 Prozent. Dies entspricht einem jährlichen Wachstum von durchschnittlich 14 Prozent. Die US-Direktinvestitionen in Deutschland erhöhten sich in diesem Zeitraum von 38 878 Mrd. US-Dollar (1994) auf gerade mal 42 853 Milliarden US-Dollar (1998). Dies entspricht einem jährlichen Wachstum von mageren 2 Pro-

---

[1] Unter historischen Kosten versteht man die Wertfestsetzung mit Bezug auf das jeweilige Berichtsjahr im Gegensatz zur Wertfeststellung des relevanten Berichtsjahres mit Bezug auf den aktuellen Wiederbeschaffungs- oder (Aktien-)Marktwert.

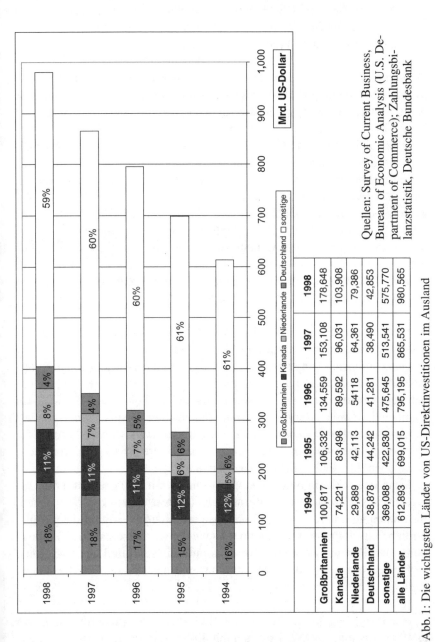

	1994	1995	1996	1997	1998
Großbritannien	100,817	106,332	134,559	153,108	178,648
Kanada	74,221	83,498	89,592	96,031	103,908
Niederlande	29,889	42,113	54118	64,361	79,386
Deutschland	38,878	44,242	41,281	38,490	42,853
sonstige	369,088	422,830	475,645	513,541	575,770
alle Länder	612,893	699,015	795,195	865,531	980,565

Quellen: Survey of Current Business, Bureau of Economic Analysis (U.S. Department of Commerce); Zahlungsbilanzstatistik, Deutsche Bundesbank

Abb. 1: Die wichtigsten Länder von US-Direktinvestitionen im Ausland

zent. Auf der Basis der US-Direktinvestitionen in der Europäischen Union hat sich der deutsche Anteil von 15 Prozent (1994) auf nur noch 10 Prozent (1998) reduziert (s. Abb. 2).

Auch im Hinblick auf kleinere Staaten der Europäischen Union hat Deutschland das Nachsehen. Dies wird besonders mit Blick auf den Saldo im Kapitalverkehr der US-Direktinvestititionen deutlich. Es blendet die bereits entstandenen Vermögenswerte in den betreffenden Ländern aus und konzentriert sich auf die konkrete Kapitalausfuhr aus den USA abzüglich der Kapitaleinfuhr in die USA. So hat sich z.B. der Kapitaltransfer für Direktinvestitionen von den USA nach Luxemburg von 0,517 Mrd. US-Dollar (1994) auf 4,585 Mrd. US-Dollar (1998) und nach Irland von minus 0,337 Mrd. US-Dollar (1994) auf 3,554 Mrd. US-Dollar (1998) erhöht, wogegen die Kapitalausfuhr nach Deutschland von 2,863 Mrd. US Dollar (1994) auf 2,025 Mrd. US-Dollar (1998) zurückfiel (s. Abb. 3).

Aus deutscher Perspektive hatte sich zwischen 1994 und 1998 die jährliche Kapitaleinfuhr für Direktinvestitionen aus den USA von 3,162 Mrd. DM auf 5,413 Mrd. DM (1998) moderat und die Kapitalausfuhr in die USA von 1,388 Mrd. DM auf 77,984 Mrd. DM explosionsartig erhöht (s. Abb. 4). Deutschland hatte 1998 als viertgrößter Investor in den USA mit 23,8 Mrd. US-Dollar ein Wachstum von 33 Prozent zu verzeichnen, gefolgt von Großbritannien mit 20 Mrd. US-Dollar.

Ganz offensichtlich verschärft sich das Ungleichgewicht im Investitionsverhalten beider Länder – mit nachhaltigen Auswirkungen auf die zunehmende Verflechtung der wirtschaftlichen Beziehungen, die sich im Rahmen der Globalisierung weltweit herausbilden: Deutschland engagiert sich im Ausland und in besonderer Weise in den USA sehr stark. Auch die USA engagieren sich im Ausland und in besonderer Weise in Europa sehr stark, aber eben leider nicht in Deutschland.

Dennoch, auch ein moderates Wachstum ist ein Wachstum und die US-Investoren sind weit davon entfernt, sich aus Deutschland zurückzuziehen. Besonders geschätzt wird das hohe Qualifikationsniveau und die geringe Streikbereitschaft der Arbeitnehmer sowie die wettbewerbsfähige Produktions- und Fertigungstechnik. Hinzu kommt die zentrale Lage in Europa, verbunden mit einer guten Infrastruktur, und natürlich ein großer und in weltweit schwierigen wirtschaftlichen Zeiten auch relativ stabiler Absatzmarkt.

Nach Angaben der amerikanischen Industrie- und Handelskammer gab es 1998 ungefähr 1 800 US-Firmen mit 800 000 Arbeitnehmern, davon un-

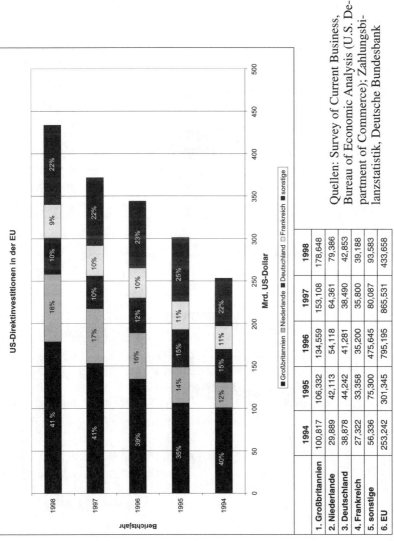

US-Direktinvestitionen in der EU

■ Großbritannien ■ Niederlande ■ Deutschland □ Frankreich ■ sonstige

Mrd. US-Dollar

	1994	1995	1996	1997	1998
1. Großbritannien	100,817	106,332	134,559	153,108	178,648
2. Niederlande	29,889	42,113	54,118	64,361	79,386
3. Deutschland	38,878	44,242	41,281	38,490	42,853
4. Frankreich	27,322	33,358	35,200	35,800	39,188
5. sonstige	56,336	75,300	475,645	80,087	93,583
6. EU	253,242	301,345	795,195	865,531	433,658

Abb. 2: US-Direktinvestitionen in der Europäischen Union

Quellen: Survey of Current Business, Bureau of Economic Analysis (U.S. Department of Commerce); Zahlungsbilanzstatistik, Deutsche Bundesbank

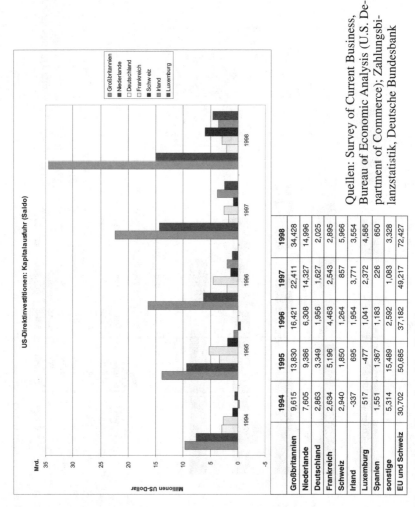

US-Direktinvestitionen: Kapitalausfuhr (Saldo)

	1994	1995	1996	1997	1998
Großbritannien	9,615	13,830	16,421	22,411	34,428
Niederlande	7,605	9,386	6,308	14,327	14,996
Deutschland	2,863	3,349	1,956	1,627	2,025
Frankreich	2,634	5,196	4,463	2,543	2,895
Schweiz	2,940	1,850	1,264	857	5,966
Irland	-337	695	1,954	3,771	3,554
Luxemburg	517	-477	1,041	2,372	4,585
Spanien	1,551	1,367	1,183	226	650
sonstige	5,314	15,489	2,592	1,083	3,328
EU und Schweiz	30,702	50,685	37,182	49,217	72,427

Abb. 3: US-Direktinvestitionen: Kapitalausfuhr (Saldo)

Quellen: Survey of Current Business, Bureau of Economic Analysis (U.S. Department of Commerce); Zahlungsbilanzstatistik, Deutsche Bundesbank

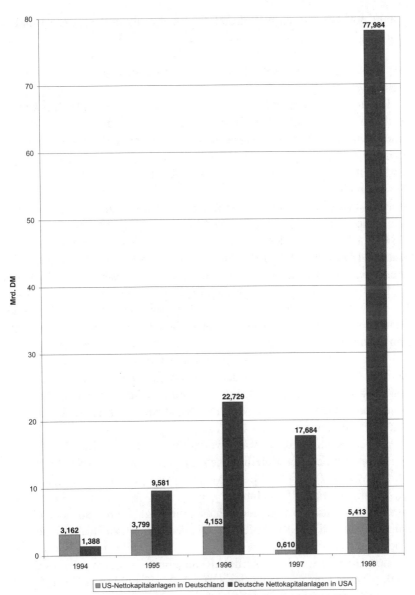

Quellen: Survey of Current Business, Bureau of Economic Analysis (U.S. Department of Commerce); Zahlungsbilanzstatistik, Deutsche Bundesbank

Abb. 4: Nettokapitalanlagen: Deutschland – USA

gefähr 300 US-Firmen mit 65 000 Arbeitnehmern in den neuen Bundesländern. US-Firmen sind besonders häufig in den Branchen der Automobil- und Automobilzulieferindustrie, der Petroleum- und Chemieindustrie, der Elektro(nik)- und Softwareindustrie-, aber auch der Lebensmittelindustrie vertreten.

Die amerikanische Industrie- und Handelskammer in Frankfurt kommt in ihrem Jahresbericht 1999 zu dem Ergebnis, dass die meisten der US-amerikanisch geführten Unternehmen in Deutschland trotz ungünstiger Rahmenbedingungen auch für 1999 moderate Investitionen planen und jedes zweite von ihnen 1998 sogar mit höheren Gewinnen gegenüber dem Vorjahr rechnet.

Neue Investitionsvorhaben werden zu 28 Prozent aus diesen Gewinnen reinvestiert und nur zu ungefähr 51 Prozent aus Kapitaleinfuhren aus den USA. Nach Angaben der amerikanischen Industrie- und Handelskammer wurden 1998 ungefähr 56 Prozent aller Investitionen in Ersatz- und/oder Modernisierungsvorhaben gelenkt. Investitionen dieser Art sind oft mit Rationalisierung und Abbau von Arbeitsplätzen verbunden, und tatsächlich hat sich der Personalabbau im produzierenden Gewerbe amerikanischer Unternehmen gegenüber 1996 weiter fortgesetzt. Ein vergleichbarer Abbau ist auch bei dem Anteil des verarbeitenden Gewerbes am gesamten US-Firmenvermögen in Deutschland festzustellen. Während sich das Gesamtvermögen nach Angaben der Bundesbank zwischen 1995 und 1997 von 58,4 Mrd. DM auf 68 Mrd. DM erhöhte, reduzierte es sich im verarbeitenden Gewerbe von 33,8 Mrd. DM leicht auf 32,9 Mrd. DM und damit von 58 Prozent auf nur noch 49 Prozent.

Ein besonders starker Zuwachs war nach Angaben der Bundesbank hingegen im Bereich der Beteiligungen zu verzeichnen, nämlich von 4,59 Mrd. DM (1997) auf 8,9 Mrd. DM. US-Investoren, die sich hinsichtlich der mehrheitlichen Übernahme von Firmen in Deutschland ohnehin mit Abstand am stärksten engagieren, haben die Anzahl ihrer jährlichen Übernahmen von 138 (1994) auf 225 (1998) deutlich erhöht. Insbesondere die Übernahme der *Wertkauf Verwaltungsgesellschaft mbH* in Karlsruhe durch die *Wal-Mart, Inc.*, in Bentonville/AR mit einem Umsatz von 2,5 Mrd. DM (1998) wurde von der deutschen Öffentlichkeit aufmerksam verfolgt. In diesem Zusammenhang gestalten US-Investoren den Strukturwandel der Bundesrepublik von einer Industriegesellschaft in eine Dienstleistungsgesellschaft aktiv mit und schaffen insbesondere im Bereich der Dienstleistungen neue Arbeitsplätze.

Die Schaffung neuer Arbeitsplätze ist jedoch nicht gleichbedeutend mit der Schaffung zusätzlicher Arbeitsplätze. Dazu wäre es notwendig, dass US-Direktinvestitionen insbesondere in neue oder erweiterte Geschäftsaktivitäten fließen. Die Hoffnungen der US-Firmen, die sich mit der 1998 neu gewählten Bundesregierung unter Gerhard Schröder verbunden haben, blieben aber bis jetzt weitgehend unerfüllt. Die Unternehmen rechnen deshalb nicht mit positiven Impulsen im Zusammenhang mit der für das Jahr 2000 geplanten Steuerreform und reduzierten ihre Investitionen für neue Geschäftsaktivitäten, die so genannten „greenfield investments", laut Untersuchung der amerikanischen Industrie- und Handelskammer von 26 Prozent (1996) auf nur noch 16 Prozent (1998).

1.7 Defizite im Dienstleistungssektor als Investitionshemmnis

Vermutungen, (a) der Markt sei bereits umfassend durchdrungen, (b) die amerikanischen Töchter seien so kapitalkräftig, dass immer weniger Kapitalzufluss aus den USA notwendig ist, und (c) Deutschland sei gegenüber Großbritannien sprachlich im Nachteil, wirken allesamt etwas hilflos. Die Marktdurchdringung in Großbritannien und den Niederlanden ist nicht weniger stark ausgeprägt und die dortigen US-Firmen sind keineswegs kapitalschwächer, ganz im Gegenteil. Auch die jeweilige Landessprache ist als Investitionsbremse nur wenig überzeugend, da US-Investoren den Saldo ihrer jährlichen Direktinvestitionen in der Schweiz von 940 Mio. US-Dollar (1994) auf 5 966 Mio. US-Dollar (1998) deutlich gesteigert haben.

Die Ursachen für ein nur moderates Engagement der US-Investoren sind hausgemacht. Ohne Zweifel hat Deutschland als Investitionsstandort in den 90er Jahren an Attraktivität verloren. Die seit Jahren geführte Standortdebatte führt hohe Löhne und Steuern sowie eine hohes Maß an Bürokratie und Inflexibilität an. Die amerikanische Industrie- und Handelskammer kommt in ihrer regelmäßigen Mitgliederbefragung zu ähnlichen Ergebnissen. Demnach wünschen sich die meisten amerikanischen Unternehmen niedrigere Lohnnebenkosten und einen flexibleren Arbeitsmarkt, einschließlich eines darauf abgestimmten Arbeitsrechts. Die Forderung nach niedrigeren Nettolohnkosten und einer Schwächung der Gewerkschaften ist gegenüber der Forderung nach einer Reduzierung der Unternehmenssteuer und dem Abbau der Bürokratie etwas in den Hintergrund getreten. Trotz dieser Nuancen sind die genannten Problembereiche nahezu unverändert geblieben und verschärfen sich dennoch in ihrer Wirkung. Warum?

Eine wichtige Ursache liegt sicherlich in dem für Deutschland schwierigen Strukturwandel von einer Industrie- in eine Dienstleistungsgesellschaft begründet. Je stärker die Bedeutung des Dienstleistungssektors wird, umso stärker treten die oben genannten Problembereiche einer noch stark von der Industrie geprägten Wirtschaft in den Vordergrund. Nach Angaben des Bundesamtes für Statistik liegt für das Jahr 1997 der Anteil des produzierenden Gewerbes am Bruttoinlandsprodukt in Deutschland um 7,7 Prozentpunkte höher als in den USA (32,8 Prozent in Deutschland, 25,1 Prozent in den USA) und der Anteil an den Dienstleistungen um 7,8 Prozentpunkte niedriger als in den USA (66,1 Prozent in Deutschland, 73,9 Prozent in den USA). Nach Angaben der Bundesbank spiegelt sich dieser Umstand auch in den Handelsbeziehungen wider. Während Deutschland gegenüber den USA im Warenverkehr einen Handelsüberschuss von 26 Prozent erwirtschaftete, ergibt sich im Bereich der Dienstleistungen gegenüber den USA ein Defizit von 24 Prozent. Gegenüber dem Ausland insgesamt betrug das Handelsdefizit sogar 53 Prozent, d.h., Deutschland musste doppelt so viel an Dienstleistungen importieren wie es exportieren konnte. Der Begriff „Servicewüste Deutschland" artikuliert sich so ein weiteres Mal. Der Dienstleistungssektor kann nach Ansicht der US-Investoren nur dann zur treibenden Kraft werden, wenn Deutschland gegenüber dem Ausland ein offenes und freundliches, ein entgegenkommendes und empathisches Auftreten entwickelt, aber auch bessere organisatorische Rahmenbedingungen, wie eine weitere Liberalisierung der (Telekom-, Energie- u.a.) Märkte, eine weitere Privatisierung der öffentlichen Hand und eine weitere Lockerung der Ladenschlusszeiten umsetzt.

US-Investoren warten nicht, sondern gehen zu Standorten, die ihnen unmittelbar attraktive Bedingungen bieten. Es ist deshalb dringend geboten, die oben beschriebene Standortdebatte offensiv anzugehen und sich an den derzeitigen „Gewinnern" im Wettbewerb um US-Direktinvestitionen, nämlich Großbritannien, Niederlande, Irland, Luxemburg, und auch an der Schweiz zu orientieren.

1.8 „European Headquarters" zunehmend außerhalb der deutschen Grenzen?

Abschließend sei noch anhand der unterschiedlichen Wertermittlung durch die amerikanische Industrie- und Handelskammer einerseits und durch das amerikanische Bureau of Economic Analysis und die Bundesbank andererseits darauf hingewiesen, wohin sich Deutschland entwickeln könnte, wenn es zu keinen wesentlichen Änderungen kommt.

Die amerikanische Industrie- und Handelskammer, die sich sehr um die wirtschaftliche Entwicklung zwischen den Vereinigten Staaten von Amerika und Deutschland bemüht, beziffert das US-Unternehmensvermögen in Deutschland 1998 auf 190 Mrd. DM. Das amerikanische Bureau of Economic Analysis kommt für das gleiche Jahr auf einen Vermögenswert von „nur" 42,9 Mrd. US-Dollar und die Bundesbank ebenfalls nur auf 68 Mrd. DM (1997). Natürlich lassen sich Abweichungen in der Wertermittlung nicht vermeiden, wenn Daten eigenständig erhoben werden. Auch Kursschwankungen und eine verwendete Vergleichszahl aus dem Vorjahr erschweren die Vergleichbarkeit. Aber eine so starke Überzeichnung ist doch erklärungsbedürftig.

Die vom U.S. Department of Commerce definierte „Position der US-Direktinvestitionen" beinhaltet den Buchwert des Vermögens von US-Unternehmen an ihren ausländischen Töchtern sowie deren netto ausstehenden Kredite. Eine aus amerikanischer Sicht ausländische Tochter ist ein Unternehmen, in dem ein US-Investor mindestens 10 Prozent der Stimmrechte oder das Äquivalent dazu hält. Deutschland hat diese Interpretation mit dem Eintritt in die Währungsunion auf der Basis der 5. Auflage der „Balance of Payments" der OECD übernommen. Die Bundesbank hat ihre Daten daraufhin weitestgehend aktualisiert, so dass deren Zahlen und die des Bureau of Economic Analysis sowohl die Höhe als auch die Entwicklung der Direktinvestitionen in vergleichbarer Weise widerspiegeln.

Die amerikanische Industrie- und Handelskammer erklärt die starke Überzeichnung der genannten Vermögenswerte u.a. damit, dass US-Direktinvestitionen, die über Drittstaaten nach Deutschland fließen, von der Bundesbank nicht erfasst werden. Wenn also in überdurchschnittlichem Maße US-Direktinvestitionen nach Großbritannien und in die Niederlande fließen und ein Großteil an US-Direktinvestitionen über Drittstaaten nach Deutschland gelangen, dann liegt die Vermutung nahe, dass unsere europäischen Nachbarn in zunehmenden Maße eine ähnliche

Brückenkopffunktion entwickeln, wie dies z.B. für westliche Industriestaaten bei Hongkong gegenüber dem Festland Chinas der Fall ist. Auch China ist hinsichtlich Produktionsstandort und Absatzmarkt attraktiv, aber keineswegs im Service. Der Vergleich ist im Detail natürlich nicht übertragbar, dennoch wächst die Gefahr, dass die US-Töchter in Deutschland zunehmend von European Headquarters gesteuert werden, die sich außerhalb der deutschen Grenzen befinden.

Wenn Sie sich als Leser mit dem Gedanken tragen, für US-Gesellschaften zu arbeiten, dann sollten Sie sich auf eine entsprechend multikulturelle Offenheit und Mobilitätsbereitschaft einstellen, die nicht nur auf die USA ausgerichtet ist.

2. Amerikanische Unternehmenskultur und ihr Einfluss auf deutsche Manager

Wenn Sie hier eine wissenschaftliche Studie als Basis der nachfolgenden Ausführungen erwarten, dann muss ich Sie enttäuschen, wenngleich ich das nicht gerne, aber mit einem Augenzwinkern tue: Ich möchte aus meiner Praxis Beispiele aufzeigen, die Ihnen zeigen werden, wie Visionen und Ziele das Selbstverständnis von Mitarbeitern, deren Motivation und Vertrauen in den Arbeitgeber verändern können und zu welchen Ergebnissen dieser Prozess führen kann. Erfahrungen zum Anfassen also, die Sie schneller und direkter ins Bild setzen können und hoffentlich auch werden.

Mich erreichte vor nicht allzu langer Zeit der Anruf eines Geschäftsführers aus dem Hause eines sehr bekannten, konzerngebundenen Unternehmens, der mich um Hilfe bei der Suche nach Trainingsprogrammen bat, die „cross cultural differences", insbesondere im Verhältnis Deutschland – USA, zum Gegenstand haben sollten. Das Ziel lautete: Wie können wir unsere deutschen Manager in die Lage versetzen, dass sie ihre amerikanischen Kollegen oder auch, im Rahmen einer geplanten Matrix-Organisation, die fachlichen Vorgesetzten in den USA besser verstehen lernen? Der unausgesprochene Hintergedanke war: Wir wollen den „Amis" klar machen können, warum bei uns in Deutschland einiges oder alles anders läuft und dass sie uns mal so machen lassen sollen, wie wir das bisher gewohnt waren.

Beispiel

Als Autor des Sachbuches „Erfolgreich arbeiten bei US-Gesellschaften in Europa" war ich für den Anrufer der Partner, der bei Problemen weiterhelfen sollte, die man bei dem geplanten Joint Venture befürchtete. In der Tat war einige Monate später als erstes sichtbares Zeichen der Veränderung der bekannte deutsche Firmenname verschwunden; an dessen Stelle trat ein international einprägsamer Kunstname; der amerikanische Partner hatte bei der Wahl des Standortes die Oberhand behalten; die corporate headquarters waren und sind in den USA angesiedelt.

Ich verabredete mit dem Geschäftsführer einen Gesprächstermin, zu dem dieser eine enge Auswahl an Führungskräften, einschließlich des Personalleiters, hinzuziehen sollte. Bis zu diesem Meeting zeichnete sich bereits ab, dass gravierende Veränderungen ins Haus standen, die von den

Betroffenen natürlich mit gemischten Gefühlen beobachtet, von anderen wiederum von vornherein als Desaster bewertet wurden.

Der erste Eindruck, den ich bei diesem Treffen gewonnen habe, war der einer großen Verunsicherung. Die Fragen, zu denen ich ermuntert hatte, zeigten, dass den Gesprächspartnern offensichtlich die Orientierung verloren gegangen war. Sie wirkten wie Wanderer, die vom Weg abgekommen waren und eher ratlos nach Markierungen und Zeichen suchten, die den Pfad in die vertraute Richtung, in die lieb gewonnene Heimat weisen sollten.

Die erste Hürde, die zu nehmen war, war die ernüchternde Erkenntnis, dass das deutsche Unternehmen, mit alter Tradition und vielen bemerkenswerten Leistungen und Erfindungen ausgezeichnet, auf der Strecke geblieben war. Es musste die Akzeptanz für die Tatsache wachsen, dass ein deutsch-amerikanisches Unternehmen entstanden war, das ein eigenes Profil gewinnen musste, um die gebündelten deutsch-amerikanischen Services und Produkte, nach möglichen Synergieeffekten suchend, bestmöglich im Markt platzieren zu können.

Mit Erstaunen und auch Erschrecken wurde später von den Mitarbeitern realisiert, dass man – obwohl in den gleichen Räumlichkeiten arbeitend – das Unternehmen gewechselt hatte.

Die ersten spürbaren Auswirkungen auf die Unternehmenskultur: Im Laufe der Jahre hatte sich in diesem als Beispiel herangezogenen Unternehmen, wenn Sie es so als Spiegelbild unserer Gesellschaft akzeptieren können, eine Überregulierung breit gemacht, die eine gehörige Bremskraft bei den unterschiedlichsten, meist organisatorischen Veränderungen entfaltete. Das ganze Unternehmen war fest umklammert von Betriebsvereinbarungen, Vorschriften, Regeln – geschriebene und ungeschriebene – und für alles gab es Formulare. Alles ist vielleicht übertrieben, der Gang zur Toilette erforderte keinen organisatorischen Verwaltungsakt. Das Ganze müssen Sie sich jetzt unter dem Schutz eines Tarifvertrags und dem deutschen Arbeitsrecht vorstellen. Alle Arbeitsabläufe werden nach mitarbeiterorientierten Gesichtspunkten analysiert und gestaltet; was dem Kunden an Service fehlt oder wie man den Dienst am Kunden optimieren könne, das spielte eine deutlich nachrangige Rolle. Dennoch hatte das Unternehmen wegen seiner spezifischen Kompetenz einen sehr guten Ruf im Markt, die Ergebnisse waren gut. Bessere wären möglich gewesen. Weshalb sollte man die erforderliche Extrameile gehen? Darauf gab es keine überzeugende Antwort, also lief alles wie gehabt.

Nun tauchten die „Amis" auf. Zuerst am Telefon, dann persönlich. Ohne große Ankündigungszeiten, ohne Voranmeldung. Das war schon mal ein Bruch. Jeder Abteilungsleiter war es gewohnt, Termine für Gespräche mit einer Vorlaufzeit von mindestens einer Woche zu vereinbaren. Das zeigt dem Kollegen aus dem zweiten Stock, wie beschäftigt und wichtig man ist.

Die Amerikaner schickten ein paar jüngere MBA-Absolventen und „Industrial Engineers" nach Deutschland, die eine Ist-Aufnahme und Analyse der vorhandenen Organisationsstruktur vornehmen sollten.

Die Aufgabe war sehr komplex, auch auf Grund der Fertigungsbreite und -tiefe, so dass es für die nach Deutschland Entsandten ganz selbstverständlich war, auch den Samstag und Sonntag als Arbeitstage zu nutzen, damit sie die enge Zeitvorgabe, mit der sie auf die Reise geschickt worden waren, einhalten konnten. Das war ein weiterer Bruch in der Unternehmenskultur. Samstagsarbeit? Nicht ohne den Betriebsrat! Sonntagsarbeit? Ausgeschlossen!

Da sich der typische US-Amerikaner von „rules & regulations" herausgefordert sieht, diese zu missachten, haben sie natürlich das Wochenende durchgearbeitet. Spätestens dann wurde klar, dass sich ein neuer Wind im Unternehmen ankündigte. Wer die Zeichen der Zeit am schnellsten erkannte, war auch zu ungewohnter Zeit zur Stelle und unterstützte die Analysten. Wer von den Verantwortlichen am Wochenende nicht erschien, hatte sich schon in Richtung Abseits bewegt. Natürlich gibt es auch in der amerikanischen Unternehmenskultur Richtlinien, eine ganze Menge sogar. Über allem schwebt ein „sense of urgency", alles geschieht üblicherweise mit großer Flexibilität, Marketing- und Vertriebsmaßnahmen werden eher kurzfristig formuliert und realisiert, jeder weiß, weshalb er an Bord ist: um die Wünsche der Kunden zu erfüllen und um Gewinne für das Unternehmen zu erzielen.

Auch hier werden Unterschiede deutlich. Ob und in welchem Umfang der Arbeitgeber Gewinne macht, wissen deutsche Arbeitnehmer sehr oft nicht. Und das Wissen darum, dass man in jeder beliebigen Funktion zum Unternehmensertrag beitragen kann, ja muss – diese Erkenntnis ist leider nicht allzu weit verbreitet.

In unserem Beispiel-Unternehmen kam der nächste Schock wie ein Blitz aus heiterem Himmel: Verschiedene Bereichsleiter wurden eines Freitags per Fax eingeladen, am Montagmorgen um 10.00 Uhr in den headquarters an der Ostküste der USA an meetings teilzunehmen, die bis einschließlich Dienstagnachmittag geplant waren, so dass die deutschen

Manager am Abend wieder nach Frankfurt fliegen konnten, von wo man sie nach einer zweistündigen Autofahrt ab 14.00 Uhr am Arbeitsplatz erwartete, da bis Mittwoch 14.00 Uhr Ortszeit USA (20.00 Uhr Deutschland) bestimmte reports vorliegen mussten. Natürlich fühlten sich die Deutschen wie vor den Kopf gestoßen, der Betriebsrat lief Sturm, jedoch umsonst. Wer diese Herausforderung als Chance erkannte, der war in dieser sich verändernden Unternehmenskultur auf dem Erfolgsweg. Ein Bereichsleiter handelte nach dem Motto: „Mit mir nicht", sandte ein Fax nach Amerika mit dem Inhalt, dass er aus diesen und jenen Gründen nicht in den USA erscheinen könne. Jetzt kann zweierlei passieren: Die schnelle Verabschiedung mittels Auflösungsvertrag und Abfindung oder man setzt den als nicht teamfähig beurteilten Kandidaten auf die Ersatzbank und lässt ihn dort so lange schmoren, bis er selbst die Veränderungsinitiative ergreift. Er wird zu keinem meeting mehr eingeladen, im konkreten Fall war der deutlich jüngere Assistent der Gewinner.

Dies sind nur einige deutliche Veränderungen im Arbeitsalltag, der ge- und erlebten Unternehmenskultur unseres Unternehmens. Kurz danach wurden die neu formulierten Visionen, die Wege, die zum Ziel führen, die geplanten kurzfristigen Maßnahmen und das erweiterte Produktportfolio präsentiert. Viele Mitarbeiter, die sich über Jahre hinweg als blockiert erlebten, kamen jetzt zum Zuge, um zu zeigen, was in ihnen steckt. Sie wurden gefordert und bei entsprechenden Ergebnissen gefördert. Nach und nach veränderte sich das Klima in Richtung Flexibilität, Einsatz und Leistung, damit die Kunden sich verstärkt für die Services und Produkte des Unternehmens entscheiden und so dessen Wettbewerbsfähigkeit stärken, bestehende Arbeitsplätze sichern und neue schaffen.

3. Warum macht uns die amerikanische Unternehmenskultur so zu schaffen?

Wenn man als Personalberater oder „Executive Search Consultant" die deutsche Tochtergesellschaft einer US-Corporation betreut und hoffnungsvolle Nachwuchsmanager interviewt, dann ist das eine gute Gelegenheit, gängige oder auch spezifische (Vor-)Urteile über „die Amerikaner" kennen zu lernen. Gemeint ist dabei das, was man unter der Rubrik Unternehmenskultur subsumiert.

„**Hire and fire**" – das beschreibt das mehr in den USA als in Deutschland zu beobachtende schnelle Entscheiden für oder gegen einen Kandidaten und bedeutet in den USA auch das spontane Entscheiden für oder gegen eine Firma. Bei vielen Bewerbern löst die Vorstellung „hire and fire" Unbehagen aus, weil damit die Unsicherheit des Arbeitsplatzes assoziiert wird. Dieses Thema werden wir in einem eigenen Kapitel in diesem Buch behandeln. So viel vorab: In Deutschland gelten andere arbeitsrechtliche Rahmenbedingungen als in den USA, der Begriff Kündigungsschutz ist dort unbekannt. Und so kann es schon mal in der US-Zentrale zu Irritationen kommen, wenn man sich in Deutschland von einem Mitarbeiter trennen will, der nicht mehr den Vorstellungen entspricht, und dabei die in Deutschland allgegenwärtigen Hürden nehmen muss. Wenn Sie die Chance haben, sich in einem amerikanisch beeinflussten Unternehmen vorzustellen, dann sollten Sie sehr genau zuhören und auch zwischen den Zeilen lesen oder hören, was wirklich von Ihnen erwartet wird. Hier an bestimmten Stellen zu denken, es wird wohl nicht so heiß gegessen, wie es gekocht wird, also so „schlimm" kann es doch z.B. mit der zeitlichen Belastung nicht sein, kann eine völlige Fehleinschätzung der Situation sein, was noch in der Probezeit zum „Fire"-Effekt führen kann.

Ein weiterer Punkt, der regelmäßig angesprochen wird, ist das allenthalben anzutreffende **kurzfristige Denken und Handeln**, was sich am deutlichsten in Marketing und/oder Vertrieb artikuliert. Wenn es sich bei der US-Muttergesellschaft um ein Unternehmen handelt, dessen Aktien sich an der Börse der Einschätzung von Aktionären zu stellen haben, dann ist die Erklärung für den **sense of urgency** schnell zur Hand. Die quarterly „reports", also die Quartalsberichte zur Situation des Unternehmens, spielen eine wichtige Rolle. Sind die Umsatz-, Ertrags-, Marktanteils- oder Produkteinführungsziele erreicht worden? Wie bewerten die Analysten die

Geschäftsentwicklung, wie sind die Auswirkungen auf den Kurs? Wenn also im zweiten Quartal deutlich wird, dass die Umsetzung eines Konzepts nicht zu den geplanten Ergebnissen führt, dann wird das Management in Aktion treten. Pragmatisch vorgehend und schnell handelnd wird man ein geändertes oder völlig neues Konzept implementieren. Was verlangt das von Ihnen? Flexibilität ist das Schlüsselwort, Reaktionsschnelligkeit ist angesagt ebenso wie Überzeugungskraft. Als Führungskraft müssen Sie Ihre Mitarbeiter gegebenenfalls für die Idee begeistern können, dass ein Projekt unter völlig neuen Vorzeichen angegangen werden muss.

Shareholder-Value – das ist ein weiteres Reizthema. „Wir sollen also dafür arbeiten, dass den Aktionären eine möglichst hohe Dividende ausgezahlt werden kann!" – so lautet die entrüstete Antwort einiger Kandidaten. Was ist daran so falsch? Wir müssen, auch um im internationalen Wettbewerb bestehen zu können, akzeptieren, dass Unternehmen jeglicher Art Gewinne erzielen müssen, um bestehende Arbeitsplätze zu erhalten oder neue zu schaffen. Ob diese in Deutschland bleiben, das wird von vielen Faktoren abhängen und einige wesentliche sprechen für den Standort Deutschland. Die gute Ausbildung der Mitarbeiter – gleichgültig ob „blue collar" oder „white collar" – bzw. die Tatsache, dass unser Land nicht von allzu vielen Streiks heimgesucht wird, das sind die Pluspunkte. Abschreckend für Investoren wirken die hohe steuerliche Belastung und die im Vergleich mit anderen Industrieländern sehr hohen Arbeitskosten. Wegen dieser Punkte, die gegen Deutschland sprechen, muss unser aller Ziel „Gewinnmaximierung" heißen, was mit einer permanenten Optimierung der Ablauforganisation oder der laufenden Steigerung des Automatisierungsgrades einhergehen wird. Was das für bestehende Arbeitsplätze bedeuten kann, ist auch klar. Alternative Chancen bietet z.B. die Dienstleistungsbranche!

Naivität und Blauäugigkeit wirft man den Amerikanern gerne vor, insbesondere dann, wenn sie die deutsche Tochtergesellschaft besuchen und völlig ungezwungen an schwierige Themen herangehen. In Meetings tragen sie ihre Ideen vor und gehen manchmal mit einer verblüffenden Selbstverständlichkeit davon aus, dass der Erfolg in Deutschland und Europa von den gleichen Faktoren abhängt, die in den USA zum Ziel geführt haben. Wenn Sie als Teilnehmer eines solchen Meetings nach der in aller Regel professionell durchgeführten Präsentation gefragt werden, was Sie denn von dem halten, was Sie hier gesehen und gehört haben, dann gilt Folgendes: die Fairness verlangt, dass man neuen Ideen eine Chance gibt, positives Denken ist gefordert und das verbietet negative Kommentare. „Das hat hier noch nie funktioniert" – mit dieser Aussage mögen Sie vielleicht nicht daneben liegen, Sie haben jedoch ganz sicher eine ganze Menge Kredit bei Ihrem Vorgesetzten bzw. dem US-Manager verspielt. Von einem Mitarbeiter erwartet man Optimismus, Mut, durchaus auch Risikobereitschaft und nicht die Strategie, sich auf bekannte, als sicher geltende Positionen zurückzuziehen und große, ehrgeizige Ziele erst gar nicht anzustreben.

Wenn wir in diesem Artikel nur die Themen „hire and fire", „kurzfristiges Denken und Handeln", „Shareholder-Value" sowie „Naivität und Blauäugigkeit" aus der Praxis behandeln, dann wird schon an den vier Beispielen eines deutlich: Was gelegentlich Unbehagen auslöst, weil wir nicht selbstbewusst oder flexibel genug agieren, weil wir ein Problem damit haben, das Wort Gewinnmaximierung ohne schlechtes Gewissen oder Neid auszusprechen, all das sollten wir einmal mit positiven Vorzeichen bewerten.

Wer sich in einem Unternehmen nicht mehr wohl fühlt oder nicht die geforderten Ergebnisse bringen kann, der sollte sich neu orientieren, noch bevor man ihm dies nahe legt.

Wer verinnerlicht hat, dass an jedem Monatsende mit schöner Regelmäßigkeit Kosten entstehen, die aus erwirtschafteten Deckungsbeiträgen zu bezahlen sind, der wird, wenn er unternehmerisch denkt und handelt, sehr schnell die Vorteile kurzfristigen Agierens erkennen, ohne längerfristige Konzepte aus den Augen zu verlieren.

Wer immer noch nicht begriffen hat, dass wir nicht nur arbeiten, weil es uns ausfüllt, weil wir uns selbst verwirklichen wollen oder weil es uns Spaß macht, sondern auch gerade deshalb, weil wir für das Unternehmen Profite erwirtschaften müssen, der hat die deutlichen Zeichen der Zeit immer noch nicht erkannt. Positives Denken ist der erste Schritt zum Erfolg; wer keinen Mut zu Entscheidungen hat, die verändern sollen, der wird sich und anderen als Bedenkenträger im Wege stehen.

Das alles führt uns zu der etwas einfach klingenden Frage: Macht uns die amerikanische Unternehmenskultur fit oder platt? Macht sie uns platt, weil sie uns etwas zumutet, was wir – vielleicht mit Vollkasko-Denken ausgestattet – um jeden Preis verhindern wollen? Die Antwort muss lauten: Genau das Gegenteil ist der Fall. Wenn wir einige Verhaltensmuster in unsere deutsche Unternehmenskultur, wenn die überhaupt so eindeutig existiert, übernehmen, dann macht uns das fit, also gut gerüstet für den internationalen, oft sogar globalen Wettbewerb, in dem wir stehen, ob wir wollen oder nicht. Übrigens: So wie sich „American job titles" weltweit auf den Visitenkarten oder in Stellenanzeigen durchsetzen, so werden wesentliche Inhalte amerikanischer Unternehmenskultur weltweit in international oder in Zukunftsindustrien und -märkten operierenden Unternehmen an Bedeutung und Einfluss gewinnen. Je mehr wir hier übernehmen, ohne unsere eigene Identität zu vergessen, desto besser werden wir am Ende im globalen Wettbewerb dastehen.

4. US-Töchter in Deutschland: Schmelztiegel der Unternehmenskulturen?

Tag für Tag finden sich in den deutschen Medien Beispiele für amerikanische Konzerne, die mit ihren Produkten oder Dienstleistungen bei uns Fuß gefasst haben und sehr erfolgreich im Markt tätig sind. Diese Firmen haben es verstanden, sich in gewisser Weise dem deutschen Markt und dessen Besonderheiten anzupassen. Marketing-, Vertriebs- oder Werbestrategien orientieren sich zwar an den Erfahrungen, Richtlinien und Zielen der US-Mutter, werden jedoch so modifiziert, dass sie in Deutschland und/oder Europa greifen können. Im geschäftlichen Alltag ist der amerikanische Einfluss natürlich spürbar: Hierarchien sind oft locker gehalten und ein Aufstieg innerhalb des Betriebes kann zügiger und unkomplizierter vonstatten gehen als in manchen deutschen Firmen.

Angestellten in diesen Betrieben wird es oft gar nicht weiter bewusst, dass sie in einer amerikanischen Firma arbeiten; man ist von deutschen Kollegen umgeben, hat Tarifverträge, bezahlten Urlaub und Anspruch auf alle üblichen Sozialleistungen. Auf den ersten Blick ist hier kein großer Unterschied zu jeder beliebigen deutschen Firma festzustellen. Ein Konzern, der sich so auf ein Land, dessen Kultur und Anforderungen vorbereitet, ist, auf den Alltagsbetrieb bezogen, von einer deutschen Firma kaum zu unterscheiden.

Amerikanische Firmen, die im globalen Geschäft tätig sind oder sein wollen, müssen eine wichtige Entscheidung treffen: Sollen sie sich den kulturellen und geschäftlichen Gegebenheiten des „Gastlandes" ihrer Wahl anpassen oder nicht? Letzteres würde einem Westeuropäer seltener in den Sinn kommen. Wenn eine Firma sich dazu entschließt, im Ausland eine Dependance zu gründen, um so vor Ort neue Märkte zu erschließen, ist es selbstverständlich und nötig, dass eine der Zielsetzungen die Anpassung an den lokalen Markt, die Gesetzgebung und die Kultur sein muss. Bei amerikanischen Firmen stellt sich diese Frage zuweilen nicht so klar, wobei hier zwischen Großfirmen und mittelständischen bzw. Kleinbetrieben unterschieden werden muss.

Kleinere Firmen, die einen Zugang zum internationalen Markt suchen, gehen oft einen anderen Weg als die zuvor beschriebenen Großkonzerne, meistens aus finanziellen Gründen, oft jedoch auf Grund von Fehleinschätzung und unrealistischen Erwartungen.

4.1 Die Story der Computerfirma X

Beispiel Nehmen wir als Beispiel die Computerfirma X, irgendwo aus dem mittleren Westen der USA. Sie wurde 1985 gegründet und hat einen kometenhaften Aufstieg erlebt. Nach fünf Jahren schwarzer Zahlen und großem Erfolg des Produkts ist die Belegschaft auf 500 Mitarbeiter angewachsen und der Umsatz kommt der 100-Mio.-Dollar-Grenze nahe. Im Binnenmarkt sind Rekordverkäufe erreicht und ausländische Kunden beginnen, sich für das Produkt zu interessieren. Am Anfang werden Bestellungen von den USA aus bearbeitet, aber nach ein paar Monaten zeigt sich, dass es ohne Niederlassung in Europa nicht mehr geht. Man sieht sich nach passenden Standorten um und entscheidet sich für die Bundesrepublik Deutschland.

Zu diesem Zeitpunkt muss eine wesentliche Frage gestellt werden, deren Beantwortung einen großen Einfluss darauf haben wird, inwieweit sich das Unternehmen in den deutschen Markt mit seinen Gegebenheiten eingliedern wird. Das Management der Firma beschließt, sich der anderen Kultur anzupassen und dementsprechend zu handeln. Es nimmt z.B. den Service eines internationalen Beraters in Anspruch, der die Eröffnung der deutschen Niederlassung von der Planung bis zur Realisierung betreut und sich mit allen rechtlichen und kulturellen Gegebenheiten der Bundesrepublik auskennt; das erfordert selbstverständlich viel Zeit und Geld. Der große Vorteil ist in diesem Fall, dass die Top-Manager unserer Computerfirma die Einsicht und das Verständnis mitbringen, den Leitsatz „andere Länder, andere Sitten" zu respektieren und als wichtige Grundvoraussetzung des geschäftlichen Erfolgs in Übersee zu erkennen.

Der Berater wird vermitteln, welche Hürden, Verantwortungsbereiche und Unterschiede in Arbeitsgewohnheiten und -recht auf die Firma zukommen. In einer solchen Situation wird in der Regel eine Niederlassung gegründet, in der im Wesentlichen Deutsche arbeiten. Insofern wird man nach der Bestimmung des Standortes qualifizierte deutsche Mitarbeiter suchen, die möglichst über englische Grundkenntnisse verfügen. Dabei wird es die „recruiter" aus den USA überraschen, dass in Deutschland die Stellenanzeige in regionalen und überregionalen Tageszeitungen das Personalbeschaffungsinstrument der ersten Wahl ist. Nachdem dieser Prozess abgeschlossen ist, wird das Top-Management den deutschen Führungskräften die Unternehmensphilosophie, die Ziele und Strategien der Muttergesellschaft präsentieren und darauf setzen, dass die wesentlichen Inhalte, den deutschen Marktgegebenheiten und -anforderungen angepasst, realisiert werden.

In einer solchen Atmosphäre werden sich sehr wahrscheinlich die Vorzüge beider Kulturen ergänzen; mögliche Konflikte können zu kreativen Problemlösungen führen.

4.2 Mosaik verschiedener Unternehmenskulturen

Der „President" und die mit der Expansion nach Übersee befassten „Vice-Presidents" können natürlich entscheiden, zur Wahrnehmung der Schlüsselfunktionen zum Teil verdiente und zum Teil jüngere Mitarbeiter nach Deutschland zu entsenden. Man verfolgt so das Ziel, die Wünsche und Planungen der US-Gesellschaft direkt im Ausland umzusetzen, und hat dabei auch die Kosten im Auge. Der amerikanische Investor ist sich zwar im Klaren darüber, dass die Bundesrepublik Deutschland ein fremdes Land mit eigener Mentalität ist, dennoch will man die neue Niederlassung ebenso führen, wie man das in den USA tut.

4.3 „U.S. Expatriates" als Manager in Deutschland

Da diese so genannten „expatriates" in der Regel keine Deutschkenntnisse mitbringen, sind sie darauf angewiesen, dass zumindest ihre engsten Mitarbeiter gut Englisch sprechen, um Missverständnisse auf ein Minimum zu reduzieren.

Auch wenn man davon ausgehen muss, dass in einer solchen Situation amerikanische Manager in erster Linie daran interessiert sind, der Zentrale in den USA zuzuarbeiten und deren Direktiven in die Tat umzusetzen, so ergeben sich dennoch mittelfristig für den gut ausgebildeten, in der englischen Sprache versierten deutschen Mitarbeiter Möglichkeiten der Profilierung und beachtliche Karrierechancen. Es gibt viele Belege dafür, dass amerikanische Muttergesellschaften nach drei oder vier mehr oder weniger tauglichen Versuchen mit US-Managern auf die Idee kommen, die Verantwortung in deutsche Hände zu legen. Da die Realisierung von einiger Skepsis begleitet wird, wird man sich gerne für einen Kandidaten entscheiden, den man aus der zweiten Reihe kennt, oder für einen Bewerber, der aus einer anderen US-Tochter kommt und den nächsten Karriereschritt machen will. Diese also eher amerikanisch geführten Unternehmen stellen für den deutschen Bewerber sicher eine größere Herausforderung dar, sie sind jedoch auch ein hervorragendes Feld, um Flexibilität, Teamgeist und Leistungsstärke zu trainieren.

Des Weiteren ist es sehr wichtig, dass der deutsche Manager die Arbeitsethik seiner amerikanischen Partner vor Augen hat, die schon einmal schockiert sein könnten, wenn sie beispielsweise erfahren, dass in Deutschland 25 bis 30 Tage bezahlter Urlaub üblich sind. Immerhin erhält der Kollege in den USA nach einem Jahr Betriebszugehörigkeit bestenfalls zwei Wochen bezahlten Urlaub.

Eine amerikanische Firma muss sicher nicht ihre Identität aufgeben und sich damit selbst verleugnen, um in der Bundesrepublik Deutschland oder in Europa Erfolg zu haben. Sie wird sich jedoch sinnvollerweise dessen bewusst sein, dass in Deutschland oder in den europäischen Nachbarländern einige Uhren anders gehen und dass hier zwei unterschiedliche Kulturen aufeinander treffen.

Diese Begegnung kann eine neue Firmenkultur hervorbringen, die weder als rein deutsch (oder französisch, spanisch, italienisch etc.) noch als rein amerikanisch bezeichnet werden kann oder sollte. Eine deutsche Niederlassung z. Bsp. kann in positiver Weise die legeren Umgangsformen des amerikanischen Managements mit der den Deutschen nachgesagten Gründlichkeit und Exaktheit verbinden und zu einer Symbiose führen, die jenseits von deutsch oder amerikanisch liegt.

Jimmy Carter sagte am 27. Oktober 1976 anlässlich einer Rede in Pittsburgh, Pennsylvania: „We become not a melting pot but a beautiful mosaic. Different people, different beliefs, different yearnings, different hopes, different dreams."

Insofern können und sollten Sie als Bewerber schon im Vorfeld klären, ob Ihr möglicher zukünftiger Arbeitgeber die weitestgehend deutsche Niederlassung eines US-Unternehmens, der verlängerte Arm der amerikanischen Mutter oder ein deutsch-amerikanisches Unternehmen mit eigenständiger, sicher auch reizvoller Mischkultur ist. Hier könnte man auch von einem Mosaik der Unternehmenskulturen sprechen, insbesondere dann, wenn weitere Nationalitäten an Bord sind.

In diesen meist kleineren, überschaubaren Firmen regieren Flexibilität und offenes, direktes Teamwork. Hierarchien können Sie schneller durchlaufen, da Ihr Einsatz, Ihr Leistungswille und Ihre Risikobereitschaft nicht nur gefordert, sondern auch erkannt und belohnt werden. In einer solchen leistungsfördernden Umgebung ist es keineswegs ungewöhnlich, innerhalb eines Jahres zweimal befördert und mit neuen herausfordernden Aufgaben betraut zu werden.

Bemerkenswert bei der Beurteilung der fachlichen Profile dieser Aufsteiger ist, dass sie verglichen mit den in deutschen Unternehmen zu beobachtenden Lebensläufen sehr untypisch sind. Es muss nicht immer der Hochschulabschluss sein, der für eine erfolgreiche Laufbahn im Marketing oder Controlling qualifiziert. Kennen Sie diese Feststellung von Royal Little (Best of Business Quarterly, 1987)? „You don't need an M.B.A. from Harvard to figure out how to lose money".

Dieser Spruch charakterisiert das unkomplizierte Denken vieler US-Manager, die damit auch so genannten Quereinsteigern oder Berufsfremden den Weg nach oben ebnen können, was natürlich sowohl für das Unternehmen als auch für den Mitarbeiter mit einem gewissen Risiko verbunden ist. Wer eine Herausforderung sucht, der wird insbesondere vor dem Hintergrund der zunehmenden Globalisierung in deutschen US-Tochtergesellschaften interessante Einsatzgebiete finden, und das mit internationalem Umfeld und entsprechender Einbindung in Teams, die über herkömmliche Grenzen hinweg denken und handeln. Wer sich hier profilieren kann, hat die Feuerprobe für weitere Karriereschritte bestanden.

5. Wer ist die Nummer eins in amerikanisch beeinflussten Unternehmen?

Wenn Sie aus einem „typisch" deutschen Unternehmen kommen, werden Sie vielleicht antworten, dass das doch der Geschäftsführer, Vorstand oder Inhaber Ihrer Firma sei. Vielleicht kommen Sie aus einem Hause, in denen die Mitarbeiter sich für die Nummer eins halten, was sich auch im Anforderungskatalog an das Management niederschlägt.

Der Kunde ist natürlich die Nummer eins. Die Aufträge des Kunden versetzen uns in die Lage, zu arbeiten, zu berechnen und zu verdienen. So simpel es klingen mag, es muss in Deutschland, von namhaften Publikationen als Servicewüste apostrophiert, immer wieder gesagt werden: Der Kunde entscheidet letztendlich darüber, ob das, was wir abliefern, in Ordnung ist und seine Zustimmung findet. Das Geld, das wir für Gehälter, Miete etc. ausgeben, kommt vom Kunden. Hat der Kunde dann nicht Anspruch darauf, seiner Rolle und Bedeutung entsprechend behandelt zu werden?

Gehen Sie doch mal in die Filiale einer großen Lebensmittelkette, und zwar 15 Minuten vor Ladenschluss. Die Kassierer/innen werden sich nicht besonders erfreut über Ihr „verspätetes" Erscheinen zeigen, sie werden Sie im Gegenteil laut darauf aufmerksam machen, dass bald Schluss ist. Sie müssen sich also beeilen, damit Sie Ihr Geld möglichst schnell – und keine Minute später – bei der Kasse abliefern. Wenn Sie zu anderen Tageszeiten erscheinen, haben Sie auch keinen Grund zur Freude. Man wird Sie in aller Regel mehr oder weniger unfreundlich abfertigen.

In großen Kaufhäusern haben wir schon den Spruch gehört: „Wer als letzter wegschaut, der hat verloren." Gemeint ist der Verkäufer, der dann das bedauernswerte Opfer eines Kunden wird.

Sie halten das für übertrieben? Fliegen Sie mal in die USA und gehen Sie dort einkaufen, egal was immer Sie brauchen. Und dann kommen Sie zurück nach Deutschland und vergleichen Sie. Dann wissen Sie, wovon wir sprechen.

Ob in Restaurants, beim Bäcker („Wir sind hier bei der Arbeit, nicht auf der Flucht!") oder beim Metzger – immer wieder kommen Sie sich eher als Bittsteller denn als Kunde vor.

Als *Wal-Mart* sich anschickte, den deutschen Markt zu erobern, musste man den Mitarbeitern der übernommenen Lebensmittelsupermärkte erst einmal klar machen, was die Firmenaussage „Our people make the difference" eigentlich bedeutet: Der Kunde ist die Nummer eins. Customer-Service – das ist der bedeutendste Punkt im Maßnahmenkatalog eines erfolgreichen Unternehmens. Externe und interne Kunden, diese Termini haben mittlerweile auch in die deutsche Unternehmenskultur Einzug gehalten. Bei den US-Töchtern wird Kundendienst, oder besser noch: Dienst am Kunden, extensiver ausgelegt. Reine Lippenbekenntnisse führen hier zu nichts, Customer-Service muss gelebt werden. Von jedem Einzelnen in einer Firma.

Sie werden Erfolg haben in Ihrer Laufbahn, wenn Sie sich als Mitarbeiter oder Manager einer US-Tochtergesellschaft immer wieder fragen, was möchte mein Kunde und wie kann ich seine Erwartungen noch übertreffen – in Qualität, Leistung, Termintreue, Zuverlässigkeit der Aussagen oder auch des Preises. Sie beantworten die Frage, was Sie sonst noch tun können, damit der Kunde wieder kommt. Und da werden Sie bereit sein, auch die Extra-Meile zu gehen, die manchmal erforderlich ist, um den Wunsch des Kunden zu erfüllen.

Wenn Sie sich also bei einem Unternehmen in Deutschland oder Europa bewerben, das ausgeprägte Kundenorientierung explizit in den Unternehmensleitlinien vermerkt, dann sagt Ihnen das schon eine ganze Menge über die Erwartungen an Sie. Sie werden sehr viel, meist in Projektteams, lernen, was Sie ganz persönlich und fachlich weiterbringen wird. Und Sie können demonstrieren, dass an dem Klischee „Der Deutsche bedient lieber eine Maschine als einen Menschen" nichts dran ist. Insbesondere in Dienstleistungsunternehmen werden Sie mit einer ausgeprägten Kunden- und Serviceorientierung, die Sie Tag für Tag mit Leben erfüllen müssen, überdurchschnittlich erfolgreich sein. Wenn ein Kunde sich im Unternehmen ansagt oder Sie vor Ort sehen will, dann werden Sätze wie „Da bin ich im Urlaub", „Da hat meine Frau Geburtstag", „Da bin ich beim Zahnarzt", „Da ist Elternabend" etc." nicht über Ihre Lippen kommen. Sie haben begriffen und verinnerlicht, dass der Kunde die Nummer eins ist. Das bestimmt Ihr Berufsleben, das steuert Ihre Verhaltensweisen und das wird Sie – wenn Sie mit Intelligenz, analytischen Fähigkeiten, Einfühlungsvermögen, Lernfähigkeit sowie Systematik und Konsequenz Ihre Ziele verfolgen – nach oben bringen.

Und das können auch Sie erreichen, Sie müssen nur wollen.

6. Was ist dran am „American Way of Life"?

Stellen Sie sich vor, Sie sind gerade auf dem Weg zu einem Vorstellungs-gespräch bei einem amerikanischen Unternehmen, von dem Sie wissen, dass zumindest einer Ihrer Gesprächspartner Amerikaner ist. Wie stellen Sie sich ihn vor? Zuerst geht Ihnen vielleicht ein Bild von einem Kau-gummi kauenden Mann durch den Kopf, der die Figur eines Football-Spie-lers hat, einen Bürstenhaarschnitt trägt, dessen Anzug irgendwie nicht so richtig passt (vor allem die Hosen haben Hochwasser) und der nur Cola aus einem großen Pappbecher mit Strohhalm trinkt.

Die Wahrscheinlichkeit, dass Ihr Gesprächspartner wirklich so aussieht, ist sehr minimal. Zwar spiegelt diese Beschreibung ein Stereotyp wider, das einmal der Wirklichkeit recht nahe kam, doch hat sich im Erschei-nungsbild der Amerikaner viel geändert. Sie sind zwar noch immer kon-servativ, aber europäischer. Wenn die Amerikaner in Bezug auf Aussehen auch europäischer geworden sind, so gibt es doch noch sehr viele Eigen-heiten in ihrem Verhalten, die uns Europäern fremd sind. Während es zum Beispiel in Deutschland inzwischen akzeptiert ist, dass Frauen Hosen im Büro tragen, ist dies für berufstätige Frauen in Amerika in höheren Posi-tionen nicht akzeptabel.

Im Folgenden soll versucht werden, ein möglichst objektives Bild der Amerikaner und des „American Way of Life" aufzuzeigen. Aber so viel-fältig wie die Landschaften Amerikas sind, so unterschiedlich sind auch die Leute. Daher wird es immer Menschen und Situationen geben, die die-sen Beschreibungen nicht entsprechen.

6.1 Welche Rolle spielt die Religion?

In den letzten Jahren haben die Kirchen in Deutschland immer mehr an Unterstützung verloren. Eine derartige Entwicklung ist in den USA nicht erkennbar, es besteht eher ein Trend hin zu mehr Religiosität. Während es in Europa nur eine beschränkte Anzahl von Kirchen gibt, sind in den USA sehr viel mehr Glaubensrichtungen vertreten. Die großen Glaubensge-meinschaften sind noch einmal stark untergliedert, und in einer Stadt mit ca. 250 000 Einwohnern ist es nicht ungewöhnlich, dass man in den Gel-ben Seiten alleine neun Seiten mit Namen von Kirchen findet. Darunter befindet sich auch eine große Anzahl von sehr fundamentalistischen Kirchengruppen, die man im deutschen Sprachgebrauch wohl als Sekten bezeichnen würde.

Anders als in Deutschland besteht eine höhere Bereitschaft, zu einer anderen Kirche zu wechseln. Daher ist auch bezeichnend, dass Amerikaner fragen, welche Kirche man besucht und nicht, welcher Glaubensrichtung man angehört. Dies spiegelt die Bedeutung der Kirche im Gegensatz zur Glaubensrichtung wider. Die Frage, ob man die Kirchengemeinde mag, ist deshalb sehr wichtig, weil sie – anders als in Deutschland – eine Gemeinschaft ist, in der man Freunde sucht und findet. An die Stelle der deutschen Vereine, Nachbarschafts- und Arbeitsfreundschaften tritt in Amerika häufig die Kirche und anstelle des Vereinstreffens geht man zum Gottesdienst oder zum Kirchenpicknick. Diese Gemeinschaft ist deshalb sehr wichtig, weil die Mobilität in Amerika immer noch sehr groß ist und auch der Arbeitsplatz recht häufig gewechselt wird.

Der jeweilige Pastor hat auch ein vitales Interesse daran, seiner Gemeinde den allsonntäglichen Kirchgang schmackhaft zu machen, da die Kirchen in den USA keine Kirchensteuer erhalten, sondern sich überwiegend aus den Sonntagsgaben finanzieren. Um Vollmitglied in einer Kirchengemeinde zu sein, muss man in vielen Fällen auch nicht im Namen dieser Religion getauft sein, sondern es genügt, regelmäßig den Gottesdienst zu besuchen. Neben all diesen „Äußerlichkeiten" ist die Religiosität des Durchschnittsamerikaners noch immer größer als die des Durchschnittsdeutschen.

Da die Gründungsväter zwar religiös, aber auch freiheitsliebend waren, wird versucht, jedem den Freiraum zu gewähren, den er möchte, d.h. keinem das Gefühl zu geben, dass ihm ein Glaube aufgezwungen wird. Diese Tendenz zeigt sich auch darin, dass grundsätzlich eine Trennung von Kirche und Staat besteht. Daher sind Schulgebete auch sehr umstritten. Allerdings findet sich auf jeder amerikanischen Münze „In God we trust" und Ereignisse wie die Amtseinführung des Präsidenten, die Eröffnung der jährlichen Legislaturperiode und die Abschlussfeier an Universitäten werden durch Gebete begleitet, in denen versucht wird, nicht den Anstoß anderer Glaubensrichtungen zu erregen. Schließlich resultiert hieraus auch eine ansonsten konservativere Grundhaltung.

6.2 Freiwillige Dienste und ehrenamtliche Tätigkeiten der Amerikaner

Wie bereits erwähnt, finanzieren sich die Kirchen meist aus den Spenden der jeweiligen Gemeinde. Um den geregelten Ablauf des Gottesdienstes zu gewährleisten, gibt es viele freiwillige Leistungen. Diese beschränken sich aber nicht nur auf die Gemeinde selbst. Vielmehr erbringen die Kirchen und andere gemeinnützige Organisationen Leistungen, die in Deutschland durch staatliche Sozialeinrichtungen wahrgenommen werden, z. B. die Bereitstellung von Obdachlosenheimen, Suppenküchen und Kleidern. Um diese Dienstleistungen anbieten zu können, bedarf es vieler Freiwilliger, die sich am Feierabend oder am Wochenende entweder zur Sammlung notwendiger Spenden oder zur konkreten Mitarbeit bereit finden.

Auch andere Bereiche hängen maßgeblich von ehrenamtlichen Tätigkeiten ab. In Krankenhäusern werden einfache Arbeiten von Freiwilligen erledigt, die örtliche Bibliothek bedient sich aus diesem Pool und auch Altenheime genießen die Unterstützung. Vielfach werden Gebäck und Handarbeiten gefertigt, um diese für einen guten Zweck zu verkaufen. Freiwillige Dienste werden von Mitgliedern aller Gesellschafts- und Altersgruppen erbracht, und sie sind auch Ausdruck der ausgeprägten Hilfsbereitschaft der Amerikaner, die wohl noch auf die Pioniertage zurückgeht, als die Siedler das Land erschlossen und häufig ohne die Unterstützung anderer nicht hätten überleben können.

6.3 Gastfreundschaft und Familie

Ein anderes wichtiges Gebot ist die amerikanische Gastfreundschaft. Sie bezieht sich nicht nur auf Einladungen zum Essen, sondern auch auf Übernachtungen. Man sollte sie zwar nicht überstrapazieren, aber normalerweise kann man sich auf die Gastfreundschaft von Freunden verlassen. Wenn Sie zu einem Essen, einer Cocktail- oder Dinnerparty eingeladen sind, dann bringen Sie normalerweise der Dame des Hauses keine Blumen mit, sondern, je nachdem wie förmlich das Ereignis ist, eine Flasche Alkohol, oder Sie bieten an, ein Dessert oder eine Beilage zuzubereiten. Hat man die Gastfreundschaft genossen, schickt man grundsätzlich kurz nach der Einladung eine Dankeskarte.

6.4 Die Familie

Wenn Europäer sich eine amerikanische Familie vorstellen, dann wird das Bild von der hohen Scheidungsrate dominiert. Zugegebenermaßen beträgt die Scheidungsrate fast 50 %, doch wäre es unfair, dies als alleinigen Maßstab für die Bewertung der amerikanischen Familie heranzuziehen, zumal sich die deutsche Scheidungsrate immer mehr der amerikanischen annähert.

Meist heiraten Amerikaner in jüngerem Alter als die Deutschen. Es ist sehr populär, nach dem ersten Universitätsabschluss, dem „Bachelor Degree", im Alter von 23 Jahren in den Stand der Ehe zu treten. Im Vergleich zu Deutschland sind Paare, die unverheiratet für längere Zeit zusammenleben, seltener anzutreffen. Die typische amerikanische Familie hat durchschnittlich zwei bis drei Kinder. Insgesamt erscheint die amerikanische Gesellschaft Kindern gegenüber aufgeschlossener, was sich tagtäglich in vielen Beispielen dokumentiert.

Die Eltern versuchen mehrheitlich, das Leben ihrer Kinder so angenehm wie möglich zu gestalten. Die Kinder verkörpern auch keine Bürde, sondern die Zukunft des Landes und werden entsprechend behandelt. Dieses Bestreben findet seinen Ausdruck in vielen Aspekten des täglichen Lebens. Besonders augenfällig ist es im Schulalltag. Wenn ein Kind mehr als ca. drei Kilometer von der Schule entfernt wohnt, dann wird es ganz in der Nähe seiner Wohnung vom Schulbus abgeholt und zur Schule gefahren. Nach der Schule wiederholt sich dieser Vorgang. Um die Kinder vor dem Straßenverkehr zu schützen, ist es grundsätzlich verboten, einen Schulbus zu überholen (oder in der Gegenrichtung an ihm vorbeizufahren), der Kinder ein- und auslädt. Weiterhin findet man vor vielen Schulen Erwachsene, die freiwillig als Schülerlotsen fungieren. In der Schule selbst wird sehr viel mehr Wert auf die Selbstentfaltung des Kindes gelegt, wobei gerade in den unteren Klassen die Anstrengung des Schülers mehr für die Noten zählen kann als das eigentliche Ergebnis. Der Druck auf die Kinder ist auch nicht so groß wie in Deutschland, da es kein gegliedertes Schulsystem gibt.

Viele amerikanische Eltern entwickeln großen Stolz auf Familie und Kinder. Soweit es ihnen irgendwie möglich ist, werden sie versuchen, ihre Kinder finanziell zu unterstützen, selbst wenn dies ein großes Opfer darstellt. Besonders relevant ist dies für die Universitätsausbildung, da pro Studienjahr Gebühren zwischen 4 000 und 28 000 DM anfallen. Für Studenten wiederum ist es selbstverständlich, zur Finanzierung ihrer Ausbildung beizutragen, sei es durch Stipendien oder bezahlte Arbeit. Auch für Schüler ist es nicht ungewöhnlich, sich einen Teil des Taschengeldes selbst zu verdienen.

Die Leistung der Eltern für ihre Kinder wird vorausgesetzt und gewürdigt. Bei der Abschlusszeremonie an der Universität weist der Präsident auf die Opfer hin, die von den Familien erbracht wurden, um den Universitätsaufenthalt zu ermöglichen. Die Absolventen applaudieren deshalb zuerst ihren Eltern, bevor diese die akademischen Leistungen der Kinder mit Beifall anerkennen. Es ist auch nicht ungewöhnlich, dass für eine derartige Feierlichkeit Eltern und Familien quer über den gesamten Kontinent fliegen, nur um bei diesem bedeutsamen Ereignis anwesend zu sein.

Insgesamt ist die Haltung der amerikanischen Gesellschaft Kindern gegenüber sehr positiv. In Amerika ist es fast undenkbar, dass Wohnungen zwar nicht an Eltern mit Kindern vermietet werden, aber an Hundebesitzer. Restaurants sind sehr gut darauf vorbereitet, Kinder als Gäste zu haben. Dies drückt sich nicht nur in speziellen Kindermenüs aus, sondern auch im Anbieten von Mal- und Spielsachen sowie in den „high chairs", die immer in ausreichender Anzahl zur Verfügung stehen. Eltern mit Kindern sind hier also sehr willkommen.

Der Zusammenhalt der Familien beschränkt sich jedoch nicht auf die Kernfamilie. An Feiertagen, und hier ist besonders Thanksgiving hervorzuheben, reist man durch das ganze Land, um Großeltern, Eltern, Onkel und Tanten oder Geschwister an einem Ort zu treffen und mit ihnen dieses Fest gemeinsam zu begehen. Diese Art der Zusammenkunft ist auch Ausdruck der stärkeren familiären Bande in einer sich sonst sehr schnell ändernden Umwelt.

Die Bedeutung der Familie verhindert nicht die hohe Scheidungsrate, sehr viele Kinder leben mit Stiefmüttern oder -vätern. Nichtsdestotrotz ist die Bindung zu beiden Elternteilen vorhanden. Trotz konservativer Werte hat sich das traditionelle Familienbild – Vater arbeitet, Mutter ist zu Hause bei den Kindern – sehr verändert. Hauptsächlich aus wirtschaftlicher Notwendigkeit und später auch auf Grund einer veränderten Einstellung arbeiten in der Mehrzahl aller Familien beide Elternteile; Entlastung finden Mütter dadurch, dass die Schule in Amerika bis nachmittags dauert. Trotzdem obliegt es noch vielen Frauen, sich um Beruf und Familie zu kümmern. Bewundert werden die Mütter, die es schaffen, diese beiden Pflichten zu vereinbaren.

Bedenkt man den Wert der Familie in den USA, so verwundert es nicht, dass Präsidentschaftskandidaten, die kein einwandfreies Familienleben nachweisen können, geringe Chancen auf dieses Amt haben (siehe z.B. Gary Hart oder Teddy Kennedy; als Gegenbeispiel George Bush).

6.5 Mobilität, Beruf und Service

Im Gegensatz zur deutschen ist die amerikanische Gesellschaft sehr mobil. Wenn sich in einem anderen Landesteil in den USA eine berufliche Chance bietet, so werden Kind und Kegel eingepackt, das Haus und ein Teil der Möbel verkauft und man zieht an den neuen Ort. Auch Studenten sind häufig bereit, eine Universität zu besuchen, die mehrere tausend Kilometer von zu Hause weg ist. Anker in diesem mobilen Leben sind die Familie und häufig die Kirche. Freundschaften hingegen sind intensiv, solange man an einem Ort ist, während sie längere Distanzen selten überstehen.

Mobilität heißt aber nicht nur umziehen, sondern auch, dass Arbeitnehmer bereit sind, täglich einen langen Anfahrtsweg in Kauf zu nehmen, um zur Arbeitsstätte zu gelangen. Mobilität bedeutet auch, für ein Wochenende mehrere Stunden zu fahren, um Freunde oder Familie zu besuchen. Ungleich mehr als in Europa sind Auto und Flugzeug die Haupttransportmittel. Für ein effektives Bahnnetz ist das Land viel zu groß und die Entfernungen sind zu weit.

6.6 Nichts ist so beständig wie der Wechsel

Vielleicht ist es Ausdruck einer Goldgräbermentalität, ganz sicher aber ein Zeichen von Mut und Risikobereitschaft: Der Amerikaner zieht dorthin, wo er sein Glück zu machen hofft. Und sei es von New York City nach Des Moines/Iowa oder von Boca Raton/Florida nach Buffalo/New York.

Die amerikanische Gesellschaft ist geprägt von Wechsel und Veränderungen. Weder im Wirtschaftsleben noch in der Gesellschaft an sich wird ausgeprägter Wert auf langfristige Planung gelegt. Arbeitnehmer streben auch nicht unbedingt nach einer Lebensstellung. Im Gegensatz zur europäischen Kultur gibt es in den USA auch weniger Tradition; vielmehr geht es darum, den besten Weg zu finden, und der ändert sich mit der Zeit.

So wäre es z.B. undenkbar, dass ein Ausbildungsmodell mehr als 200 Jahre fast unverändert übersteht, ohne an die modernen Erfordernisse angepasst zu werden (so verhält es sich z.B. in Deutschland mit der juristischen Ausbildung).

Im Wirtschaftsbereich hat dies den Vorteil, dass veraltete Techniken oder Methoden durch neue, effizientere ersetzt werden. Vom Arbeitnehmer wird erwartet, dass er sich nicht auf dem Erreichten ausruht, sondern dass er sich weiter qualifiziert und idealerweise auch Vorschläge zur Verbesserung des Arbeitsablaufes einbringt. Daraus erklärt sich vielleicht auch der enorm schnelle Wandel in der Berufswelt. Wer den Anschluss an diese sich rasch verändernden Gegebenheiten verpasst, muss auf der Hut sein. In Bezug auf den privaten Bereich heißt dies, dass verschiedene Werte, wie Religion und Familie, zwar nicht diesem ständigen Wandel ausgesetzt sind, aber z.B. parteipolitische Bindungen oder die Orientierung an den Lebensstil der Eltern sehr viel weniger ausgeprägt sind.

6.7 Klare Trennung von Beruf und Freizeit

Trennung von Beruf und Freizeit heißt nicht, dass kein sozialer Kontakt mit Mitarbeitern außerhalb der Arbeitszeit gepflegt wird, denn dies wäre inkorrekt, da es z.B. üblich ist, die Mitarbeiter ganz informell zur eigenen Hochzeit einzuladen. Es heißt auch nicht, dass es keine Betriebsausflüge oder gemeinsame Aktivitäten gäbe. Es bedeutet vielmehr, dass Angestellte die Betriebsmittel für den Betrieb und nicht für ihre privaten Zwecke nutzen. So ist es z.B. nicht an der Tagesordnung, dass man persönliche Ferngespräche vom Diensttelefon aus tätigt, sondern dafür bedient man sich seiner eigenen Telefonkarte.

Trennung von Beruf und Freizeit heißt auch, dass die Kleidung der entsprechenden Tätigkeit angepasst ist. So wird man wenige leitende Angestellte in Jeans, legeren Hosen oder Polohemden antreffen. Zu guter Letzt zählt dazu auch die Einhaltung berufsethischer Grundsätze. Dies beginnt schon in der Universität, wo sich Studenten z.B. verpflichten, nicht zu schummeln. Im Gegensatz zu Deutschland, wo derartige Prüfungsvorschriften sehr oft reine Farce sind, kann ein amerikanischer Professor den Prüfungsraum verlassen und es wird normalerweise keine Fälschungsversuche geben. Gibt es einen solchen Fall, dann ist die übliche Strafe für ein derartiges Vergehen Verweis von der Universität. An dieses Verhalten gewöhnt, werden amerikanische Arbeitnehmer also bemüht sein, die Verhaltensregeln am Arbeitsplatz nicht zu verletzen.

6.8 Einstellung zur Arbeit

Wie noch an anderer Stelle ausführlich dargelegt werden wird, haben Amerikaner in der Regel eine andere Einstellung zur Arbeit als Deutsche. Arbeit ist nicht nur ein Mittel, um möglichst viel Geld zu verdienen, sondern eine wichtige und zeitaufwendige Beschäftigung, die auch Spaß machen sollte. Für viele junge Akademiker ist das Thema Selbstverwirklichung zunehmend wichtig und auch, dass der Arbeitgeber im Einklang mit ihren Idealen steht. Wer z.B. sehr der Natur verbunden ist, wird sich nur für ein entsprechend engagiertes Unternehmen entscheiden.

Die Einstellung zur Arbeit spiegelt sich auch in der generell zu beobachtenden Mentalität wider, morgens pünktlich zur Arbeit zu erscheinen und am Abend bei Arbeitsende nicht auf die Minute genau das Büro zu verlassen.

6.9 Service

Kein Bericht über den „American Way of Life" wäre vollständig, ohne zumindest ein paar Worte zur Serviceorientierung der Amerikaner zu sagen. Normalerweise wird man in einem Büro, einer Behörde oder einer Firma immer mit einem freundlichen Lächeln empfangen. Sinn und Zweck dieser Übung ist, dem Kunden den Eindruck zu vermitteln, dass er wichtig ist und dass man sich freut, dass er den angebotenen Service in Anspruch nimmt. Serviceorientierung zeigt sich auch im Supermarkt an der Kasse. Es gibt erstens so viele, dass kaum Schlangen entstehen, zweitens werden die gekauften Waren von Schülern oder Rentnern in Papier- oder Plastiktüten (kostenlos!) eingepackt und drittens zum Pkw des Kunden auf dem nahe gelegenen großen Parkplatz gefahren und in das Auto geladen. Den Mitarbeitern der Supermarktkette *Publix* ist es zum Beispiel verboten, für diesen Service ein Trinkgeld anzunehmen.

Würden Sie sich nicht auch darüber freuen, wenn Sie vor ihrem Lieblingsrestaurant mitten in der Stadt anhalten, Ihr Fahrzeug einer jungen Studentin oder einem jungen Studenten anvertrauen könnten, die/der es nach

Ihrem Besuch gerne von einem entfernten Parkplatz schnell wieder holt und es Ihnen freundlich zurückgibt? Das Schild *„Valet Parking"* zeigt Ihnen diese Service-Idee an, wofür Sie gerne 2 Dollar „tip" bezahlen.

6.10 Toleranz und Individualismus

Was viele gleich bei ihrem ersten Aufenthalt in den USA überrascht, ist die Toleranz und Aufgeschlossenheit der Amerikaner anderen gegenüber. Anders heißt hier, anders auf Grund von Geschlecht, Rasse, Religion, Herkunft, Alter oder Behinderung.

Während es in Deutschland noch nicht möglich ist, mit einem Rollstuhl überall hinzukommen, sind in Amerika öffentliche Gebäude, Straßen, öffentliche Verkehrsmittel und dergleichen seit Jahren für Behinderte zugänglich. Es ist viel selbstverständlicher, dass jemand, der Hilfe braucht (auf Grund von Behinderung oder Altersgebrechlichkeit), diese auch angeboten bekommt. Wenn ein Behinderter im Supermarkt einkaufen möchte, sind häufig Angestellte da, um zu helfen; oder in großen Supermärkten gibt es spezielle motorisierte Einkaufskörbe.

In der Arbeitswelt sowie im Privatleben fällt immer wieder auf, wie viel Geduld Amerikaner Ausländern gegenüber aufbringen, insbesondere wenn es gilt, eine Sprachbarriere zu überwinden. Bei Austauschprogrammen ist es meist kein Problem, genügend Familien zu finden, die bereit sind, Austauschschüler aufzunehmen, um dadurch mehr über die andere Kultur zu erfahren und jemandem einen Gefallen zu tun. Auffallend in diesem Zusammenhang ist auch immer wieder, dass die Amerikaner zwar sehr stolz auf ihr Land und ihre Errungenschaften sind, aber häufig nach Europa schauen, um Anregungen für Verbesserungen zu bekommen. Europäer sind demgegenüber häufig der Meinung, dass zu Hause doch alles besser sei, vergleichen dabei aber oft Äpfel mit Birnen. Ein gutes Beispiel ist die Schulausbildung. Vergleicht man das Abitur mit dem High-School-Diplom, so sind die Anforderungen an das Abitur höher. Bei einem derartigen Vergleich übersieht man allerdings, dass das Abitur nur von ca. 36 Prozent der Schüler eines Jahrgangs erreicht wird, während das High-School-Diplom der einzige verfügbare Abschluss ist und eine Auswahl erst im College stattfindet.

Ausdruck der Toleranz ist wohl auch, dass die Amerikaner ihre Schwächen suchen, finden, darüber reden und versuchen, sie zu überwinden, während man in Europa nicht in diesem Maße daran gewöhnt ist, über Schwächen zu sprechen. Obwohl die Amerikaner durchweg sehr stolz auf ihr Land sind, so besteht dennoch ausländischen Besuchern und Einwanderern gegenüber eine aufgeschlossene Haltung. Hier hat sich wohl noch die Idee des „melting pot" in die Köpfe der Menschen eingebrannt und bestimmt ihr Denken.

Darüber hinaus besteht sowohl von gesetzlicher Seite als auch im Denken und Handeln der Menschen mehr Toleranz z.b. gegenüber anderen Hautfarben und geschlechtlicher/sexueller Orientierung. So existieren Gesetze, die insbesondere öffentliche Arbeitgeber ermuntern, Angehörige von Minderheiten einzustellen, und es gibt finanzielle Förderungsprogramme für finanzschwache Mitglieder von Minderheiten. Um Diskriminierung bei der Einstellung zu verhindern, sind in den Bewerbungsunterlagen keine Angaben über Alter oder Herkunft enthalten. Hinweise auf Rassenzugehörigkeit werden aus statistischen Gründen manchmal verlangt, werden aber nicht dem Entscheidungsgremium zugeleitet. Ein Bewerbungsfoto wird ebenfalls nicht erwartet und vielfach auch überhaupt nicht angenommen.

6.11 Der amerikanische Individualismus

Eines der größten Ideale des amerikanischen Volkes ist Individualismus. Individualismus heißt nicht, jeder gegen jeden, sondern jeder hat eine Privatsphäre, in die man sich nicht hineinreden lassen möchte. Die Verwirklichung des Individualismus erklärt auch, warum die Lebensbedingungen in den verschiedenen Teilen des Landes so unterschiedlich sind.

Der klarste Ausdruck des Individualismus ist, dass der Staat viel weniger Aufgaben übernommen hat und dass die Menschen im Allgemeinen nicht meinen, sich untereinander darüber belehren zu müssen, wie Dinge erledigt werden sollen. Auch ein Ladenschlussgesetz wie in Deutschland ist in Amerika nicht denkbar. Das Gleiche gilt für die sehr liberale Handhabung der Frage in Bezug auf Schusswaffen. Grund dafür ist, dass die Mehrheit der Amerikaner meint, in der Lage sein zu müssen, sich und ihre Familie zu verteidigen, wenn dies erforderlich ist.

Schließlich bietet der amerikanische Staat den Steuerzahlern viel weniger Sozialleistungen als europäische Staaten, sammelt aber auch einen kleineren Anteil des Einkommens ein. Hintergrund dafür ist, dass die

Mehrzahl der Amerikaner die Freiheit haben will, über das Ob und Wie der Altersversorgung etc. zu entscheiden. Sie legen daher weniger Wert auf staatliche Leistungen für alle. Außerdem dominiert das Denken, dass jeder seine Geschicke soweit wie möglich selbst lenken und beeinflussen sollte. Dies wird auch in der aktuellen Debatte um die Krankenversicherung deutlich. Zwar will die Mehrheit Krankenversicherungsschutz für alle, aber nicht unbegrenzten Schutz für alle, sondern es soll Wahlmöglichkeit (insbesondere im Hinblick auf die freie Arztwahl) bestehen.

Ein weiteres Zeichen für diesen Individualismus ist, dass die Bundesregierung nur vergleichsweise wenig direkte Gesetzgebungsmacht hat und dass fundamentale Dinge des Zusammenlebens, wie z.B. das Strafrecht, von den einzelnen Bundesstaaten geregelt werden. Trotz dieses Drangs nach Individualismus gibt es keinen Datenschutz, so wie wir ihn in Deutschland kennen. Verschiedene Behörden können ihre Daten untereinander vernetzen, an Privatpersonen werden persönliche Daten aber nur mit Zustimmung des Betroffenen weitergegeben. Interessant ist auch, dass sich die Amerikaner grundsätzlich gegen Eingriffe des Staates in ihre Intimsphäre wehren, aber mehrheitlich die Geschwindigkeitsbegrenzung auf Autobahnen (meist 55 Meilen/h) und die Beschränkungen im Hinblick auf Alkoholgenuss (Mindestalter für den Konsum und Erwerb von Alkohol liegt bei 21 Jahren, Volljährigkeit erreicht man mit 18 Jahren) befürworten.

7. Studieren in den USA: Exzellente Vorbereitung auf eine Karriere in US-Unternehmen

Wer vorhat, in den USA zu studieren und es nicht nur beim Träumen belassen will, sollte wissen, dass frühzeitige Planung, gründliche Recherche und hartnäckige Arbeit das A und O auf dem Weg zum Erfolg sind. Selbst wer nicht eine der Eliteuniversitäten wie Yale, Harvard, Princeton, Stanford, MIT etc. im Auge hat, wird feststellen, dass ein Studienjahr in Amerika sehr teuer ist und nur von den wenigsten aus eigener Tasche bezahlt werden kann. Schon bei den vergleichsweise billigen, meist staatlichen Universitäten – billig ist hier nicht mit schlecht zu verwechseln – betragen allein die Studiengebühren 3 500 US$ pro Semester für „Ortsfremde"; die obere Grenze liegt bei ca. 9 000 US$ pro Semester. Hinzu kommen Reise- und Lebenshaltungskosten und alle anderen Ausgaben. Damit aus dem Traum Wirklichkeit wird, sind die meisten Studenten daher auf ein Stipendium angewiesen. Wie man sich leicht vorstellen kann, übersteigt die Anzahl der Bewerbungen jedoch bei weitem das Angebot, so dass viele Bewerber selten über das Anfangsstadium hinauskommen.

Eine der Ursachen hierfür liegt sicher in dem bürokratischen Aufwand und anderen notwendigen Anstrengungen, die eine Bewerbung mit sich bringt. Eigentlich unterscheidet sich die Bewerbung um ein Stipendium nur unwesentlich von einer Bewerbung um einen vielfach begehrten Job. Wer also bei dem Wettbewerb um ein Stipendium das Ziel nicht aus den Augen verlieren möchte, sollte neben anderen Eigenschaften Durchhaltevermögen besitzen. Je mehr Informationen ein Bewerber besitzt, desto besser und gründlicher wird die Bewerbung ausfallen, die er später präsentiert. Es ist also ratsam, etwa eineinhalb Jahre vor Studienbeginn in den USA mit der Vorbereitung zu beginnen, will man bei der Vielzahl der Bewerber konkurrenzfähig bleiben.

Für Studenten, die in Deutschland noch nicht über einen akademischen Abschluss verfügen, sind die vier wichtigsten und bekanntesten Anlaufstellen für eine Bewerbung um ein Auslandsstipendium: 1. der DAAD – Deutscher Akademischer Austauschdienst; 2. die Fulbright-Kommission für den Studenten- und Dozentenaustausch zwischen Deutschland und den Vereinigten Staaten; 3. das Studentenwerk Hamburg, Amt für Ausbildungs-/Auslandsförderung in Hamburg, zuständig für die Zahlung von Auslands-BAföG; und 4. die Austauschprogramme zwischen den Universitäten in Deutschland und ihren amerikanischen Partneruniversitäten.

Programme wie die des DAAD, der Fulbright-Kommission und des universitären Austausches setzen meist ein abgeschlossenes Grundstudium oder Vordiplom voraus: Frühestens nach dem vierten, spätestens nach dem sechsten Semester soll das Studium in den USA angetreten werden. Die Bewerbungsunterlagen müssen aber bereits ein Jahr vor dem geplanten Studienantritt vorliegen. Studenten sollten daher bereits im zweiten Semester mit der Vorbereitung ihres Auslandsaufenthalts beginnen.

Abiturienten, die bereits wissen, dass sie sich während ihres Studiums auf Themen konzentrieren möchten, die in enger Verbindung mit Amerika stehen (Amerikanisten, Ethnologen, Politologen u.v.a.) oder dass sie mindestens ein Jahr ihrer Studienzeit in den Vereinigten Staaten verbringen wollen, können zum Beispiel – wenn sie die Möglichkeit haben zu wählen – schon bei der Auswahl ihrer Universität in Deutschland darauf achten, dass ihre zukünftige Uni über ein gutes Austauschprogramm mit einer oder mehreren amerikanischen „Partneruniversitäten" verfügt. Ein solches Programm kann oft wesentlich schneller und weniger umständlich zum Ziel führen. Die Universitäten in Baden-Württemberg sind zum Beispiel für ihre guten Austauschprogramme bekannt. Der Vorteil dieser Austauschprogramme besteht darin, dass sie für Studenten aller Fakultäten offen sind. Die Leistungen variieren je nach Universität; nicht jedes Austauschprogramm deckt sowohl die Studiengebühren der amerikanischen Universität als auch die Reise- und Lebenshaltungskosten.

Der DAAD bietet Studierenden aus den geistes- und sozialwissenschaftlichen Fächern die Möglichkeit eines Jahresvollstipendiums. Reise- und Lebenshaltungskosten sowie die Studiengebühren werden in voller Höhe vom DAAD getragen. Die Bewerber müssen mehrere Runden eines Selektionsverfahrens erfolgreich überstehen; anders wäre der Ansturm auf dieses begehrte Stipendium wohl kaum zu bewältigen. Die Universität, in den Vereinigten Staaten oder in Kanada, wird vom DAAD ausgewählt; dabei wird die Wahl auf die Interessenschwerpunkte der Bewerber abgestimmt.

Teil-, Voll- und Reisestipendien stellt die Fulbright-Kommission zur Verfügung. Der Großteil der zu vergebenden Stipendien besteht aus Teilstipendien, bei denen die Stipendiaten die Reise- und Lebenshaltungskosten selbst tragen müssen. Die Anzahl der Vollstipendien ist sehr begrenzt. Wie die DAAD-Stipendiaten haben auch Fulbright-Stipendiaten keine freie Hochschulwahl. Bei beiden Organisationen kann man sich jedoch auf die hervorragende Qualität der ausgewählten Hochschule verlassen. Sowohl DAAD- als auch Fulbright-Stipendiaten genießen im In- und Ausland einen ausgezeichneten Ruf, da sie ihre akademische Kompetenz in umfangreichen Auswahlverfahren unter Beweis stellen müssen.

7.1 Welche weiteren Stipendienprogramme gibt es?

Nach der derzeit geltenden Regelung haben BAföG-Empfänger in Deutschland Rechtsanspruch auf die Förderung ihres Studiums im Ausland, wenn das Auslandsstudienjahr dem Ausbildungsstand förderlich ist und ein Teil des Auslandsstudiums auf das Studium im Inland angerechnet werden kann. Der Gesetzgeber kommt hier den Studenten im Ausland entgegen, indem sich die Förderungshöchstdauer um die beiden Auslandssemester erhöht. Gleichzeitig leistet das BAföG-Amt die auslandsbedingten Mehrkosten als Zuschuss, der später nicht zurückgezahlt werden muss. Zusätzlich haben die Bewerber die freie Hochschulwahl in Abstimmung mit den Finanzierungsrichtlinien des BAföG. In der Regel bewegen sich die Studiengebühren der großen staatlichen Universitäten der USA in diesem Rahmen. Viele teure private Universitäten kommen für BAföG-Empfänger nicht in Frage, was jedoch keine Einbußen in der Qualität des Studiums mit sich bringen muss.

Viel eher haben es die Bewerber in der Hand, die Wahl ihrer Universität – neben finanziellen Überlegungen – nach ihren akademischen Interessen auszurichten. Dieser Grundsatz gilt übrigens auch für alle anderen Studenten. Weil sich BAföG-Empfänger selbständig um die Aufnahme an einer amerikanischen Universität bemühen müssen, sollten sie mit einer besonders langen Vorbereitungszeit – ca. eineinhalb Jahre – rechnen. Da das zuständige BAföG-Amt durch die Zahl der Anträge überlastet ist, reicht es auf keinen Fall aus, sich erst sechs Monate vor Ausreise – wie vielfach geraten – an das Amt zu wenden.

Weniger bekannt und selten genutzt ist zum Beispiel das Stipendienprogramm des Rotary Club. Der amerikanische Verband fördert qualifizierte und motivierte Studenten und Graduierte mit Stipendien. Genaue Informationen sind über die örtlichen Rotary Clubs zu beziehen.

Daneben verfügen zahlreiche deutsche und amerikanische Stiftungen und Firmen über Stipendienprogramme. Die meisten dieser Programme sind Graduierten, Doktoranden und Promovenden aus den Geschichts- und Gesellschaftswissenschaften, den Naturwissenschaften und der Medizin vorbehalten. So bietet zum Beispiel der German Marshall Fund Reise- und Forschungsstipendien für fortgeschrittene Doktoranden und Nachwuchswissenschaftler an, die sich in einem die USA betreffenden Gebiet spezialisiert haben. Jungen Nachwuchswissenschaftlern mit abgeschlossener Promotion aus den Naturwissenschaften und der Medizin stellt die Max-Kade-Foundation der Vereinigten Staaten Stipendien zur Verfügung. Darüber hinaus gibt es auch Stipendien für Akademiker, die nach dem deutschen Studienabschluss einen Abschluss von einer amerikanischen Universität, z.B. den MBA, erhalten wollen.

Detaillierte Informationen über die genannten Programme und andere Finanzierungsmöglichkeiten enthält die Broschüre des DAAD: „Studium, Forschung, Lehre. Förderungsmöglichkeiten im Ausland für Deutsche". Die Bewerbungsunterlagen zu den Programmen von DAAD und Fulbright und den Austauschprogrammen sowie die Adressen der Organisationen und Verbände sind über die akademischen Auslandsämter an jeder deutschen Universität zu beziehen. Neben den akademischen Auslandsberatungsstellen an der Universität bieten die Amerika-Häuser in der Bundesrepublik Informationsveranstaltungen und individuelle Sprechstunden zu Studium und Praktikum in den USA an. Während der Veranstaltungen berichten Studenten, die an den verschiedenen Programmen teilgenommen haben, über ihre Erfahrungen im Ausland. Sie geben nicht nur Ratschläge zur Überwindung von Hürden im Bewerbungsprozess, sondern berichten auch über Erfreuliches und Beschwerliches im amerikanischen Studienalltag. Die „USA-Heimkehrer" verbreiten im Allgemeinen so viel Enthusiasmus, dass diese Veranstaltungen neben ihrem Informationsgehalt ebenso dazu dienen, Interessenten zu motivieren und dazu anzuregen, ihr Ziel nicht aus den Augen zu verlieren.

Unabhängig von den oben genannten Programmen steht ambitionierten Studenten immer die Möglichkeit offen, an einer amerikanischen Universität ein College-, Magister- oder Doktorandenstudium zu absolvieren. Dazu sind der deutsche Diplom- oder Magisterabschluss nicht einmal Voraussetzung; mit der Ausnahme von Bachelor-Anwärtern sollten Interessenten jedoch mindestens vier Jahre mit nachweisbarem Erfolg an einer Universität studiert haben. Vor allen anderen Kriterien zählen bei der Bewerbung um ein Graduiertenstudium die akademischen Leistungen. Der Erfolg einer Bewerbung ist aber auch davon abhängig, dass Interessenten ihre Studienpläne auf die Interessenschwerpunkte des Institutes, an dem sie sich bewerben, und seine Professoren abstimmen. Hier empfiehlt es sich, das Graduierten-Vorlesungsverzeichnis der entsprechenden Universität genau zu studieren. Während die Institute an den meisten amerikanischen Universitäten Doktoranden nur annehmen, wenn sie diese auch mit internen Stipendien fördern können, gilt dies leider nicht für Magister-Studenten. Magister-Anwärter müssen sich meist anderweitig um Stipendien bemühen.

Die Studiengebühren für Doktoranden werden in der Regel von der Universität getragen. Diese Unterstützung kommt vielleicht in Form eines akademischen Stipendiums – oft „Fellowship" genannt –, aber häufiger als „Teaching"- oder „Research-Assistantship", in denen man als Hilfskraft angestellt wird. Hier erhalten Doktoranden zusätzlich ein monatliches „Gehalt", das, wenn sie Glück haben, hoch genug ist, um ihre Lebenshaltungskosten zu decken. Oft besteht die Möglichkeit, Professoren bei der Forschung oder der Seminarvorbereitung zu assistieren und dadurch auch wichtige Erfahrungen für die künftige Laufbahn zu sammeln. Um Geld einzusparen, werden Anfängerkurse heutzutage an vielen – vor allem größeren – Universitäten zum großen Teil von Magister-Anwärtern und Doktoranden ohne wesentliche professorische Aufsicht unterrichtet. Bei der Planung sollten Interessenten außerdem noch beachten, dass die Anforderungen an Umfang, Originalität und Qualität der Dissertation in den USA häufig höher als in Deutschland liegen; dies gilt besonders für die technischen und naturwissenschaftlichen Fächer, aber auch eine geisteswissenschaftliche Promotion kann, je nach Universität, bis zu sieben Jahre dauern. Doktoranden müssen in den ersten zwei bis drei Jahren noch Vorlesungen und Seminare belegen sowie Scheine machen. Sind alle Voraussetzungen erfüllt, muss der Student seine Fähigkeiten in einer umfangreichen Qualifikationsprüfung unter Beweis stellen. Erst dann wird er zur Promotion zugelassen und kann mit der Forschung für die eigentliche Dissertation beginnen. Die mündliche Prüfung vor einer Promotionskommission findet dann entweder vor oder nach der Abgabe der Dissertation statt.

7.2 Was verbirgt sich hinter TOEFL und GRE?

Deutsche Studenten, die einen akademischen Grad von einer amerikanischen Universität erwerben, genießen einen nicht unbedeutenden Vorteil gegenüber „Non-degree"-Studenten: Sie können ein Visum beantragen, das ihnen gestattet, in den USA – während der Semesterferien zum Beispiel – zu arbeiten oder sich um ein bezahltes Praktikum in einer amerikanischen Firma zu bemühen. Ihnen steht bei der Suche nach einem guten Praktikantenplatz der Karriereberatungsservice der Universität zur Seite. Spätestens seit der Schaffung des europäischen Binnenmarktes sind Praktika im Ausland für den späteren Berufsweg von großem Wert. Genaue Angaben über das erforderliche Visum erteilen die Beratungsstellen für ausländische Studenten und Professoren der jeweiligen Universität in den USA.

Wer in den Vereinigten Staaten studieren möchte – als DAAD- oder Fulbright-Stipendiat, als Austauschstudent oder Selbstbewerber –, muss eine Reihe von Bedingungen erfüllen, die unabhängig von Qualifikation, Studienfach und Dauer des Studiums sind. Alle amerikanischen Universitäten verpflichten Nicht-Amerikaner zur Teilnahme an einem Sprachtest, dem TOEFL – „Test of English as a Foreign Language". Die erfolgreiche Teilnahme soll der amerikanischen Universität annähernd garantieren, dass der Bewerber in der Lage ist, Vorlesungen in englischer Sprache zu folgen und sich verständlich zu machen. Der TOEFL testet sowohl die Beherrschung des englischen Vokabulars und der Grammatik als auch die Fähigkeit, gesprochenes Englisch zu verstehen. Mit ein bisschen Übung im Sprachlabor kann diese Hürde genommen werden. Die erfolgreiche Mindestpunktzahl von 500 bis 550 Punkten erreichen selbst diejenigen mit relativ geringem Aufwand, die Englisch nicht allzu perfekt beherrschen. Studenten, die sicher gehen möchten, dass sie an der amerikanischen Universität als „Graduate"-Studenten zugelassen werden, müssen zusätzlich zum TOEFL den GRE – „Graduate Record Examination" – absolvieren.

Amerikanische „Graduate"-Studenten besitzen ein sogenanntes „Bachelor's degree", welches sie nach erfolgreichem Abschluss der vier „Undergraduate"-Studienjahre erhalten. Auch wenn der Vergleich hinkt, entsprechen die ersten beiden „Undergraduate"-Jahre grob den letzten beiden Gymnasialjahren in Deutschland, während das dritte und vierte „Undergraduate"-Jahr vielleicht mit unserem Grundstudium gleichzusetzen sind. Der „Bachelor" entspräche demnach unserem Vordiplom oder einem abgeschlossenen Grundstudium.

Wer also während des USA-Studiums nicht unterfordert werden möchte, sollte sich nicht vor dem GRE scheuen und darauf Wert legen, an der Gastuniversität als graduierter Student eingeschrieben zu sein. Dies erleichtert u.a. auch die Anerkennung der Studienleistung bei der Rückkehr nach Deutschland. Im Vergleich mit dem TOEFL erfordert der GRE wesentlich mehr Vorbereitungszeit; neben einem Sprachteil, der selbst für Amerikaner nicht einfach sein soll, beinhaltet der GRE mathematische und logische Aufgaben. Teilnehmern an den Austausch-, DAAD- und (teilweise) Fulbright-Programmen ist häufig auch ohne GRE der Status als graduierter Student garantiert; Voraussetzung ist aber auch hier der Abschluss des Grundstudiums bzw. Vordiploms zum Zeitpunkt der Ausreise. Wer allerdings an der amerikanischen Universität einen Magister- oder Diplomabschluss erwerben möchte, muss sich ohne Ausnahme dem GRE unterziehen. Auch allen unabhängigen Bewerbern bleibt der GRE nicht erspart, wenn sie sich Komplikationen mit der amerikanischen Universitätsbürokratie ersparen möchten.

Zu einer potenziell erfolgreichen Bewerbung gehört vor allen Dingen die Beschreibung des Forschungsvorhabens des Kandidaten. Ein ausgefeiltes Essay über die Details des Studienplans im Ausland sowie eine ausreichende Begründung, warum ein Studium vor Ort dem Forschungsvorhaben besonders förderlich wäre, sind integraler Bestandteil jeder guten Bewerbung. Eine oder mehrere Universitäten, Institute oder Professoren in den USA sind vielleicht besonders auf das bevorzugte Interessengebiet spezialisiert. Bewerber sollten dies erwähnen und gleichzeitig begründen, inwiefern sie davon profitieren würden, gerade an dieser einen Universität mit diesem Professor zusammenzuarbeiten. Möglich ist zum Beispiel auch, dass eine amerikanische Universität über Archive und Quellen verfügt, zu denen man in Deutschland keinen Zugang hätte. Wer zum Beispiel zeitgenössische Chicano-Literatur studieren möchte, ist an einer Universität in Texas sicher besser aufgehoben als an jeder deutschen Universität.

Der Student muss also seine eigenen Interessenschwerpunkte besonders gut kennen und sich auch bereits in die einschlägige Literatur eingelesen haben; sicher ist nämlich, dass die Stipendienkommission während des Auswahlverfahrens den Kandidaten zu seinem ausgesuchten Gebiet befragen wird. Es hat also wenig Sinn, mit dem Studienvorhaben leichtfertig umzugehen. Dieser Teil der Bewerbung beinhaltet, dass man sich Zugang zu den Vorlesungsverzeichnissen der amerikanischen Universitäten verschafft – zu finden in den Amerika-Häusern – und diese gründlich studiert.

Zu einer vollständigen Bewerbung gehören auch mindestens zwei Empfehlungsschreiben, ausgestellt von den Professoren, deren Seminare man in Deutschland besucht hat. Es mag beim deutschen Studienalltag nicht einfach sein, sich bei einem Professor bemerkbar zu machen, der Vorlesungen vor 200 Studenten hält; umso mehr empfiehlt es sich, den Professor rechtzeitig von den eigenen Plänen in Kenntnis zu setzen und eine schriftliche Hausarbeit für ihn anzufertigen oder seine Klausur mitzuschreiben. Nur so hat auch der Professor eine Chance, den Studenten kennen zu lernen. Da Empfehlungsschreiben zusätzliche Arbeit bedeuten, wird kein Professor unbedingt davon begeistert sein; dennoch sollte man sich nicht davon abschrecken lassen.

Nicht zuletzt muss die Bewerbung auch eine detaillierte Aufstellung aller belegten Kurse – einschließlich der Noten, so vorhanden – enthalten. Auch hier sollte die Aufstellung möglichst nahe bei der Realität liegen; Teilnehmer der Auswahlkommission können den Kandidaten während des Auswahlgesprächs jederzeit auf die Seminarinhalte ansprechen.

7.3 Die Bibliothek als zweites Zuhause

Es versteht sich von selbst, dass jeder Bewerber, der es bis zum Auswahlinterview geschafft hat, möglichst gut über das zeitpolitische und kulturelle Geschehen des eigenen und des Gastlandes informiert sein sollte. Erfolgreiche Interviewteilnehmer berichten allerdings häufig, dass Perfektion nicht das einzige oder wichtigste Bewertungskriterium ist; als ebenso wichtig gilt, dass sich der Kandidat von Pannen und Schwächen während des Auswahlgesprächs, das in englischer Sprache stattfindet, nicht aus der Bahn werfen lässt und Vertrauen in die eigene Persönlichkeit beweist.

Studienbeginn ist an den meisten amerikanischen Universitäten in der ersten Septemberwoche. In der Regel ist das akademische Jahr, das genauso wie bei uns neun Monate dauert, in zwei Semester – manchmal auch in Trimester – aufgeteilt. Deutsche Studenten werden schnell gravierende Unterschiede zur hiesigen Unterrichtspraxis feststellen: Selbst an den riesigen staatlichen Universitäten mit 35000 bis 70000 Studenten sitzen selten mehr als 20 bis 30 Studenten in einem Seminar. In den Seminaren im Hauptstudium sind sogar Teilnehmerzahlen unter zehn Studenten keine Seltenheit. Dies bedeutet nicht nur, dass Professoren ihren Studenten ungleich mehr Aufmerksamkeit widmen können als ihre Kollegen in Deutschland. Für den einzelnen Studenten heißt das auch, dass er einen wesentlich höheren Anteil am Erfolg des Seminars trägt, als dies an einer deutschen Universität der Fall wäre. Allein dadurch wird der Arbeitsaufwand höher.

Hinzu kommt aber auch, dass in amerikanischen Seminaren anders gearbeitet wird. In den geistes- und wirtschaftswissenschaftlichen Fächern müssen Studenten nicht selten einen Roman oder ein kritisches Werk pro Woche und Kurs lesen; an den technischen und naturwissenschaftlichen Fakultäten kommen zum Lesen von Forschungsaufsätzen Problemstellungen hinzu, die die Studenten lösen müssen. Pro Kurs finden in der Regel zwei Klausuren – in der Mitte und am Ende des Semesters – statt; in den Geistes- und Wirtschaftswissenschaften schreiben Studenten zwei Hausarbeiten pro Semester und halten zusätzlich Referate.

Auf Grund des hohen Arbeitsaufwands belegen amerikanische Studenten durchschnittlich nicht mehr als drei oder vier Seminare pro Semester; deutschen Studenten ist zu empfehlen, diesem Beispiel zu folgen und sich anfänglich eher weniger als mehr Kurse aufzubürden. Als Folge des immensen Lesestoffs, den jeder Student zu bewältigen hat, wird die Bibliothek zum zweiten Zuhause. Die meisten Bibliotheken sind bis Mitternacht – in den Prüfungsperioden sogar länger – und an den Wochenenden geöffnet.

Einer der größten Vorteile eines USA-Studiums besteht darin, dass jedem Studenten ein Professor zugeteilt ist, der bei der Auswahl der Kurse behilflich ist und bei Problemen oder Fragen jederzeit zur Verfügung steht. Im Vergleich zu seinen deutschen Kollegen hat ein amerikanischer Professor wesentlich weniger Studenten zu betreuen. Wer von deutschen Professorensprechstunden an lange Warteschlangen gewöhnt ist, wird daher angenehm überrascht sein. Keiner sollte sich davor scheuen, von dieser Verfügbarkeit der Professoren Gebrauch zu machen, Forschungsvorhaben und Probleme zu diskutieren und Ratschläge einzuholen. Meist lässt sich erst später einschätzen, wie sehr man von der Menge der Ideen, mit denen man konfrontiert wird, der Intensität der Kurse und der Betreuung durch die Professoren profitiert hat.

Trotz der intellektuellen Herausforderung, die ein Studium in den Vereinigten Staaten darstellt, sollte man nicht vergessen, dass ein amerikanischer Campus ein komplexes soziales Gefüge ist und ein reges gesellschaftliches Leben aufweist. Selten wird man in der Bundesrepublik die Chance haben, mit Menschen so verschiedener ethnischer Gruppen zusammenzutreffen wie auf einem amerikanischen Campus. Anders als bei uns verbringen Studenten einen Großteil ihrer freien Zeit auf dem Campus. Indem die Universität auf die vielfältigsten Bedürfnisse ihrer meist multikulturellen Studentenschaft eingeht, nimmt sie eine zentrale Rolle im Leben der Studenten ein. Viele Studenten engagieren sich außerhalb des Seminarraumes in Institutionen, die eng mit der Universität verknüpft sind: in studentischen Tageszeitungen und Radiosendern, Kunst- und Literaturjournalen, Studentenchören und -orchestern, sozialen Hilfseinrichtungen und Wohlfahrtsverbänden, politischen Organisationen, Frauenverbänden u.v.a. Sie wählen diese Form des Engagements jedoch nicht nur aus purer Lust, sondern auch mit dem Ziel, sich für bestimmte Berufe zu qualifizieren und ihre Karrierechancen zu verbessern. Zusätzlich ist der persönliche Einsatz der Studenten Ausdruck der starken Identifikation mit ihrer Universität. In diesem Zusammenhang spielt zum Beispiel das hohe Ansehen der Sportmannschaft jeder Universität eine sehr große Rolle. Es gibt wohl kaum ein Ereignis, das eine vergleichbar starke identitätsstiftende Wirkung hätte wie ein Wettkampf zwischen den Sportteams zweier konkurrierender Universitäten. Wer sich noch nie in ein solches Szenario eingefühlt hat, hat nur die Hälfte amerikanischen Universitätslebens verstanden.

7.4 Das Leben auf dem Campus

Delta Phi Kappa, Alpha Tau Omega, Delta Delta Delta, was hier nach griechischen Dörfern klingt, sind nichts weiter als Namen studentischer Verbindungen an amerikanischen Hochschulen. „Fraternities" (lat. frater = Bruder) und „sororities" (lat. soror = Schwester) werden sie genannt und haben das Ziel, das gesellschaftliche Leben an der Uni anzuregen und zu bereichern. Solche „Bruderschaften" hatten ihre Blüte im letzten Jahrhundert in Deutschland. Man denke dabei an das Studentenleben in Heidelberg, als sich Burschenschaften und schlagende Verbindungen in den Weinkellern versammelten, miteinander feierten, Eichendorff'sche Balladen sangen und ihre Mensuren schlugen, wobei die Narben an der Wange, der so genannte Schmiss, eine begehrte Auszeichnung war, die Männlichkeit, Mut und Tapferkeit ausdrücken sollte.

In Amerika braucht man heutzutage nicht unbedingt eine Narbe, um anzudeuten, dass man einer solchen Verbindung angehört, aber dafür ziehen sich die Einweihungsrituale oft über eine Woche hin. „Hell week" werden sie genannt, in denen die neuen Studenten dem Erbarmen der Brüder ausgesetzt sind. Während dieser Zeit nämlich können die Mitglieder von dem Neuling so ziemlich alles verlangen, was ihnen gefällt. Sei es, dass sie ihn sämtliche Schuhe putzen lassen, ihn zu Partys verdonnern, ihn vielleicht auch auffordern, eine Flasche Sekt auf einmal auszutrinken oder gar einmal nackt durch den Campus zu laufen. Aber im Land der unbegrenzten Möglichkeiten werden inzwischen auch hier staatlicherseits Grenzen gesetzt, da schon so mancher sein Leben dabei aufs Spiel gesetzt hat und es verlor. Aber keine Sorge, die meisten Verbindungen sind absolut harmlos; schließlich geht es ja hier um Fun und ums Gesellschaftliche. Außerdem kann man sich unter verschiedenen Bruder-/Schwesterschaften die aussuchen, die einem am ehesten zusagt. So gibt es manche, die mehr auf das Akademische ausgerichtet sind und für die man neben guten Noten ein Herz fürs Studium mitbringen sollte. Andere hingegen legen mehr Wert auf den sozialen Status und da gehört schon ein Smoking in den Studentenkoffer. Für diesen Lebensstil sollte man etwas mehr „Kleingeld" mitbringen. Die Mitgliedsbeiträge hingegen sind alle mehr oder weniger gleich, zur Zeit ca. 50 bis 70 US$ pro Semester. Man kann auch in den Fraternity-/Sororityhäusern wohnen; die Miete beträgt nicht mehr als im regulären Studentenwohnheim. Diese Gemeinschaften werden im Wesentlichen von der Universität finanziell unterstützt, viele aber auch von Ehemaligen, die inzwischen die Erfolgsleiter hochgeklettert sind und noch mit Wehmut an die „gute alte Zeit" zurückdenken.

Und wie kommt man in eine solche Gemeinschaft? In den Einführungswochen der Uni stellen sich diese Verbindungen den Studenten vor. Es gibt viele Partys, auf denen man sich relativ ungezwungen gegenseitig beschnuppern kann. Ist man dann von allen Brüdern und Schwestern der jeweiligen Verbindung erwünscht, dann erhält man die Aufforderung beizutreten, und zwar für immer. Auch nach dem College bekommt man „newsletters" und kann sich mit den Brüdern bzw. Schwestern treffen. Im Beruf kann dies natürlich auch zum Vorteil werden. Wiedersehen macht Freude.

Wem solche Verbindungen nicht liegen, der kann natürlich auch an anderen Aktivitäten teilnehmen, wobei Sport an erster Stelle steht. Jede Uni hat mindestens eine Football-, Baseball- und Basketballmannschaft. Sie alle tragen ein Maskottchen der jeweiligen Universität, sei es ein blauer Panther („cougar"), ein Cowboy oder irgendeine andere „species", und für diese Mannschaft geht man dann auch durchs Feuer. Die „cheerleaders" schwingen ihre langen Beine im eiskalten Schnee und die Fans schreien sich die Kehle aus dem Hals, um ihre Jungs anzufeuern, wenn sie gegen Mannschaften anderer Universitäten antreten. Das ist wahrer Teamgeist!

Möchte man hingegen selbst Sport treiben, dann ist auch dafür gesorgt. Entweder man belegt einen Sportkurs (drei sind sowieso meistens Pflicht) und wählt unter Golfen, Tennis, Gewichtheben, Reiten, Kegeln usw. aus oder man geht einfach zu den Sportanlagen der Uni, die es mindestens so zahlreich gibt wie Vorlesungssäle, und tobt sich da unentgeltlich (Studentenausweis genügt) nach Herzenslust aus.

Der Campus bietet auch den zukünftigen Politikern vielfältige Trainingsmöglichkeiten. Man kann sich, wie auch in Deutschland, einer Studentenorganisation anschließen und sich z.b. für die Rechte von Minderheiten einsetzen oder auch karitative Maßnahmen unterstützen. Solche ehrenamtlichen Tätigkeiten sind später in Lebensläufen gern gesehen. Apropos „karitativ": Auch kirchliche Organisationen sind auf dem Campus häufig vertreten. Und außer Sonntagsgottesdiensten veranstalten sie öfter gesellschaftliche Aktivitäten während der Woche. Die von den Mormonen gegründete Brigham Young University in Provo/Utah, z.B. hat über 200 kirchliche Studentengemeinden, die Tänze, Ausflüge und andere Geselligkeiten organisieren.

Last but not least wäre da noch das Wörtchen Kultur. Mancher Europäer mag sich vielleicht fragen, was denn amerikanische Universitäten überhaupt an Kultur zu bieten haben, aber ein Blick auf den Veranstaltungskalender belehrt eines Besseren: Die Theater- und Musikabteilungen der Unis stellen unter großen Aufwendungen fast „professionelle" Opern, Musicals, Komödien, Tragödien und natürlich viele Konzerte auf die Beine. Und die Kunstabteilung zeigt das ganze Jahr hindurch Ausstellungen mit Werken zukünftiger Dalis, Picassos und Warhols. Fast jede Universität hat außerdem ein „student center", wo spontan formierte Studentenbands und von der Univerwaltung gebuchte Musik-, Film- und sonstige Kulturveranstaltungen dafür sorgen, dass die gut bezahlenden Studenten die nötige Ablenkung und Unterhaltung bekommen. So kommt es, dass Universitäten in Amerika häufig als kulturelle Zentren sowohl für die umliegende Stadt als auch für die erreichbare weitere Umgebung funktionieren.

Die oben erwähnte Brigham Young University hat am Eingang zum Campus das Schild „The World is our Campus". Dies soll nicht nur auf die nach außen gerichteten Bekehrungsziele der unterstützenden Kirche hinweisen, sondern vor allem darauf, dass man nie aufhören sollte, zu lernen und die Welt zu erforschen. Mancher rundum zufriedene Student kann dann auch sagen: „The Campus is our World!"

7.5 Berufsberatung an amerikanischen Universitäten

Die Höhe der Studiengebühren, die amerikanische Universitätsstudenten für die Ausbildung zahlen müssen, erstaunt viele. Ein Teil der Gebühren jedoch wird von den Universitäten in Form von Dienstleistungen an die Studenten zurückgegeben. Eine der brauchbarsten dieser Dienstleistungen ist die Berufsberatung. Sie beginnt bei Aufnahme in die Universität und ist Aufgabe von Studienberatern und dem „career center" der Universität. Viele amerikanische Studenten beginnen ihr Universitätsstudium gleich nach Erhalt des „high school diploma". Das Durchschnittsalter des so genannten „college freshman", d.h. des Studenten im ersten Studienjahr, liegt bei 17 oder 18 Jahren, also einige Jahre unter dem Durchschnittsalter eines deutschen Studenten bei Studienbeginn. Folglich wissen die meisten Studenten noch nicht genau, welches Hauptfach sie wählen sollen. Da in der Regel in den ersten beiden Jahren der so genannten „undergraduate studies" (entspricht in etwa dem deutschen Grundstudium) eine Reihe von Grundkursen absolviert werden müssen (eine Vielzahl von Kursen, die Deutsche als Kurse für Allgemeinwissen bezeichnen würden), haben die Studenten Zeit, sich verschiedene Fachgebiete anzusehen, bevor sie sich für ein Hauptfach entscheiden.

Bei Aufnahme des Studiums an der Universität wird jeder Student einem Studienberater zugeteilt. Dieser ist Mitglied des Lehrkörpers und dafür verantwortlich, dem Studenten bei der Kurswahl zu helfen, sicherzustellen, dass die Grundkurse belegt werden, und Fragen des Studenten während seiner Zeit an der Universität zu beantworten. Für Studenten, die schon klare Vorstellungen über ihre zukünftige berufliche Laufbahn haben, spielt der Studienberater eine untergeordnete Rolle. Für andere jedoch kann er ein Vorbild sein, eine Quelle für Anregungen und Informationen über verschiedene Fachgebiete, da er mit dem Studenten in engem Kontakt steht und stets über seine Leistungen in verschiedenen Fächern informiert ist.

An vielen Universitäten haben die Studenten die Möglichkeit, mit mehreren Studienberatern zusammenzuarbeiten, um verschiedene Fächer zu kombinieren und sozusagen ein „individuelles" Hauptfach zu entwickeln. Ohne ihre Hilfe und Unterstützung wären die Studenten nicht in der Lage, einen auf sie zugeschnittenen Lehrplan für eine erfolgreiche berufliche Laufbahn zu erstellen.

Darüber hinaus können die Studenten im „career center" schon früh im Studium sowohl Informationen über mögliche Studienfächer und Berufsbilder als auch persönliche Beratung erhalten. Eine der Hauptaufgaben des „career center" ist, den Studenten nicht nur bei der Berufsplanung und der Wahl des Hauptfachs zur Seite zu stehen, sondern sie auch dabei zu unterstützen, Berufe zu finden, die mit einem bestimmten Hauptfach angestrebt werden können. Die Idee des „career center" passt gut in die amerikanische Philosophie, den Studenten leicht zugängliche Quellen und Einrichtungen zur Verfügung zu stellen. Tatsächlich ist das „career center" eine kleine Bibliothek, die in der Regel über eine ansehnliche Büchersammlung zu den Themen Berufsplanung und Stellensuche verfügt.

Zuerst einmal gibt es Bücher, die verschiedene Berufe beschreiben: Anforderungsprofil, Tätigkeitsfeld, die Chancen, in diesem Beruf Karriere zu machen, Gehaltsstufen usw. Hierbei muss betont werden, dass diese Bücher am sinnvollsten mit Hilfe eines Berufsberaters genutzt werden, der die besonderen Bedürfnisse des Studenten gezielt ansprechen kann. So kann der Student zum Beispiel einen Termin mit einem Berater vereinbaren, um die gewünschte Laufbahn zu erörtern: Macht die Wahl des gewünschten Berufs in der momentanen Wirtschaftslage Sinn oder strebt man einen Beruf an, der etwas außergewöhnlich ist?

Zusätzlich zu Büchern und Broschüren bieten viele „career center" den Studenten andere, mehr praktisch orientierte Dienstleistungen an. So können die Studenten zum Beispiel Interessen- und Persönlichkeitstests absolvieren, um ihre besonderen Neigungen und Stärken zu erkennen und herauszufinden, wie sie diese in bestimmten Berufsfeldern erfolgreich einsetzen können. Natürlich werden Tests nicht als einziges Entscheidungskriterium herangezogen.

Darüber hinaus findet man im „career center" wichtige Informationen über Unternehmen, einschließlich der multinationalen und ausländischen Gesellschaften. Derartige Informationen können für Studenten, die im internationalen Bereich oder im Ausland arbeiten möchten, sehr hilfreich sein. Für diejenigen, die Erfahrungen durch einen Arbeitsaufenthalt im Ausland sammeln möchten, gibt es in der Regel Broschüren und Bücher mit Hinweisen, wie man die Suche nach einem Job im Ausland angehen sollte.

Erst wenn ein Student sein Hauptfach gewählt hat und kurz vor dem Studienabschluss steht, stellt er fest, wie wertvoll das „career center" der Universität sein kann. Die meisten verfügen über Bücher, die alle Phasen der Stellensuche behandeln, vom Erstellen von Lebensläufen und Anschreiben bis zur Übung von bestimmten Verhaltensregeln bei Vorstellungsgesprächen.

Außerdem sind Geschäftsberichte und Unternehmensprofile häufig von einer Vielzahl von Firmen vorhanden. Sehr oft fragen „recruiter" die Studenten während des Vorstellungsgesprächs, was sie über die Produkte oder die Philosophie des jeweiligen Unternehmens wissen. Hintergrundinformation kann daher zur Vorbereitung auf das Vorstellungsgespräch sehr hilfreich sein. Es gibt auch Firmen, die sich, ihre Organisation und ihre Produkte auf Videokassette präsentieren. Diese Videos sind für Studenten sehr nützlich, weil sie auch erste Eindrücke über Unternehmenskulturen vermitteln. Es muss betont werden, dass hinter der Berufsberatung an amerikanischen Universitäten die Überzeugung steht, dass sich die Universität für ihre Studenten verantwortlich sieht, und dies nicht nur während des Studiums, sondern auch danach. Die Universitäten sind stolz auf ihre Ehemaligen und sie wissen, dass eine gute Berufsberatung sehr nützlich für erfolgreiche Studenten und später für erfolgreiche Berufstätige sein kann. Und da die Universitäten in Amerika finanziell weitgehend auf ihre Fähigkeit, gleichzeitig neue Studenten und neue Spenden von ehemaligen Studenten anzulocken, angewiesen sind, sind sie letztendlich sehr an einem guten Ruf und am professionellen Erfolg ihrer Studenten interessiert.

7.6 Karriereplanung und Stellenvermittlung an amerikanischen Universitäten

Amerikanische Universitäten haben es sich zur Aufgabe gemacht, sowohl „Undergraduate"- als auch „Graduate"-Studenten bei der Bewerbung um eine Position und der Stellenvermittlung behilflich zu sein. Viele Studenten, und besonders „Graduate"-Studenten, schreiben sich an den Universitäten ein, um in ihrem Fachgebiet die Grundlagen für eine erfolgreiche berufliche Laufbahn zu legen. Hierbei spielt die Universität eine tragende Rolle, da sie den Studenten zur Erreichung dieses Ziels die notwendige Ausbildung und Unterstützung mit auf den Weg gibt.

Aktivitäten für die Karriereplanung beginnen bereits bei Universitätseintritt und setzen sich während des Studiums fort. Viele Studenten suchen sowohl Rat und Hilfe als auch praktische Übung in Dingen, die für das Bewerbungsverfahren und bei der Entscheidung für eine bestimmte berufliche Laufbahn wichtig sind. Hierzu gehören z.B. Suche und Auswahl von verschiedenen Karrieremöglichkeiten, Erstellung von Erfolg versprechenden Lebensläufen und Anschreiben, Entwicklung der Fähigkeit, sich in Vorstellungsgesprächen zu behaupten, Planung fundierter Gespräche sowie Verhandlungen über Arbeitsbedingungen und Gehalt. Zusätzlich haben einige Fakultäten an amerikanischen Universitäten, wie z.b. die „School of Business Administration", einen Vollzeitmitarbeiter, der den Studenten hilfreich zur Seite steht und bei der Stellenvermittlung eng mit Unternehmen zusammenarbeitet. Dieser Mitarbeiter hat ausschließlich die Aufgabe, bei der Bewerbung um eine Stelle zu helfen und Kontakte zu Unternehmen herzustellen.

Weitere Dienstleistungen der „career center" sind Veranstaltungen, bei denen Firmen und verschiedene Berufsbilder vorgestellt werden und ehemalige Studenten der Universität und Führungskräfte der Firmen mit den Studenten reden. Der Gastredner spricht sowohl über breit gefächerte Themen als auch über sein Spezialgebiet, wie zum Beispiel Konsumgüter-Marketing oder internationales Finanzwesen. Bei diesen Veranstaltungen haben die Studenten die Möglichkeit, Fragen zu stellen und mit dem Unternehmensvertreter in ungezwungener Atmosphäre zu reden. So können die Studenten oft testen, ob sie sich für eine bestimmte Firma oder ein bestimmtes Fachgebiet interessieren, und manchmal bekommen sie sogar einige Insider-Tipps für das Bewerbungsverfahren.

Ein anderer, sehr hilfreicher Service des „career center" sind Workshops, in denen man lernen kann, wie Lebensläufe geschrieben werden und wie man sich erfolgreich in Vorstellungsgesprächen präsentiert. Das „career center" bietet manchmal Treffen an, bei denen Vorstellungsgespräche geübt werden. Hierfür müssen die Studenten zuerst ihren Lebenslauf und ein Anschreiben einreichen und führen anschließend ein Vorstellungsgespräch mit einem Berufsberater. Manchmal werden auch ehemalige Studenten, die sich bereits erfolgreich im Berufsleben behauptet haben, zu diesen Übungsgesprächen eingeladen. Dieses Verfahren hat den Vorteil, dass die Ehemaligen einerseits die Studenten unterstützen, andererseits dennoch nicht zu nachsichtig sind. Die Studenten bekommen von ihnen oft Informationen aus erster Hand, die bei der Vorbereitung echter Vorstellungsgespräche hilfreich sind. Solche Gelegenheiten sind sehr wertvoll, da der Student lernen kann, auf Standardfragen zu reagieren und das Verhalten des Interviewers zu interpretieren. Besonders wichtig an diesen Übungsgesprächen aber ist, dass sie den Studenten zwingen, über seine Stärken und seine besonderen Fähigkeiten für eine bestimmte Position nachzudenken.

Vorzugsweise für „Graduate"-Studenten bieten viele Universitäten in den Sommerferien ein Praktikumsprogramm an. Dabei finden die Studenten die Möglichkeit, die im Studium erworbenen Kenntnisse praktisch anzuwenden und studienbezogene Berufserfahrung zu sammeln.

Viele Universitäten veranstalten Berufsplanungsseminare. Vertreter großer Unternehmen, die für Einstellungen zuständig sind, werden eingeladen, um mit den Studenten zu sprechen. Das Ziel dieser so genannten „recruiter" ist natürlich, qualifizierte Studenten zu finden, die gut in die Unternehmensstruktur passen würden. An einigen Universitäten werden solche Seminare speziell für „Graduate"-Studenten organisiert (z.B. von der „School of Business Administration"). In einem derartigen Seminar können Studenten nicht nur Informationen aus erster Hand erhalten, sondern auch Termine für spätere Vorstellungsgespräche vereinbaren.

Viele Ehemalige bleiben auch später in engem Kontakt mit ihrer Universität. Sie bieten an, Studenten zu helfen, die mehr über ein bestimmtes Fachgebiet oder Unternehmen erfahren möchten. Die Studenten können im „career center" eine Kartei mit den Namen derer finden, die für einen Informationsaustausch zur Verfügung stehen. Durch das persönliche Gespräch kann der Student Informationen erhalten, die aufschlussreicher und relevanter sind als das, was man an Informationsabenden an den Universitäten erfährt. An amerikanischen Universitäten wird die Karriereplanung also gemeinsam von den Studenten und den Mitarbeitern der Universität durchgeführt. Die Studenten ergreifen die Initiative, indem sie die ihnen zur Verfügung stehenden Quellen nutzen und Universitätsmitarbeiter um Hilfe bei der Kontaktaufnahme zu Unternehmen bitten. Die Universität hilft ihnen durch Beratung, kontinuierlichen Kontakt zu Unternehmen und Veranstaltungen, bei denen Studenten und Unternehmen Verbindung zueinander aufnehmen können. Durch die enge Zusammenarbeit zwischen Universitäten und Unternehmen ist die Stellenvermittlung zum Teil Aufgabe der Universitäten geworden. Alle Beteiligten profitieren von diesem Kontakt. Die Unternehmen bekommen gut ausgebildete, qualifizierte Kandidaten. Die Universitäten sehen den Erfolg ihrer Studenten durch die gelungene Platzierung in Unternehmen. Und nicht zuletzt erfahren die Studenten mehr über verschiedene Unternehmen und Karrieremöglichkeiten. Hierdurch vergrößert sich die Chance, den richtigen Weg zu einer erfolgreichen und befriedigenden beruflichen Laufbahn einzuschlagen.

8. Berufspraxis in den USA: Erfolg versprechende Investition in die Zukunft

8.1 Die Arbeit der Carl Duisberg Gesellschaft

Auslandserfahrung – Investition in die Zukunft. Unter diesem Motto steht die Arbeit der Carl Duisberg Gesellschaft, einer gemeinnützigen Organisation für internationale berufliche Weiterbildung und Personalentwicklung. Die Carl Duisberg Gesellschaft, kurz CDG genannt, ist die erste Adresse, an die sich junge Berufstätige wenden sollten, die einen zeitlich befristeten Arbeitsaufenthalt oder ein Praktikum im Ausland (z.B. in den USA) in Erwägung ziehen. Im Folgenden werden die Vorzüge eines solchen Aufenthaltes sowie die verschiedenen Programmangebote der CDG beschrieben. Im letzten Teil dieses Abschnitts berichtet eine ehemalige Teilnehmerin an einem USA-Programm der CDG von ihren Erlebnissen und wie sie die in den USA gewonnenen Erfahrungen im beruflichen und privaten Leben genutzt hat.

8.2 Warum Auslandserfahrung?

Mit der zunehmenden internationalen Verflechtung aller Lebensbereiche gewinnt eine international orientierte berufliche Weiterbildung zunehmend an Bedeutung. Hierdurch sind die Chancen für eine Karriere im Ausland für junge Berufstätige erheblich gestiegen. Gleichzeitig jedoch wachsen auch die Anforderungen an Stellenbewerber, die sich einer immer größer werdenden Konkurrenz gegenübersehen: Waren gute Abschlussnoten und ein umfassendes Fachwissen früher die entscheidenden Faktoren bei der Einstellung von Bewerbern, so sollte der Stellensuchende heute zusätzlich außerschulische Aktivitäten und besondere Kenntnisse vorweisen können. Lernbereitschaft, Eigeninitiative und Fremdsprachenkenntnisse sind hierbei Merkmale, die die Wettbewerbsfähigkeit des Stellensuchenden auf dem Arbeitsmarkt erheblich steigern können. Arbeitsaufenthalte im Ausland sind eine gute Möglichkeit, diese Kenntnisse zu erwerben oder zu vertiefen. Erst durch einen längeren Aufenthalt in einem fremden Land, möglichst mit Arbeitserfahrung, bekommt der junge Berufstätige einen wirklichen Einblick in die fremde Kultur und kann Erfahrungen sammeln, die im späteren beruflichen und privaten Leben von erheblichem Vorteil sind. Neben der Vertiefung der beruflichen Kenntnisse können Kommunikationsfähigkeit, Teamgeist, Toleranz, Anpassungs- und Kooperationsfähigkeit und Flexibilität trainiert werden. Wer Neuem aufgeschlossen gegenübersteht und Herausforderungen nicht scheut, dem bietet der Auslandsaufenthalt ungeahnte Möglichkeiten zur persönlichen Entfaltung und Entwicklung.

Bei der Wahl des Landes spielen persönliche Präferenzen eine vorrangige Rolle. Jedoch sollten auch die beruflichen Entwicklungschancen nicht außer Acht gelassen werden. Auf Grund ihrer vielfältigen Möglichkeiten, die sich im Lande bieten, sind die USA ein beliebtes Ziel nicht nur für Touristen, sondern auch für junge Berufstätige, die internationale Erfahrungen sammeln wollen. Die enge wirtschaftliche Verflechtung des europäischen mit dem amerikanischen Markt und die Präsenz von vielen Niederlassungen amerikanischer Firmen in Deutschland lassen einen Arbeitsaufenthalt in den USA als sehr sinnvoll erscheinen. In einigen Bereichen, z.B. Marketing oder Kundendienst, setzen amerikanische Firmen durch innovative Entwicklungen Standards mit weltweiter Geltung und dienen daher deutschen Unternehmen als Vorbild. Der junge Berufstätige, der in derartigen Bereichen im Lande selbst Erfahrungen sammeln konnte, wird feststellen, dass sich seine Chancen auf dem Arbeitsmarkt erheblich verbessert haben. Auslandserfahrung wird generell gerne von Firmen gesehen, weist sie doch den Bewerber als aufgeschlossen und risikobereit aus.

8.3 Wer ist die Carl Duisberg Gesellschaft?

Im Gegensatz zu anderen Organisationen, die sich auf Programme für Schüler oder Studenten spezialisiert haben, bietet die CDG hauptsächlich praxisbezogene Weiterbildungsprogramme und internationalen Erfahrungsaustausch für Fach- und Führungskräfte aus der Bundesrepublik Deutschland sowie aus anderen Industrie- und Entwicklungsländern an. Die Programme, die kurz-, mittel- oder langfristig sein können, werden für Ausländer zumeist in Deutschland und für Deutsche im Ausland durchgeführt. Der Schwerpunkt der Programme liegt in den Bereichen Technik, Wirtschaft, Infrastruktur, Handwerk und Verwaltung. Die CDG arbeitet sowohl im Auftrag staatlicher Stellen in Deutschland und im Ausland als auch im Auftrag privater Stiftungen und Unternehmen sowie internationaler Organisationen. Die Arbeit der CDG wird gemeinsam von der deutschen Wirtschaft und dem Staat getragen. Durch die Bereitstellung von Praktikantenplätzen für Ausländer trägt die deutsche Industrie erheblich zum Erfolg der CDG-Arbeit bei. Der weitaus überwiegende Teil der Kosten der Gesellschaft wird von Bund und Ländern getragen.

Die CDG führt ihren Namen auf den Chemiker und Unternehmer Carl Duisberg (1861–1935) zurück, der schon früh die Bedeutung einer Fortbildung im Ausland erkannte. In den 20er Jahren förderte Carl Duisberg den Aufenthalt deutscher Werkstudenten in den USA. Ehemalige Teilnehmer an diesen ersten Austauschprogrammen griffen die Idee wieder auf und gründeten im Jahre 1949 die Carl Duisberg Gesellschaft. Die USA-Programme sind traditionell die Keimzelle und ein Schwerpunkt der CDG-Arbeit. Im Rahmen dieser Programme übernimmt die CDG auch die Vermittlung der Arbeits- und Aufenthaltserlaubnis, die ohne die Unterstützung einer Austauschorganisation für junge Berufstätige fast unmöglich zu erhalten sind.

8.4 Die Amerika-Programme der Carl Duisberg Gesellschaft

Vor der Teilnahme an einem Programm der CDG muss sich jeder Bewerber einem eingehenden Auswahlverfahren unterziehen. Neben schriftlichen Unterlagen, die im Rahmen einer bei jedem Programm unterschiedlichen Bewerbungsfrist eingereicht werden müssen, wird die Teilnahme an einem Auswahlgespräch erwartet. In diesem Auswahlgespräch, das einem Vorstellungsgespräch ähnelt, sollen die Fähigkeiten des Bewerbers, sich unbekannten Gegebenheiten anzupassen, überprüft werden. Es wird vorausgesetzt, dass der Bewerber die Gründe für einen Auslandsaufenthalt logisch erläutern kann und die angestrebte Fortbildung sinnvoll in die Berufsplanung zu integrieren ist. Da einige Programme durch Stipendienmittel des Staates unterstützt werden, muss ein erfolgreicher Ablauf der Programme von der CDG gewährleistet werden.

Ist der Bewerber erfolgreich gewesen und in eines der Programme aufgenommen worden, muss er in der Regel vor der Ausreise in die USA an mehrtägigen Vorbereitungsseminaren teilnehmen. Neben programmtechnischen Informationen werden in diesen Seminaren landesspezifische Kenntnisse vermittelt. Besonders wichtig ist die interkulturelle Vorbereitung auf den Aufenthalt, die dem Teilnehmer später im Lande sehr hilfreich sein kann. Der berühmte Kulturschock, der jeden Teilnehmer früher oder später im Ausland trifft, führt oft zu einem frühzeitigen Programmabbruch. Eine intensive Sensibilisierung für die andere Kultur vor der Ausreise kann dem Teilnehmer helfen, mit ungewohnten Situationen im Lande leichter fertig zu werden.

Im Rahmen ihrer USA-Programme arbeitet die CDG eng mit ihrer Tochterorganisation in New York, CDS International, zusammen. CDS (Carl Duisberg Society) betreut die Teilnehmer während ihres Aufenthalts in den USA und beantragt für jeden Teilnehmer ein amerikanisches Visum, das für einen befristeten Arbeitsaufenthalt berechtigt, und eine amerikanische Krankenversicherung, die den Teilnehmer für die Dauer seines Aufenthalts in den USA schützt. Darüber hinaus führt CDS Einführungsseminare in New York durch, die dem Teilnehmer den Einstieg in das fremde Land erleichtern sollen.

8.5 Parlamentarisches Patenschaftsprogramm (PPP)

Das PPP ist ein einjähriges Programm und steht Bewerbern mit abgeschlossener Lehre aus kaufmännischen, technischen, handwerklichen und landwirtschaftlichen Bereichen offen. Das Höchstalter für eine Bewerbung liegt bei 21 Jahren. Teil des Programms ist ein zweiwöchiges Einführungs- und „Homestay"-Programm, ein halbjähriger Besuch eines „community college" in den USA mit anschließendem sechsmonatigem, berufsbezogenem Praktikum in einem amerikanischen Unternehmen. Während des Programms leben die Teilnehmer bei einer amerikanischen Familie, wodurch der Kontakt mit der amerikanischen Lebensweise intensiviert werden soll. Die Vermittlung der Teilnehmer in die Gastfamilien wird von CDS übernommen. Das Programm wird durch Mittel des Deutschen Bundestages und des Amerikanischen Kongresses gefördert. Die Auswahl der Teilnehmer unterliegt strengen Kriterien und wird auf der Basis von Wahlkreisen getroffen. Der Bundestagsabgeordnete des jeweiligen Wahlkreises übernimmt die Patenschaft für den Programmteilnehmer. In Intensivseminaren in Deutschland und New York werden die Teilnehmer auf ihren Aufenthalt vorbereitet. In Nachbereitungsseminaren in Washington und Deutschland sollen die gewonnenen Erfahrungen aufgearbeitet werden.

8.6 Fachhochschulprogramm

Das FH-Programm wurde für Fachhochschulstudenten entwickelt, die ein Praxis-Semester im Ausland verbringen möchten. Zugangsvoraussetzung ist daher die Immatrikulation an einer deutschen Fachhochschule oder Berufsakademie in wirtschaftswissenschaftlichen oder technischen Studiengängen. Bewerber müssen mindestens über drei abgeschlossene Studiensemester und sechs Monate praktische Arbeitserfahrung verfügen. Das FH-Programm, in dessen Rahmen eine Vermittlung in unterschiedliche Länder (z.B. europäische Länder, Asien oder Australien) möglich ist, wird durch Mittel des Bundesministeriums für Bildung und Wissenschaft gefördert. CDS übernimmt gegebenenfalls die Vermittlung der Teilnehmer für Praktikantenplätze innerhalb der USA. Eigeninitiative bei der Suche nach einem Praktikantenplatz wird jedoch gerne gesehen. Das Praxissemester im Ausland wird als Pflichtpraxissemester anerkannt.

8.7 Deutsch-Amerikanisches Praktikantenprogramm (DAP-Programm)

Teilnahmevoraussetzung für dieses Programm ist eine abgeschlossene Ausbildung (Lehre oder Studium) im kaufmännischen oder technischen Bereich. Die Teilnehmer sollten über ein Jahr Berufserfahrung verfügen, dieses ist auch in Form von Praktika möglich. Höchstalter für eine Bewerbung ist 30 Jahre. Im Rahmen des Programms können junge Berufstätige für drei, sechs oder 12 Monate erste Berufserfahrungen in den USA sammeln. Es wird vorausgesetzt, dass sich jeder Teilnehmer selbst um einen Praktikumsplatz bemüht. Bei erfolgloser Praktikumssuche ist eine Vermittlung im sechsmonatigen Programm durch CDS International möglich. Bei einem unbezahlten Praktikum stehen Teilstipendien bis zu 5 500 DM zur Verfügung. Die Reisekosten in die USA werden aus Programmmitteln übernommen.

8.8 Career-Training-Programm (CTP)

Das CTP ist das längste Programm, das die CDG zur Zeit anbietet. Es besteht aus einem Praktikum bis zu 18 Monaten in einem amerikanischen

Unternehmen. Das Höchstalter für eine Bewerbung liegt bei 30 Jahren. Das Programm richtet sich an Studierende oder Berufstätige mit abgeschlossener Ausbildung (Lehre oder Studium), insbesondere Techniker, Ingenieure, Kaufleute, Betriebs- und Volkswirte, Journalisten, Fachkräfte des Hotel- und Gaststättengewerbes. Die Bewerber müssen mindestens über ein Jahr relevante Berufserfahrung verfügen. Zugangsvoraussetzung ist außerdem der Nachweis eines bezahlten Praktikantenplatzes in den USA, der von Deutschland aus gefunden werden muss. Je mehr Berufserfahrung der Teilnehmer bei seinen Bewerbungen bei amerikanischen Firmen nachweisen kann, desto größer sind seine Chancen, tatsächlich eine Praktikantenstelle in den USA angeboten zu bekommen. Für eine begrenzte Zahl von Berufstätigen stehen Stipendien des Auswärtigen Amtes zur Verfügung. Ein ähnliches Programm wird auch für Bewerber aus Landwirtschafts- und Gartenbauberufen (Landwirte, Gärtner, Floristen, Winzer usw.) angeboten.

8.9 Work/Study-Programme für verschiedene Berufszweige

Die Work/Study-Programme wurden für verschiedene Berufsgruppen entwickelt und bieten die Schwerpunkte Marketing/PR, International Business, Journalism, NGO und Internet. Da jedes Programm spezifische Einzelheiten aufweist, soll hier nur grob die in allen Programmen gleiche Grundstruktur beschrieben werden: Nach einem berufsbezogenen ein- bis zweimonatigen Studium im jeweiligen Fachbereich an einer amerikanischen Universität absolvieren die Teilnehmer Praktika unterschiedlicher Länge in amerikanischen Unternehmen. In der Regel werden den Teilnehmern die Praktikantenplätze gestellt. Das Höchstalter für alle Programme liegt bei 35 Jahren.

8.10 Studienprogramm zum MBA (Master of Business Administration)

Das Programm richtet sich an junge Berufstätige mit Abitur und abgeschlossener Berufsausbildung, Studenten und Hochschulabsolventen. Weitere Zugangsvoraussetzung ist die erfolgreiche Absolvierung des TOEFL-Tests („Test of English as a Foreign Language"). Das Programm dauert ca.

zwei bis vier Jahre (je nach Vorbildung) und beinhaltet ein Studium im Bereich Betriebs- und Volkswirtschaft, Finanzwesen und Marketing an einer amerikanischen Universität. Das Programm führt zum akademischen Grad „Master of Business Administration". Die Bewerber dürfen nicht älter als 30 Jahre sein. Als Eigenmittel, vor allem für Studiengebühren und Lebenshaltungskosten, sind 30 000 bis 40 000 US$ zu veranschlagen.

Nähere Einzelheiten zu allen Programmen und Bewerbungsunterlagen können unter der folgenden Anschrift angefordert werden:

Carl Duisberg Gesellschaft e.V.
Gruppe I 12 (Amerika)
Postfach 26 01 20, 50514 Köln
Telefon: 0221/2098–0
E.-Mail: Info@cdg.de
http://www.cdg.de

8.11 Erfahrungsbericht einer Teilnehmerin am BMA-Programm der CDS

Beispiel Amerika – das Land der unbegrenzten Möglichkeiten! Während meiner Ausbildung zur Diplom-Übersetzerin war mir oft der Gedanke gekommen, meine Englischkenntnisse auf den Prüfstand zu stellen und selbst herauszufinden, was es mit diesem Land der angeblich unbegrenzten Möglichkeiten auf sich hatte. Eine bestimmte, durch die Medien geprägte Vorstellung hatte ich natürlich schon, ich war mir jedoch bewusst, dass nur der direkte Kontakt mit Land und Leuten ein klares Bild schaffen konnte. Als Übersetzerin für Englisch erschien mir ein Aufenthalt im englischsprachigen Ausland sehr sinnvoll, glaubte ich doch, hierdurch meine Chancen auf dem Arbeitsmarkt erheblich verbessern zu können. Nach einigem Suchen stieß ich auf die Carl Duisberg Gesellschaft in Köln, die ein auf meine Ausbildung zugeschnittenes Programm, das sogenannte BMA-Programm, anbot. Dieses Programm war insofern reizvoll für mich, als es praktisches Training in meinem erlernten Beruf mit intensiver Betreuung vor Ort und einem sogenannten „Homestay"-Programm kombinierte. Dieses „Homestay"-Programm wurde mir als Ersatz für den Sprachkurs angeboten, den ich bei Bedarf in einer Sprachschule in der Nähe von New York hätte absolvieren können.

Nach einer Auswahltagung, während der die Englischkenntnisse der Bewerber und die Eignung für eine Programmteilnahme getestet wurden, kam die freudige Nachricht, dass ich in das sechsmonatige Programm aufgenommen worden war. Doch wie bereitet man sich auf einen längeren Aufenthalt im Ausland vor? Lesen und noch mal lesen war die Devise. Auch half das zweitägige Vorbereitungsseminar der CDG sehr, gab es den Teilnehmern doch das Gefühl, dass man in guten Händen war und bei Problemen eine direkte Kontaktadresse hatte. Dieses Gefühl wurde in New York verstärkt. Schon am Flughafen wurden wir von einem CDS-Vertreter empfangen, der uns durch das Gewühl von Manhattan zu unserem Hotel begleitete. Was für Eindrücke überwältigten mich in den ersten Tagen! Mir schien, dass das, was ich tatsächlich sah, noch viel beeindruckender war als die Bilder im Fernsehen. Amerika ist einfach größer, lauter, bunter und schnelllebiger als Europa.

Mit Greyhoundticket, Familienadressen und guten Wünschen von CDS International (Schwestergesellschaft der CDG in USA) ausgestattet ging es dann los zum „Homestay"-Programm, einer zweiwöchigen Rundreise durch die Bundesstaaten New York, Ohio, Michigan, Indiana und Kentucky. In jedem Bundesstaat erwartete mich eine Gastfamilie, die mich für jeweils drei Tage in ihr Heim aufnahm. Dies war nun mein erster Kontakt mit dem wahren „American Way of Life". Die Unterschiede zur deutschen Lebensart wurden hier sehr schnell deutlich: Amerikaner schließen schneller Freundschaft als Deutsche und geben dem Besucher von Anfang an das Gefühl, Teil der Familie zu sein. Auch waren sie sehr interessiert an meinem Hintergrund und wollten umfassend über Deutschland informiert werden. Eine gute Gelegenheit, als Botschafter Deutschlands ein positives Bild des eigenen Landes zu zeichnen. Das „Homestay"-Programm gab mir auch die Möglichkeit, verschiedene Landschaften dieses riesigen Landes kennen zu lernen und zu erleben, wie stolz die Bewohner auf ihren Bundesstaat und die USA im Allgemeinen sind.

Endstation meiner Reise war Pittsburgh in Pennsylvania, wo ich mein sechsmonatiges Praktikum bei einer amerikanischen Tochterfirma eines bedeutenden deutschen Konzerns absolvieren sollte. Pittsburgh, als ehemalige Stahlstadt verschrien, erwies sich als ein sehr interessanter Ort, der ein großes Freizeit- und Kulturangebot bot. Die Büros lagen im 52. Stock des zweithöchsten Wolkenkratzers in Pittsburgh, dies allein war schon uramerikanisch. Die Firma, die zwar eine direkte Niederlas-

sung der deutschen Muttergesellschaft ist, war dennoch sehr amerikanisch. Dies drückte sich im Managementstil und der Art und Weise aus,
in der die Mitarbeiter miteinander umgingen. Wie es in den USA üblich
ist, wurde jeder Angestellte mit dem Vornamen angeredet, egal welche
Position er innerhalb der Firma einnahm. Dies alleine ist für einen an
Formalitäten gewöhnten Deutschen sehr ungewöhnlich, und es dauert
eine Weile, bis man diese amerikanische Umgangsform angenommen
hat. Das hierdurch geschaffene Gefühl der Gleichwertigkeit sollte jedoch
nicht darüber hinwegtäuschen, dass der Manager dennoch der Chef ist,
der immer am längeren Hebel sitzt. Kündigungen werden viel schneller
ausgesprochen als in Deutschland und die angenehme deutsche Ar-
beitsplatzsicherung findet man selten in amerikanischen Firmen. Auch
sind die Amerikaner nicht an unseren langen Urlaub gewöhnt – fünf bis
zehn Tage Urlaub im ersten Arbeitsjahr sind normal. Dies steigert sich
auch in den folgenden Jahren nicht erheblich – ein Amerikaner kann
sich glücklich schätzen, wenn er drei Wochen Urlaub pro Jahr bekommt.
Entsprechend groß ist die Verwunderung über die wochenlangen Urlau-
be, die sich deutsche Touristen in den USA leisten können.

Ein anderes Phänomen, dem ich oft begegnet bin, ist die Freundlichkeit Deutschen gegenüber. Das rührt daher, dass sehr viele Amerikaner,
besonders in Pennsylvania, ihre Herkunft auf deutsche Einwanderer
zurückführen. Irgendeine Verbindung zu Deutschland hat fast jeder
Amerikaner, sei es durch die Verwandtschaft, durch die Armee oder
frühere Urlaubsreisen. Man scheut sich nicht, dem wildfremden Deutschen ausführlichst über seine Erlebnisse zu berichten, und oft wird in
höchsten Tönen von Deutschland und seiner Sauberkeit geschwärmt.

Mein Praktikum erwies sich als sehr erfolgreich. Obwohl ich als Praktikant nur sechs Monate in der Firma arbeitete, wurden mir verantwor-
tungsvolle Aufgaben übertragen. Beweist man seine Fähigkeiten, ist es
in einer amerikanischen Firma verhältnismäßig einfach, auf der Erfolgs-
leiter hochzusteigen. Am Ende meines Programms wurde mir das Gefühl gegeben, ein vollwertiges Mitglied der Mannschaft zu sein. Selbst
der Geschäftsführer wünschte mir zum Abschied alles Gute.

Obwohl mein Praktikum unbezahlt war, war es ein sehr wertvolles Er-
lebnis für mich. Durch ein Stipendium des Auswärtigen Amtes, das ich
von der CDG erhalten hatte, konnten die Flugkosten und ein Teil der Lebenshaltungskosten abgedeckt werden. Dennoch musste ich einen
Großteil der Programmkosten selbst bezahlen, eine Investition, die ich

gerne machte. Durch einen früheren Auslandsaufenthalt war mir klar geworden, dass man in einem fremden Land lernen konnte, viele Dinge anders zu sehen. Erst wenn man längere Zeit vom „Heimathafen" entfernt ist, lernt man, sich selbst und das eigene Land kritischer unter die Lupe zu nehmen. Durch die Begegnung mit einer fremden Kultur sieht man, dass es auch andere Wege und Mittel gibt, das tägliche Leben zu meistern, und wohl bekannte Regeln und Normen werden leichter in Zweifel gezogen. Dies hilft einem, kritischer und toleranter zu werden. Selbst negative Erfahrungen sind lehrreich, beginnt man doch dadurch, viele Dinge im eigenen Land zu schätzen, die vorher selbstverständlich erschienen.

Nicht nur im persönlichen, sondern auch im beruflichen Leben hat sich der Auslandsaufenthalt für mich bezahlt gemacht. Nach meiner Rückkehr wurde ich in Bewerbungsinterviews stets auf meine USA-Erfahrungen angesprochen. Die Tatsache, dass ich alleine in dieses große Land gegangen war und mich erfolgreich durchgeschlagen hatte, wurde stets anerkannt. Da ich meine englischen Sprachkenntnisse erheblich verbessern konnte, fiel mir meine Arbeit als Übersetzerin wesentlich leichter.

Zusammenfassend kann ich sagen, dass mich dieses halbe Jahr in den USA unendlich bereichert und mir viele Denkanstöße gegeben hat. Eine solche Erfahrung ist unersetzlich und jedem jungen Menschen zu empfehlen, der mehr über sich und die Welt lernen möchte.

9. So werden Sie mit dem „American Way of Doing Business" vertraut

9.1 Praktikum in den USA

Unabhängig davon, wie schlecht die allgemeine Wirtschaftslage ist: Es gibt immer Studenten, die es irgendwie fertig bringen, zur rechten Zeit am rechten Ort zu sein und sich einen tollen Job zu sichern. Wie bringen sie das fertig? Das Schlüsselwort hier lautet: Praktikum – nicht gute Noten, nicht Rekordstudienzeit. Praktika während des Studiums – für amerikanische Studenten schon gängige Praxis – garantieren zwar keinen Traumjob, aber sie verschaffen sowohl notwendige praktische Erfahrung als auch gute berufliche Kontakte. Für ambitionierte Studenten in den USA ist das so genannte „internship" (Praktikum) während der dreimonatigen Semesterferien im Sommer schon ebenso selbstverständlich wie das Studium selbst. Praktische Erfahrung im Berufsleben ist aber vielfach mehr als nur eine wichtige Ergänzung zu guten Noten im Studium; sie ist geradezu unentbehrlich, will man die eigenen Stärken und Interessen kennen lernen. Oft führen Praktika nämlich zu Überraschungen: Der Philosophiestudent könnte entdecken, dass er eigentlich viel lieber mit Aktien handeln würde, als sich über die Postmoderne den Kopf zu zerbrechen. Eine zukünftige Bauingenieurin macht während eines Praktikums die Erfahrung, dass ihre Werbetexte besser sind als ihre Brückenpläne.

Gute Leistungen während des Studiums können viel über Motivation und Interesse des Studenten aussagen und für viele Arbeitgeber sind sie nach wie vor der ausschlaggebende Faktor bei der Auswahl des Firmennachwuchses. Immerhin liefern gute Noten den allgemeinen Beweis dafür, dass der Bewerber während des Studiums ehrgeizig und zielstrebig gearbeitet hat. Andere Unternehmen suchen jedoch nach Anzeichen, die über den Notendurchschnitt hinausgehen: Initiative, Begeisterungsfähigkeit, Einfallsreichtum, Führungsqualitäten. Ist dieser Kandidat dazu bereit, mehr Initiative zu entwickeln als nur eine Lehrveranstaltung zu besuchen, wenn ihm ein Thema viel bedeutet? Wer kann, sollte nach extracurricularen Aktivitäten Ausschau halten, die der geplanten Karriere nutzen und dem Lebenslauf oft die entscheidende Wende geben können. Häufig begegnet man den ersten Schwierigkeiten nämlich nicht erst bei der Bewerbung um einen Job, sondern bereits bei der Suche nach einem Praktikum. Sich möglichst früh zu qualifizieren ist daher entscheidend. Das kann bedeuten, dass man sich einer sozialen, politischen oder kulturellen Organisation anschließt, unentgeltlich in einem Museum aushilft, Artikel für ein Studentenmagazin schreibt, einen Partyservice aufbaut und vieles mehr. Diese Aktivitäten verbrauchen Energie und Zeit, aber sie weichen von der konventionellen Route ab und können bei der Bewerbung um ein bezahltes Praktikum und später um einen guten Job den notwendigen Ausschlag geben.

Studenten, die ein oder mehrere Praktika in den Vereinigten Staaten gemacht haben, können sich bei Bewerbungen – in amerikanischen oder deutschen Firmen – häufig besser behaupten als andere. Zum einen haben sie mit dem Praktikum im Ausland nicht nur Initiative und Einfallsreichtum bewiesen; sie demonstrieren dem zukünftigen Arbeitgeber auch, dass sie bereit waren, sich mit einem anderen Lebens- und Arbeitsstil auseinander zu setzen, und sich in einer fremden und wettbewerbsreichen Umgebung behaupten konnten. Ein weiterer Vorteil liegt darin, dass der erste Schritt in Richtung Praktikum in den USA in gewisser Hinsicht leichter fällt als in Deutschland: In großen und kleinen Firmen, Zeitungen, Agenturen, Radio- und Fernsehstationen haben sich Praktikumsprogramme schon lange erfolgreich bewährt. Das erspart Bewerbern die Mühe, Arbeitgeber von den Vorteilen eines solchen Programms erst überzeugen zu müssen. Zusätzlich haben es sich die Universitäten zur Verpflichtung gemacht, Praktikantenprogramme mit Firmen und anderen Institutionen zu koordinieren. Davon profitieren nicht nur die Studenten, sondern auch die Firmen. Den Studenten bleiben mühselige Recherchen erspart und Firmen nutzen die Gelegenheit intensiv, um nach Führungsnachwuchs Ausschau zu halten. Zudem hat jeder Campus ein Karrierezentrum, das Studenten und anderen Interessenten mit einer Fülle von Informationsmaterial und praktischen Ratschlägen zur Seite steht. Man wird dort eine Reihe von dicken Katalogen finden, die alle Firmen, Verlage, Organisationen, Radio- und Fernsehstationen auflisten, die Sommerpraktika für Studenten aller Fachrichtungen anbieten. In Deutschland findet man ähnliche Nachschlagewerke in den Amerika-Häusern, vereinzelt aber auch in Bibliotheken und im Buchhandel. Beschrieben wird der Zeitraum des Praktikums, der in der Regel nicht beliebig variierbar ist – in den USA von Anfang Juni bis Ende August –, die Zielgruppe, Anzahl der Plätze und Bewerbungen pro Jahr, Bezahlung, Bewerbungsschluss etc. Zusätzlich organisieren Universitäten Karrieremessen, auf denen Studenten Bewerbungsgespräche mit Firmen aus den unterschiedlichsten Branchen führen können.

9. Mit dem „American Way of Doing Business" vertraut werden

Der Großteil der Praktika ist auf amerikanische Studenten zugeschnitten, es gibt aber auch „internships" (der *UNO*, der *International Radio and Television Society – IRTS*, der *International Herald Tribune*, um nur einige Beispiele zu nennen), die speziell für internationale Studenten konzipiert sind. Von diesen Plätzen abgesehen sind bezahlte Praktikantenstellen deutschen Staatsbürgern nicht zugänglich. (Viele Praktika in Deutschland sind übrigens ebenfalls unbezahlt.) Eine Ausnahme bilden deutsche Studenten, die an einer amerikanischen Universität einen Abschluss erwerben. Alle anderen müssen entweder unentgeltlich arbeiten oder sich in Deutschland um eine alternative Finanzierung ihres Praktikums durch ein Stipendium (z.B. Reisestipendium von Fulbright) bemühen. Über Informationen verfügen Professoren und/oder das akademische Auslandsamt der deutschen Universität.

9.2 Ihr persönliches Potenzial auf dem Prüfstand

Die besonders begehrten „internships" bei großen amerikanischen Firmen – beispielsweise bei Zeitungen wie *Washington Post* oder *Wall Street Journal,* bei Radio- und Fernsehstationen, beim US-Kongress – sind nur über langwierige Auswahlverfahren zu bekommen. Hierzu gehören hauseigene Tests, umfangreiche Schreibproben sowie ein persönliches Vorstellungsgespräch. Zum Beispiel müssen bereits vorsortierte Bewerber nicht weniger als 15 Essays in englischer Sprache schreiben, um sich einen der 24 Praktikumsplätze, die jährlich bei der *IRTS* in New York zur Verfügung gestellt werden, zu sichern. Wer sich also von Deutschland aus um ein Praktikum in den USA bewirbt und nicht mal eben zu einem Test oder Gespräch in die USA fliegen kann, wird sich vermutlich in der Wahl des Praktikums bescheiden müssen. Manchmal ist es daher vielleicht am unkompliziertesten, ein Praktikum in einem mittleren Betrieb, einem Ein-Mann-Verlag oder einem privaten Radiosender mit einer Urlaubsreise zu verbinden. Viele solcher Praktika lassen sich recht unkonventionell durch ein spontanes Vorstellungsgespräch sichern. Kleine Betriebe, in denen man eine Unmenge lernen kann, können sich in der Regel keine bezahlten Praktikanten leisten; die Chance, dort unterzukommen, ist aber viel größer. Praktikanten in kleinen Unternehmen profitieren sehr davon, dass ihnen schneller verantwortungsvollere und kreativere Aufgaben anvertraut werden, als es in der Hierarchie großer Betriebe jemals möglich wäre. Es lohnt sich also, diese

Möglichkeit auszuschöpfen, denn die Erfahrungen, die man dort sammeln kann, sind bei der nächsten Bewerbung um ein Praktikum bereits Gold wert.

Wer sich von den USA aus um ein „internship" kümmern kann und keine Visumprobleme befürchten muss, sollte den Wettbewerb um die angesehenen Plätze rechtzeitig und gut vorbereitet antreten. Für die wirklich heiß begehrten „internships" kann das bedeuten, dass man schon im Sommer des vorangegangenen Jahres mit der Recherche beginnen muss. Gute Recherche beinhaltet im Allgemeinen, die Namen der Ansprechpartner herauszufinden, Informationsgespräche zu führen und so viele Daten und Fakten wie möglich über den Betrieb, die Organisation etc. zu sammeln. Für alle anderen Praktikantenplätze reicht es in der Regel aus, die Unterlagen für ein Praktikum, das im Juni beginnt, im Dezember des Vorjahres wegzuschicken.

Wem es schließlich gelungen ist, einen Praktikantenplatz zu finden, sollte – bei aller Freude – darauf gefasst sein, dass nicht immer alles Gold ist, was glänzt. Selten werden Praktikanten gleich mit wichtigen Aufgaben betraut oder als gleichwertige Kollegen behandelt. Wer ein „internship" bei einer großen Zeitung ergattert hat und erwartet, mit dem Schreiben von Artikeln beginnen zu dürfen, findet sich vielleicht für Stunden am Kopiergerät wieder. Da sich die Belegschaft amerikanischer Firmen – auf Grund etablierter Praktikantenprogramme – auf die alljährliche Präsenz der Praktikanten im Sommer verlassen kann, werden viele mühselige und langweilige Projekte speziell für sie aufgehoben. Sicher ist, dass Praktikanten in amerikanischen Betrieben sorgfältig von ihren Vorgesetzten beobachtet werden und keine ihrer Handlungen unregistriert bleibt. Erst wer sich in den kleinen und frustrierenden Aufgaben beweist, wird mit verantwortungsvolleren Tätigkeiten belohnt. Keiner sollte sich also zu gut sein, auch in den vermeintlich unwichtigen Arbeiten Motivation und Talent unter Beweis zu stellen. Immerhin dauert ein „internship" in den USA mindestens zehn Wochen, so dass ausreichend Raum und Zeit für Weiterentwicklung gegeben sind.

Telefongespräche und Geschäftsbriefe in englischer Sprache sind eine Kategorie für sich und treiben den deutschen Praktikanten nicht selten den Schweiß auf die Stirn, selbst wenn ihr Alltagsenglisch ausgezeichnet ist. Auch wer glaubt, die gängigsten Formulierungen der Korrespondenz zu beherrschen, sollte seine englischsprachigen Kollegen bitten, wichtige Briefe gegenzulesen. Im Umgang mit dem Telefon fährt derjenige am besten, der um die eigenen Grenzen weiß und Geduld mit sich selbst zeigt. Keiner sollte sich scheuen, die Person am anderen Ende der Leitung – wenn nötig mehrmals – zu bitten, etwas zu wiederholen, statt zu riskieren, das Gesagte falsch oder gar nicht verstanden zu haben. Praktikanten, die ihre Aufgaben mit Enthusiasmus, Verantwortungsbewusstsein und guter Laune erledigen, werden mit viel Freundlichkeit von Seiten ihrer Kollegen und positivem Feedback belohnt.

Gegen Ende des Praktikums ist es in amerikanischen Betrieben üblich, sich mit dem Vorgesetzten zusammenzusetzen, um ein klares Bild von den eigenen Talenten und Schwachpunkten zu bekommen. Man sollte außerdem um einen „letter of recommendation" bitten, der den Aufgabenbereich genau beschreibt. Es ist niemals verkehrt, dem Arbeitgeber nach dem Praktikum schriftlich für die Erfahrungen, die man in der Firma gemacht hat, zu danken. Auch Mitarbeiter, von denen jeder Praktikant schließlich viel lernen konnte, freuen sich über eine anerkennende Geste. Es liegt im Interesse des Praktikanten, dass die Firma, für die er gearbeitet hat, sich gerne an ihn erinnert; schließlich kann man in der Zukunft von den Kontakten, die man während des Praktikums geknüpft hat, profitieren. In den USA bleiben viele Praktikanten mit der Firma, für die sie tätig waren, in Verbindung. Sie wenden sich an ihre ehemaligen Kollegen, wenn sie in einer beruflichen Entscheidung Ratschläge brauchen, sie lassen ihren früheren Arbeitgeber wissen, wenn sie besonders von einem Produkt, einer Strategie, einem Beitrag etc. beeindruckt waren oder wenn sich in ihrer beruflichen oder akademischen Laufbahn positive Dinge ereignet haben. So kann ein Praktikum in den USA nicht nur zu einer der schönsten Erfahrungen im Arbeitsleben werden, sondern vielleicht auch zu einer der potenziell erfolgreichsten.

9.3 Der Business-Alltag in den USA

Das Verhältnis sowohl zwischen Arbeitgeber und Arbeitnehmer als auch zwischen Arbeitnehmern untereinander gestaltet sich anders als in Deutschland; es wirkt kollegialer und teamorientierter.

Durch die Förmlichkeit der deutschen Sprache reden sich Mitarbeiter untereinander meist mit Sie und dem entsprechenden Nachnamen an. Hat jemand einen Doktorhut erworben, so legt er meist sehr großen Wert darauf, dass dieser Titel in der Anrede enthalten ist. In Amerika ist dies anders. Fast ausnahmslos sprechen sich alle Arbeitnehmer untereinander mit Vornamen an. Während in Amerika eine Unterscheidung zwischen „Sie" und „Du" auf Grund des neutralen „you" nicht getroffen werden muss, herrscht in einer Anzahl von amerikanischen Unternehmen in Deutschland (z.B. Hewlett-Packard) der Brauch, dass die Mitarbeiter sich mit dem Vornamen und Sie ansprechen. Ob jemand in USA einen Doktortitel hat oder nicht, ist häufig nicht bekannt, und wenn er auf Visitenkarten erscheint, dann nicht als Dr. Jim Doe, sondern Jim Doe, PhD oder JD oder MD.

9.4 Arbeitnehmer untereinander

Der Umgangston im Büro ist sehr kollegial, und wenn jemand um Rat nachsucht, so wird er diesen auch erhalten. Der Einstellung „Ich weiß was, was Sie nicht wissen, und dieses Wissen wird mir Vorteile bringen, deshalb teile ich es mit niemandem" werden Sie so gut wie nirgendwo begegnen. Auch am Arbeitsplatz sind Amerikaner sehr aufgeschlossen, tolerant und an Neuem interessiert. Wann immer Sie erwähnen, dass Sie aus Deutschland kommen, werden Sie sofort gefragt, wo Sie leben und was Sie in die USA geführt hat. Sie werden auf viele Menschen treffen, die bereits selbst in Deutschland waren, deutscher Abstammung sind oder jemanden kennen, der gerade Deutschland besucht hat – und dies wird der Anknüpfungspunkt für ein kurzes Gespräch sein.

Wie in Deutschland sind unter Kollegen meist die Arbeitnehmer beliebt, mit denen man gut auskommt, mit denen sich leicht zusammenarbeiten lässt. Bezogen auf die amerikanische Arbeitsatmosphäre heißt dies, dass man ein freundliches Lächeln auf den Lippen haben sollte, sich einsetzt, um seinen Teil der anfallenden Arbeit zu erledigen, und, wenn nötig, auch einmal für andere einspringt. Die guten Beziehungen der Angestellten untereinander werden auch durch die räumliche Anordnung der Büros gefördert. Sie sind selten in sich abgeschlossen, vielmehr handelt es sich um Großraumbüros mit Raumteilern. Gibt es abgeteilte Räume, so haben nur die des höheren Managements Türen, allerdings sind diese meist offen, ein Zeichen dafür, dass man eintreten darf. Nur wenn eine Tür geschlossen ist, heißt dies, dass zum gegenwärtigen Zeitpunkt Störungen unerwünscht sind. Egal, ob es eine Tür oder nur einen Raumteiler gibt, man klopft kurz an, bevor man mit dem Gespräch beginnt.

9.5 Der Umgang mit Vorgesetzten

Während der Rang eines Vorgesetzten in deutschen Firmen auch durch das Vorhandensein der eigenen Sekretärin ausgedrückt wird, kann man aus den USA nur berichten, dass Alleinsekretärinnen selten sind und meist nur auf allerhöchster Ebene existieren. Die Angestellten müssen ihre Dokumente auf ihrem PC erstellen; nur Korrespondenz, durch die die Organisation nach außen hin auftritt, wird durch wenige Bürokräfte erledigt, um Einheitlichkeit zu gewährleisten. Das Sekretariat ist dann meist auch für das Bedienen des Telefons verantwortlich. Für Kopien oder sonstige Büroarbeiten ist jeder Mitarbeiter selbst verantwortlich. Eine Sekretärin macht dies vielfach für Mitarbeiter der höchsten Ebene (z.b. den Vizepräsidenten eines großen Konzerns).

Der informelle Umgangston gilt auch für den Umgang mit Vorgesetzten. Selbst für Praktikanten in einem Büro ist der direkte Vorgesetzte beispielsweise „Tony" und die Direktorin „Amy", so wie für jeden anderen Mitarbeiter auch. Der weniger formelle Umgangston spiegelt auch eine grundsätzliche Einstellung und Haltung der Amerikaner wider. Es kommt nicht auf die formale Qualifikation eines Mitarbeiters an, sei es, dass er einen Doktortitel hat oder seit 20 Jahren in einem Unternehmen arbeitet oder dass er die Position eines Vorgesetzten einnimmt. Was zählt, ist die Tatsache, dass ein Mitarbeiter seine Qualifikationen einsetzt, um seinen Teil der Arbeit gut zu erledigen und das geforderte Produkt herzustellen. Die Arbeit mag nach Anforderungen variieren, aber man geht nicht grundsätzlich davon aus, dass ein Neuling weniger leisten kann als ein alter Hase. Beliebt sind in der amerikanischen Arbeitswelt kurze (ein bis zweiseitige) Memos. In sehr knapper und prägnanter Sprache wird ein Problem oder eine Situation geschildert und eine Lösung angeboten. Eine Praktikantin berichtet, sie habe sich sehr darüber gefreut, von Vorgesetzten und Mitarbeitern als vollwertige Arbeitskraft angesehen worden zu sein und nicht als Studentin, die ohnehin nichts kann. Natürlich gibt es auch in Amerika Ausnahmen von diesen allgemeinen Verhaltensschemata.

Vorgesetzte bieten grundsätzlich Rat und Tat an. Dies ist nicht nur eine leere Floskel, sondern ernst gemeint und es wird sehr viel lieber gesehen, wenn ein Neuling um Rat fragt, als dass er unnütz Zeit verschwendet, um die Antwort selbst zu finden, und am Ende vielleicht doch um Rat fragen muss. Andererseits sollte man diese Bereitschaft nicht überstrapazieren. Diese Einstellung zwischen Vorgesetzten und Untergebenen rührt daher, dass es in Amerika ein Hierarchiedenken, so wie es in Deutschland und Europa häufig besteht, traditionell nicht gibt. Allgemein ist die Hierarchie in Unternehmen daher auch flacher. Dies sollte allerdings nicht zu dem Fehlschluss verleiten, dass es gar keine Hierarchie gibt und dass der informelle Umgang dazu führt, dass Vorgesetzte keinen Respekt verdienen. Das erste Ziel eines erfolgreichen Vorgesetzten ist, fair zu all seinen Mitarbeitern zu sein und vor allem in der Lage zu sein, seine Untergebenen zu motivieren. Wirklicher Respekt wird daher weniger auf Grund der Stellung als aufgrund der erbrachten Leistung und des gezeigten Verhaltens gewährt. Dies gilt für Vorgesetzte und Untergebene gleichermaßen.

9.6 Arbeitnehmer – Arbeitgeber

Der tägliche Umgang am Arbeitsplatz ist informeller und kollegialer als im europäischen Umfeld.

Das Wirtschaftsleben in den USA ist im Vergleich zu den meisten europäischen Ländern sehr marktwirtschaftlich organisiert. Daher sollte man eigentlich annehmen, dass das Verhältnis sehr konfliktgeladen und auf Konfrontation ausgerichtet ist. Für viele Arbeiter, die in Gewerkschaften organisiert sind (z.B. die Automobilarbeiter) trifft dies noch in gewissem Umfang zu. Bei Angestellten ist das aber kaum noch zu beobachten. Die Gründe dafür sind schwer auszumachen, die Konsequenzen allerdings recht offensichtlich. Die Arbeitnehmer sehen im Arbeitgeber keinen Feind, der ständig höhere Löhne zahlen soll und den man sonst soweit es irgendwie geht ausnutzt. Es besteht grundsätzlich ein kooperatives Verhältnis. Im Vordergrund steht weniger die ständige Steigerung des Wohlergehens des einzelnen Mitarbeiters, sondern der Firma als Ganzes. Ausdruck dafür ist u.a. die Bereitschaft aller Arbeitnehmer, Lohnkürzungen hinzunehmen, um das Unternehmen aus einer schwierigen wirtschaftlichen Lage zu befreien, ein Verhalten, das in Deutschland weitgehend unbekannt ist.

Aus dem bisher Gesagten ergibt sich auch, dass auf Seiten des Arbeitgebers bzw. des Arbeitnehmers eine andere Erwartungshaltung besteht als in Deutschland. Ein Arbeitgeber erwartet von seinen Arbeitnehmern Loyalität gegenüber dem Unternehmen, da amerikanische Arbeitnehmer immer noch geneigt sind, häufig ihren Arbeitsplatz zu wechseln. Zu dieser Kategorie zählt auch die Erwartung, dass Mitarbeiter immer das Wohl der Firma im Auge haben, also z.B. von sich aus Überstunden machen oder

Lohnkürzungen hinnehmen. Zum anderen wird ein schonender und überlegter Umgang mit den Arbeitsmitteln erwartet. Es kommt erfahrungsgemäß auch viel seltener vor, dass Betriebsmittel zu privaten Zwecken benutzt werden.

Wie im Artikel „Arbeitsbedingungen wie im Wilden Westen?" noch ausgeführt werden wird, ist das Gehalt in den USA zwar vergleichsweise geringer, aber die Wahl des Arbeitsplatzes wird auch häufig dadurch beeinflusst, welche zusätzlichen „benefits" der potenzielle Arbeitgeber anbietet. Günstige Krankenversicherungen sind fast nur durch den Arbeitsplatz zu erlangen, was dazu führt, dass dem Arbeitnehmer sehr daran gelegen ist, dass die Firma wirtschaftlich gesund ist und der Arbeitsplatz erhalten bleibt. Da diese Funktion in Deutschland zumeist von staatlichen Pflichtversicherungen wahrgenommen wird, ist diese Ursache für ein vergleichbares Treueverhältnis zum Arbeitgeber nicht gegeben. Dieses Treueverhältnis resultiert aber nicht aus einem Gefühl der Abhängigkeit, sondern vielmehr besteht ein grundsätzliches Vertrauensverhältnis zwischen Arbeitgebern und Arbeitnehmern. Der Arbeitnehmer vertraut darauf, fair behandelt und nicht ausgenutzt zu werden. Im Gegenzug ist er bereit, Leistung zu erbringen und sein Gehalt wirklich zu verdienen. Die Arbeitnehmer erwarten, dass sie angemessene „benefits" erhalten, ihr Arbeitseinsatz honoriert wird, sie respektiert werden und bei entsprechender Leistung ihren Arbeitsplatz behalten. Für viele Amerikaner ist es wichtig, dass sie im Job viel hinzulernen und neue Erfahrungen machen können. Wird diese Erwartung nicht erfüllt, dann scheint es, dass sie viel eher geneigt sind zu kündigen, als dies in Deutschland der Fall ist. Vielleicht ist das auch deshalb so, weil der Arbeitsplatz und seine Qualität eine ganz andere Bedeutung als in Deutschland hat, also mehr ist als ein notwendiges Übel, um Geld zu verdienen.

Natürlich gibt es auch Leistungsbeurteilungen in den USA, allerdings in etwas anderer Form als in Deutschland. Die Beurteilung erfüllt zwei Zwecke. Zum einen dient sie als Bewertungskriterium für Beförderungen, zum anderen dem Arbeitnehmer als Zielvorgabe für seine persönliche Entwicklung. Um letzteren Zweck zu erfüllen, wird der Vorgesetzte dem Arbeitnehmer aufzeigen, welche beruflichen Ziele er erreichen kann, wenn er weiter an sich arbeitet. So kann z.B. ein Vorgesetzter seinen Mitarbeiter wissen lassen, dass er mit dessen Arbeit zufrieden ist, er aber noch an seinen Führungsqualitäten arbeiten muss, um aufsteigen zu können. Normalerweise werden in solchen Fällen auch praktische Hilfen zum Erreichen dieses Ziels gegeben. Andererseits kann eine derartige Beurteilung auch ergeben, dass der Mitarbeiter das Ende seiner Entwicklungsfähigkeit erreicht hat.

Meist findet nach der Beurteilung ein persönliches Gespräch statt, das dem Arbeitnehmer die Möglichkeit gibt, zur Beurteilung Stellung zu nehmen. Je nach Organisation wird dann ein Gesprächsprotokoll angefertigt. Manchmal wird dem Mitarbeiter sogar die Möglichkeit gegeben, eine schriftliche Erwiderung einzureichen. Am Anfang findet die Bewertung mehrmals jährlich statt, später meist im Jahresrhythmus. Da dem Mitarbeiter Wege aufgezeigt werden, wie er sich und seine Leistung verbessern kann (ständige Weiterbildung wird auch erwartet), verwundert es auch nicht, dass Firmen Weiterbildung unterstützen. Diese Unterstützung kann in Form von Geld (Zuschuss zu Studiengebühren) oder in der Gewährung von bezahlter freier Zeit bestehen (um an Kursen und Seminaren teilzunehmen). In den letzten Jahren erfreuen sich mehrwöchige Managementseminare großer Beliebtheit, da sie die zeitaufwendigere Teilnahme an semesterlangen Kursen ersetzen.

9.7 Arbeitsbedingungen wie im „Wilden Westen"?

Ist man in Deutschland aufgewachsen, so scheint es ganz selbstverständlich zu sein, dass jeder Arbeitnehmer bis zu 30 Tage bezahlten Urlaub, Lohn- bzw. Gehaltsfortzahlung im Krankheitsfall, ausgeprägten Kündigungsschutz und den Schutz der drei Säulen der Sozialversicherung genießt. Doch auch hier gilt: Andere Länder, andere Sitten. Selbst wenn Arbeitnehmer amerikanischer Konzerne in Deutschland und anderen Ländern Europas natürlich den Schutz der jeweiligen gesetzlichen Regelungen genießen, so ist es doch wichtig zu verstehen, welche Arbeitsbedingungen die amerikanischen Arbeitnehmer und Vorgesetzten kennen und erwarten. Ein besseres Verstehen kann helfen, mögliche Konflikte auf Grund unterschiedlicher Erwartungshaltungen zu vermeiden. Dies gilt umso mehr, als die gesetzlichen Regelungen das Verhalten der Arbeitnehmer maßgeblich zu beeinflussen scheinen.

9.8 Die Ordnung der Arbeitszeit

Im Gegensatz zu dem Ruf, den die deutschen Arbeitnehmer noch immer weltweit genießen – der Deutsche lebt, um zu arbeiten – sieht die Realität im Vergleich zu amerikanischen Arbeitnehmern inzwischen anders aus. Grundsätzlich besteht in den Vereinigten Staaten die 40-Stunden-Woche. Während in Deutschland der Trend in Richtung geringere Arbeitszeit geht, weiß der Leser amerikanischer Literatur, z.b. „Die Firma" von John Grisham oder „Fegefeuer der Eitelkeiten" von Tom Wolfe, dass in den USA von Arbeitnehmern höherer Positionen erwartet wird, dass sie von sich aus Überstunden am Abend und am Wochenende (zumindest am Samstag) leisten. Eine 27-jährige Praktikantin aus Nideggen, die in Madison, Wisconsin, lebte, berichtet über Einstellungsgespräche mit einer dort ansässigen Consultingfirma, in der die durchschnittliche wöchentliche Arbeitszeit 55 bis 60 Stunden beträgt. Diese Anforderungen sind keine Ausnahme. Vom Arbeitnehmer wird erwartet, dass er von seiner Seite all das einbringt, was erforderlich ist, um den Auftrag bzw. die anfallende Arbeit zu erledigen. Allerdings werden Überstunden nicht nur von neuen Angestellten erwartet, sondern von allen Mitarbeitern. Aber auch hier gilt, dass es selbstverständlich Ausnahmen von dieser Regel gibt.

Die Arbeitszeit ist meist noch recht starr, obwohl Gleitzeitregelungen und andere Formen der flexiblen Arbeitszeit immer mehr Einzug finden, besonders durch Telecommuting, wo neue Kommunikationstechnologien die Arbeit vom Home Office aus erlauben. Die Mittagspause beträgt meist 45 Minuten und kann zeitlich flexibel gestaltet sein. Frühstückspausen, in Deutschland sehr populär, sind im amerikanischen Arbeitsalltag weitgehend unbekannt. Zwar führt man natürlich auch in amerikanischen Firmen Privatgespräche mit Kollegen während der Arbeitszeit, doch sind sie kürzer und seltener als in deutschen Organisationen. Beliebt sind die wenigen Feiertage. Als religiöser Feiertag gilt in Amerika der 25. Dezember, wobei häufig auch der 24. Dezember arbeitsfrei ist. Karfreitag hingegen ist zumindest am Vormittag ein normaler Arbeitstag. Andere Feiertage in Amerika sind:

- Martin Luther King, Jr. Day – dritter Montag im Januar
- Presidents' Day – dritter Montag im Februar
- Ostern – Ostersonntag
- Memorial Day – letzter Montag im Mai

- Independence Day – 4. Juli
- Labor Day – erster Montag im September
- Columbus Day – zweiter Montag im Oktober
- Veterans Day – 11. November
- Thanksgiving – vierter Donnerstag im November (häufig ist auch der Freitag ein freier Tag)
- Weihnachten – 25. Dezember
- Neujahrstag – 1. Januar

Im Gegensatz zu Deutschland heißt Feiertag aber nicht automatisch freier Tag; vielmehr kommt es auf den jeweiligen Arbeitgeber an. Fast ohne Ausnahme sind freie Tage: Memorial Day, Independence Day, Labor Day, Thanksgiving, der 25. Dezember und Neujahr.

9.9 Der Krankheitsfall

In den USA gibt es keine gesetzlichen Regelungen bezüglich Krankenversicherungspflicht oder Lohn-/Gehaltsfortzahlung im Krankheitsfall. Der Arbeitsvertrag bestimmt hier die Modalitäten, die von Vertrag zu Vertrag sehr verschieden sind. Für weniger qualifizierte Arbeiten gibt es normalerweise weder Lohnfortzahlung noch Krankenversicherung, während für Angestellte derartige Regelungen meist im Vertrag enthalten sind.

9.10 Krankenversicherung und Lohn- bzw. Gehaltsfortzahlung im Krankheitsfall

Warum aber bieten Arbeitgeber derartige Leistungen an? Weil sich in den USA der Arbeitsmarkt weitgehend nach den Regeln von Angebot und Nachfrage regelt. Da qualifizierte Fach- und Führungskräfte in Zeiten der Hochkonjunktur auch in den USA Mangelware sind, gehen Unternehmen flexibel auf die Wünsche der umworbenen Bewerber ein, um sie zu gewinnen und/oder an die Firma zu binden. Selbstverständlich werden Kranken- und Tagegeldversicherungen von freien Versicherungsträgern in Amerika angeboten, aber sie sind teuer und nicht für jeden Arbeitnehmer erhältlich. Hat jemand eine sogenannte „pre-existing condition", also ein Leiden, das bereits bei Versicherungsantritt existiert, dann wird für dieses

Leiden, nicht wie in Deutschland üblich, ein Risikozuschlag berechnet, sondern dieses Leiden oder die Person selbst wird überhaupt nicht vom Versicherungsschutz erfasst. Diese Praxis ist Gegenstand der aktuellen politischen Diskussion und es ist wahrscheinlich, dass hier in naher Zukunft Änderungen eintreten werden. Die Beschränkung der „pre-existing condition" besteht bei Firmenversicherungen grundsätzlich nicht, außerdem sind gute Versicherungspakete meist sehr viel günstiger als auf dem freien Markt erhältlich.

Ist der Krankheitsfall vom Arbeitsvertrag einbezogen, dann wird das Arbeitsentgelt meist für sechs bis 13 Tage weitergezahlt, danach besteht dann häufig kein weiterer Schutz mehr. Allerdings bieten verschiedene Arbeitgeber ihren Angestellten inzwischen gegen eine geringe Gebühr an, eine Tagegeldversicherung abzuschließen. Diese Versicherungen zahlen dann einen festen Prozentsatz des Gehalts (z.B. 75 Prozent) so lange fort, wie es in der Versicherungspolice für die bestimmte Krankheit vorgesehen ist. Auf Grund des sehr viel geringeren Schutzes und einer vielfach anderen Einstellung zum Arbeitgeber ist ein amerikanischer Arbeitnehmer sehr viel geneigter, selbst mit Grippe noch ins Büro zu kommen als ein vergleichbarer deutscher Arbeitnehmer.

9.11 Urlaub

Das Thema Urlaub wurde bereits mehrfach berührt. In der Regel erhält der amerikanische Arbeitnehmer zehn Tage bezahlten Urlaub. Gemeinnützige Organisationen zahlen häufig weniger Gehalt und bieten daher auch schon einem Berufsanfänger 15 Tage Urlaub an. Im Laufe der Berufstätigkeit erhöhen sich die bezahlten Urlaubstage auf ca. 15, mehr ist selten. Neben dem Urlaub bieten manche Arbeitgeber ihren Arbeitnehmern noch so genannte „personal days" an, die dazu gedacht sind, Behördengänge und Ähnliches zu erledigen, oder einen Krankheitstag mehr zu haben oder einfach einmal einen Tag auszuspannen. Auch hier ist die Situation von Arbeitgeber zu Arbeitgeber sehr unterschiedlich, aber die Zahl ist meist irgendwo zwischen zwei und acht Tagen angesiedelt.

9.12 Arbeitsplatzgarantie

Im Gegensatz zum ausgedehnten Kündigungsschutz, der sich in Deutschland etablieren konnte, herrscht in dieser Beziehung in den USA noch der „Wilde Westen" der freien Marktwirtschaft. Ähnlich wie in Deutschland genießen amerikanische Regierungsangestellte grundsätzlich einen besonderen Kündigungsschutz, wobei das Beamtentum auf Lebenszeit nicht existiert. Will ein Arbeitnehmer seine Stelle wechseln, dann besteht meist eine Kündigungsfrist von zwei Wochen. Für höherrangige Positionen, z.B. den Vizepräsidenten eines großen multinationalen Konzerns, beträgt sie vier Wochen. Bei diesen Kündigungsfristen handelt es sich nicht um vertraglich vereinbarte Fristen, sondern lediglich um Konventionen. Will jemand nicht mehr arbeiten, dann erscheint er am nächsten Tag nicht mehr. Die schlimmste Folge eines derartigen Verhaltens ist, dass der alte Arbeitgeber nicht gewillt ist, als Referenz zu fungieren.

Wird ein Arbeitnehmer gekündigt (d.h. er bekommt seinen „pink slip"), dann beträgt die Kündigungsfrist grundsätzlich auch 14 Tage. Kündigungsgrund kann, anders als nach dem deutschen Betriebsverfassungsgesetz, auch mangelnde Leistung sein. Soziale Auswahlkriterien, wie Anzahl der abhängigen Familienmitglieder, Länge der Beschäftigung oder Behinderungen werden grundsätzlich nicht in die Kündigungsentscheidung einbezogen, da das Wohl der Firma und aller Mitarbeiter, nicht aber das Wohl einzelner Arbeitnehmer im Vordergrund der Entscheidung steht. Kostenintensive Sozialpläne gibt es ebenfalls so gut wie nicht. Grundsätzlich hat ein Arbeitnehmer das Recht, den Kündigungsgrund zu erfahren. Ausgeprägt ist der Schutz vor Diskriminierung auf Grund von Rasse, Religion, Geschlecht, Alter und Herkunft.

Diese Gepflogenheiten sollen allerdings nicht zu der Schlussfolgerung führen, dass sich ein Arbeitnehmer auf dem Schleudersitz befindet, da die in Deutschland angewandten Schutzvorschriften fehlen. Solange das Unternehmen wirtschaftlich gesund ist und der Arbeitnehmer die an ihn gestellten Anforderungen erfüllt, dann wird er grundsätzlich keinen „pink slip" bekommen. In wirtschaftlich schlechteren Zeiten erlaubt es die größere Flexibilität den Unternehmen, auf kostenintensive Sozialmaßnahmen zu verzichten oder Fehlbesetzungen zu korrigieren, ohne dadurch in Existenzgefahr zu geraten. Um dieses generelle Ziel abzusichern, nimmt die amerikanische Gesellschaft in Kauf, dass es manchmal zu willkürlichen Kündigungen kommt.

9.13 Vergütungen und „benefits"

In den USA werden Lohn und Gehalt entweder wöchentlich oder vierzehntägig, ganz selten monatlich, ausgezahlt. Die Höhe der Vergütung ist häufig niedriger als in Deutschland, so zahlt z.b. die bereits genannte Consultingfirma einem Universitätsabsolventen 50000 DM jährlich. Im Gegensatz zu Deutschland steigt der Neuankömmling direkt in den Arbeitsprozess ein; Traineeprogramme gibt es so gut wie nie, da erwartet wird, dass der Berufsanfänger an der Universität so ausgebildet wurde, dass ein derartiges Programm nicht erforderlich ist. Allerdings gibt es Schulungskurse, die alle paar Wochen einen Tag in Anspruch nehmen.

Das niedrigere Entlohnungsniveau bedeutet allerdings nicht, dass der Arbeitnehmer sehr viel weniger verfügbares Einkommen hat als in Deutschland. Die Gründe dafür: geringere Steuersätze, höhere automatische Abschreibungsraten, weniger Pflichtabgaben, niedrigere Lebenshaltungskosten und die „benefits". Zu diesen „benefits" zählen meist eine kostengünstige Kranken- und Altersversicherung sowie manchmal eine günstige Tagegeldversicherung, Kindertagesstätten (gerade bei größeren Unternehmen) und die Benutzung von betrieblichen Urlaubseinrichtungen. Zu den „benefits" gehören auch die erwähnten Krankheits- und persönlichen Tage sowie der Mutterschutz. Der Gesetzgeber schreibt keinen Mutterschutz vor. Normalerweise gewähren Arbeitgeber sechs Wochen bezahlten Mutterschutz, wobei die zukünftige Mutter meist bis wenige Tage vor der Entbindung arbeitet und dann die Zeit nach der Geburt zu Hause verbringt. In seltenen Fällen wird bis zu drei Monaten bezahlter oder – häufiger – unbezahlter Mutterschaftsurlaub eingeräumt. In ganz seltenen Fällen gewährt der Arbeitgeber bis zu sechs Monaten Schwangerschaftsurlaub, wobei die meiste Zeit unbezahlt bleibt. Schließlich zählt auch als „benefit", wenn ein Arbeitgeber bereit ist, Arbeitnehmern unbezahlten Urlaub oder den gerade erwähnten Mutterschutz zu gewähren, da keinerlei Anspruch darauf besteht und alleine die Möglichkeit, die freie Zeit bei gleichzeitiger Arbeitsplatzgarantie zu bekommen, eine Ausnahme und besondere Leistung des Arbeitgebers darstellt.

9.14 Gut gekleidet ist halb gewonnen!

Amerikaner tragen T-Shirts, Jeans und Tennisschuhe und haben ständig Kaugummi im Mund. Das mag bei Sport und Spiel der Fall sein, aber an zwei Orten sind sie alle wie Topmodels gekleidet: im Büro und in der Kirche. Aus dem Arbeitsleben kommt denn auch der große Unterschied zwischen „white collar" (Büroangestellte) und „blue collar workers" (Arbeiter). So freidenkend und liberal Amerikaner auch in allen Aspekten sein mögen, so konservativ sind sie doch in ihrer Einstellung zur Arbeitskleidung. Verstöße gegen diese Normen können Nachteile mit sich bringen, und sei es nur im Unterbewusstsein des Beurteilenden: Er könnte bei einer Beförderung zögern, weil der Kandidat sich nicht so kleidet, wie es vom Unternehmen erwünscht ist.

Was nach Gottfried Keller „Kleider machen Leute" heißt, nennen die Amerikaner „dressed for success", was ebenfalls Titel eines Buches ist. Dieses Statement impliziert oft zu Recht, dass man schon auf dem halben Weg zum Erfolg ist, wenn man sich gut kleidet. Woher diese Einstellung kommt? Eindeutig von den konservativen Engländern. Man braucht nur einmal im Bankenviertel Londons auf- und abzugehen und man wird nur graue und schwarze Anzüge sehen. Bis vor ein paar Jahren rundeten Melonen das Erscheinungsbild ab. Amerikaner sind da etwas lässiger: Im Sommer kann ruhig etwas Farbe zum Vorschein kommen. Bei den meisten Firmen ist das Tragen eines Anzugs nicht mehr unbedingt erforderlich, eine zweiteilige Kombination genügt, eine Krawatte gehört aber immer dazu. Bitte keine violetten Anzüge, bunten Seidenhemden und Micky-Mouse-Krawatten oder weiße Socken! Man muss professionell aussehen und sich so bewegen, als fühle man sich in seiner Kleidung zu Hause, so dass man auf gar keinen Fall wie der „butcher's son on sunday" aussehen sollte. Und außerdem: Die Haare bitte kurz, die Ohren sollten frei sein. Auch sind Halsketten, Armbändchen und besonders Ohrringe – und mögen sie noch so glitzern – für die Herren der Schöpfung absolut verpönt. So etwas gehört vielleicht abends in die Disco, aber nicht ins Büro. Hat man einmal so etwas getragen, ist man für eine Weile unten durch. Schmuck ist nur den Damen vorbehalten – wovon sie dann auch reichlich Gebrauch machen, besonders von Modeschmuck. Wer sich allerdings mit wenigen, aber dafür wertvolleren Kostbarkeiten umgibt, sagt ebenfalls etwas über seine Persönlichkeit aus.

Auch in Deutschland und Europa empfiehlt es sich, gleichgültig ob es sich um eine US-Firma handelt oder nicht, beim Vorstellungsgespräch schlichte, unauffällige Eleganz an den Tag zu legen und sich über die Erwartungshaltung des jeweiligen Unternehmens hinsichtlich eines möglichen „dress code" zu informieren. Natürlich kann und wird es einen Unterschied machen, ob Sie sich bei einer Bank, einem Computerhersteller einer Fastfood-Kette oder einer Werbeagentur beworben haben. Für viele Zeitgenossen hat so eine konservative Garderobe übrigens ganz bestimmt einen Vorteil: Sie lernen dann erst so richtig die Freizeitkleidung schätzen.

Gut gekleidet ist halb gewonnen – zum ganzen Sieg gehören neben fachlicher Kompetenz eine hohe Lernfähigkeit und eine ausgeprägte Leistungsorientierung.

9.15 „Hire and Fire" – eine amerikanische Krankheit?

In vielen Interviews, die wir im Auftrag der deutschen oder europäischen Tochtergesellschaften amerikanischer Unternehmen durchgeführt haben, wurden wir sehr oft mit der Frage konfrontiert: „Ihr Klient ist ein bedeutendes US-Unternehmen, wie hoch ist denn da die Fluktuationsrate?" Nicht immer so direkt, jedoch in einem hohen Prozentsatz der Gespräche steuerten die Kandidaten auf ein offensichtlich beunruhigendes Thema zu: „hire and fire". Nicht die Entwicklung der Umsatz- und Ertragszahlen der letzten drei Jahre, auch nicht die Prognosen für die nächsten Jahre, noch die Details der Aufgabe oder die Perspektiven – nein, die erste Frage konzentrierte sich indirekt auf das Thema Arbeitsplatzsicherheit. Und da schneiden offensichtlich US-Firmen in der Meinung vieler Bewerber erst einmal schlecht ab. „Ihr Klient hat zwar heute einen ganz guten Ruf, aber Sie wissen ja, wie schnell sich das bei Amerikanern ändern kann." Nach dem Motto: Der Patient sieht zwar kerngesund aus, könnte aber mit diesem Bazillus infiziert sein, der „hire and fire" heißt.

Woher kommt dieser Ruf, der vielen US-Firmen vorauseilt? Vielleicht ist es ein Relikt aus den Zeiten der Tagelöhner in den USA, als man noch Tag für Tag entschieden hat, wem man Arbeit gab, um unterschiedliche Aufgaben zu erledigen, wofür in der Regel keine besondere Ausbildung erforderlich war. Damals haben die meisten Arbeiter in diesen auf einen Tag befristeten Arbeitsverhältnissen gar nicht so oft den Arbeitgeber gewechselt, wie es den ersten Anschein hat. Viele haben sich sicherlich auch – weil es keine anderen Chancen gab – immer wieder am gleichen Ort verdingt.

Bis in die heutige Zeit ist in den USA hier und da die Mentalität des kurzfristigen Handelns, oftmals verbunden mit einem nicht besonders zimperlichen Pioniergeist, zu bemerken. In dem Maße jedoch, in dem die Bewältigung der Aufgaben besser ausgebildete Mitarbeiter erfordert, in dem Maße wurde in den Unternehmen, schon aus Kostengründen, auf eine Senkung der Fluktuationsrate geachtet. In der Tat ist es jedoch heute noch so, dass in den USA Kündigungsfristen für Arbeiter eine Woche und für Angestellte zwei Wochen betragen. Fälle, in denen von heute auf morgen gekündigt wird, sind in allen hierarchischen Ebenen in den USA denkbar, und zwar von beiden Parteien, wobei schriftliche Arbeitsverträge nicht die Regel sind.

Mit diesem Erfahrungshintergrund kamen und kommen viele US-Manager nach Deutschland, um hier Produktionsstätten oder Vertriebsniederlassungen aufzubauen, umzustrukturieren oder auch zu führen. Man stellte meist unbürokratisch und schnell Mitarbeiter ein und reagierte ebenso unkompliziert, wenn sich die Bedingungen bei der Muttergesellschaft bzw. im deutschen Markt änderten oder wenn ein Mitarbeiter mit seinen Leistungen und Ergebnissen hinter den Erwartungen zurück blieb.

Keine Frage: Auch in Deutschland unterliegen die Tochterfirmen amerikanischer Mütter der lokalen arbeitsrechtlichen Gesetzgebung und das Betriebsverfassungsgesetz steckt den Rahmen für „hire and fire" ab.

Und dennoch beschäftigt dieses Thema viele Bewerber. Warum eigentlich? Wenn ein Mitarbeiter erkennt, dass er sich mit den Zielen seines Arbeitgebers nicht mehr identifizieren kann, er mit den Strategien oder bestimmten Maßnahmen nicht mehr einverstanden ist, oder wenn er gar die geforderten Ergebnisse nicht abliefern kann oder will – was ist da konsequenter als sich neu zu orientieren? Wenn ein Abteilungsleiter dahinterkommt, dass es in seinem Verantwortungsbereich Mitarbeiter gibt, die mehr durch Fehlzeiten als durch Anwesenheit auffallen, hat er dann nicht die Verpflichtung, dagegen etwas zu unternehmen? Der letzte Schritt wird das Aussprechen der Kündigung sein, was seine gesamte Abteilung schließlich auch von ihm erwartet. Immerhin muss die Arbeit der schwarzen Schafe von den Kollegen mit erledigt werden. Beim Thema Kündigung gibt es nur graduelle Unterschiede zwischen Firmen mit deutscher Unternehmenskultur und solchen, in denen Einflüsse aus den USA zu spüren sind. Amerikanische Unternehmen reagieren in vielen Bereichen schneller, sehr oft getrieben von kurzfristigem Erfolgsdenken und mit Blick auf den Quartalsbericht. Das gilt auch beim Einstellen und beim

Kündigen. Und gerade bei Letzterem kann kurzfristiges Entscheiden Ausdruck von Weitsicht sein. Sie kennen sicher den deutschen Spruch: „Lieber ein Ende mit Schrecken, als ein Schrecken ohne Ende."

Was ist denn so beunruhigend an einer Kündigung? Wenn wir Wechsel und Veränderungen dieser Art positiv betrachten – als die Chance für einen neuen Start –, dann verliert „hire and fire" in seiner heutigen gebändigten Form den Schrecken. Wir brauchen neben der geistigen Mobilität auch den Mut, die Zelte abzubrechen, umzuziehen und uns auf den Weg zu neuen Ufern zu machen. Natürlich wollen wir hier nicht die Schicksale der Mitmenschen außer Acht lassen, die über Jahre hinweg ergebnislos versucht haben, einen Job zu finden. Vielleicht würde dieser Vorschlag dem einen oder anderen „jobhunter" helfen: Haben Sie Vertrauen in Ihre eigenen Fähigkeiten, klammern Sie sich nicht an Ihre Erfahrungswerte, wagen Sie etwas Neues, bestehen Sie nicht auf bestimmten Branchen, Positionen, Hierarchien, Einkommen oder darauf, dass Sie aus Bingen oder Schweinfurt nicht wegziehen können. Suchen Sie den Einstieg in ein Unternehmen, egal wo, überzeugen Sie durch Einsatz und Leistungen – schon bald wird man Sie (wieder) entdecken.

US-Firmen sind bekannt dafür, dass sie auch Quereinsteigern eine faire Chance geben. Ihr Erfolg wird von Anfang an davon bestimmt sein, dass Sie sich richtig einschätzen. Nehmen Sie ernst, was Ihnen an Aufgaben geschildert wird. Hoffen oder glauben Sie nicht, dass Sie sich in irgendeiner Firma durchmogeln können, nur weil der Personalreferent so „relaxed" auftritt und einen so netten Eindruck macht. Entscheiden Sie sich nur dann für eine Karrierechance in einem deutsch-amerikanischen Unternehmen, wenn Sie bei realistischer Einschätzung Ihrer persönlichen und fachlichen Fähigkeiten davon überzeugt sind, dass Sie sich hinsichtlich der Ergebnisse Ihres Einsatzes auch kurzfristig messen lassen und besprochene Ziele erreichen können. Damit dem „hire" in der Tat nicht bald ein „fire" folgt.

10. Was Sie wissen sollten, bevor Sie in ein „amerikanisches" Unternehmen einsteigen

10.1 Das Einstellungsinterview

Berufliche Ein- und Aufsteiger in Deutschland scheinen auf den ersten Blick eher geneigt zu sein, sich bei deutschen Firmen um eine Position zu bewerben als bei Tochtergesellschaften amerikanischer Unternehmen. Sicherlich dürfte das nicht auf mangelndes Selbstvertrauen in die eigenen englischen Sprachkenntnisse zurückzuführen sein. Diese von uns beobachtete Scheu vor einem Arbeitsverhältnis bei einem amerikanischen Unternehmen basiert wohl eher auf dem Gefühl einer sozialen Unsicherheit, da amerikanische Unternehmen und deren Niederlassungen in Deutschland und Europa sehr oft in dem Ruf stehen, die sozialen Belange ihrer Mitarbeiter nicht ausreichend zu würdigen. Diesen Ruf haben US-Corporations jedoch nicht verdient.

Zugegeben, amerikanische Unternehmen machen keinen Hehl daraus, dass es grundsätzlich in erster Linie darum geht, Profit zu erzielen. Wer mit seiner Arbeit nicht zum Gewinn des Unternehmens beiträgt, der – so sagt man – wird „gefeuert". Sozialer Schutz, wie er dem Arbeitnehmer in Deutschland zugesichert ist, den gibt es in den USA nicht. Das ist die weitverbreitete Meinung hierzulande, die im Kern durchaus stimmt, aber nicht allen Aspekten gerecht wird. Es gibt auch in den USA soziale Rechte, denen durch strenge Gesetze und gesetzliche Vorgaben Geltung verschafft wird.

Der Amerikaner betrachtet die soziale Gerechtigkeit nur aus einem anderen Blickwinkel. Nicht der Anspruch auf soziale Sicherheit und auf die Fürsorgepflicht des Arbeitgebers stehen im Vordergrund, sondern das Recht auf Chancengleichheit im Arbeitsleben – ohne Benachteiligung wegen Rasse, Hautfarbe, Religion, Geschlecht, Alter oder Herkunft. Die entsprechenden gesetzlichen Vorschriften nehmen in den USA maßgeblich Einfluss auf die Visionen und Wertvorstellungen der Unternehmen. Das beginnt schon bei der Auswahl des Kandidaten aus einer Anzahl von Bewerbern für eine zu besetzende Stelle.

Die Ausstrahlung der Personalpolitik amerikanischer Konzerne auf ihre Niederlassungen außerhalb der USA bleibt natürlich nicht ohne Wirkung. Trotzdem muss festgestellt werden, dass in Deutschland auch bei amerikanischen Unternehmen das deutsche Arbeits- und Sozialrecht Anwendung findet. Die Mitbestimmungsrechte nach dem Betriebsverfassungsgesetz müssen ebenso ohne Einschränkung beachtet werden.

Das schließt nicht aus, dass Methoden und Schwerpunkte bei der Eignungsbeurteilung der Bewerber bei amerikanischen Unternehmen in Deutschland von den herkömmlichen deutschen Verfahren abweichen.

Wenn Sie nach Ihrer schriftlichen Bewerbung bei einer US-Gesellschaft zu einem persönlichen Gespräch eingeladen werden, dann gelten für Sie zunächst die gleichen Grundregeln, die Sie möglicherweise aus Interviews bei deutschen Arbeitgebern kennen. Denken Sie aber nicht nur an Terminbestätigung, Reiseplan, Haarschnitt und Kleidung. Sie sollten sich ebenfalls so umfassend wie möglich über das Unternehmen informieren, dem Sie Ihre Arbeitskraft angeboten haben und auch verkaufen wollen. Vielleicht können Sie sich über Ihre Bank oder eine Wirtschaftsprüfungsgesellschaft den letzten Geschäftsbericht der deutschen Tochtergesellschaft oder der Mutterfirma in den USA besorgen und eingehend studieren. Diese „annual reports" können Sie in den meisten Fällen auch bei den PR-Abteilungen der Sie interessierenden Unternehmen anfordern. Wer es ganz eilig hat, wird im Internet nach relevanten Informationen suchen. Nur wenn Sie Einzelheiten über das Unternehmen, die Produkte und die wirtschaftliche Lage oder die Ziele wissen, können Sie mitreden. Neben diesen Informationen müssen Sie Selbstbewusstsein und Zielorientierung mitbringen. Offenheit und Ehrlichkeit bei der Beantwortung der gestellten Fragen sind eine ebenso wichtige Voraussetzung für den Erfolg von Vorstellungsgesprächen.

Folgende Punkte sollen Sie mit den Gepflogenheiten und Besonderheiten von Einstellungsinterviews bei amerikanischen Unternehmen in Deutschland vertraut machen:

In den meisten Fällen werden Sie Einzelgespräche mit mehreren Gesprächspartnern in mehreren Gesprächsrunden nacheinander führen. Sie werden dabei gewöhnlich den Personalleiter und/oder einen geschulten „recruiter" in der Personalabteilung, den Vorgesetzten der zu besetzenden Stelle, den Abteilungsleiter und schließlich den Ressortleiter, Geschäftsführer oder sogar den zuständigen Vorstand kennen lernen. Die Gesprächsrunden können sich über einen ganzen Tag, manchmal auch mehrere Tage, erstrecken. Seien Sie darauf vorbereitet, dass sich die Fragen, die Ihnen gestellt werden, wiederholen können. Ihre Antworten sollten nicht divergieren.

Seltener werden Sie auf ein ganzes Gremium treffen, um Rede und Antwort zu stehen. Solche „Panel"- oder „Board"-Interviews haben insbesondere dort einen Sinn, wo der auszuwählende Bewerber eine leitende Position innerhalb eines Führungsteams besetzen soll. Das Interview dient der Prüfung Ihres Teamverhaltens.

Die Gespräche finden in der Regel in einer entspannten bis familiären Atmosphäre statt. „At ease", wie die Amerikaner sagen. Machen Sie mit, aber werden Sie bitte nicht „familiär" im deutschen Sinn. Beachten Sie die Grundsätze von gegenseitigem Respekt. Auch wenn sich bei amerikanischen Unternehmen die Kollegen mit dem Vornamen anreden, so entspricht das nicht dem deutschen „Du", wie wir das an anderer Stelle bereits erläutert haben. Es bleibt die „Sie"-Distanz. Rangbezeichnungen und akademische Titel entfallen in der Anrede. Erwarten Sie auch nicht, dass Sie mit Herr Doktor ... angesprochen werden (ausgenommen, Sie sind Mediziner und bewerben sich als Betriebsarzt). Selbst wenn Sie in der engeren Wahl für die Position eines Direktors sein sollten, auf Ihren Titel werden Sie in der Anrede verzichten müssen.

Auf allgemeine Eignungstests, Intelligenztests oder auch graphologische Gutachten wird bei den Amerikanern nicht ein so großer Wert gelegt wie bei vielen deutschen Unternehmen. Vielmehr soll im Gespräch ergründet werden, ob Sie für den ausgeschriebenen Arbeitsplatz fachlich, physisch und psychisch geeignet sind. Der Interviewer hat die Aufgabe herauszufinden, welche Kenntnisse und Fähigkeiten Sie für den Arbeitsplatz mitbringen („Can do"-Faktoren). Ihre allgemeinen Kenntnisse und Fähigkeiten interessieren erst in zweiter Linie. Ferner ist es die Aufgabe des Interviewers zu ergründen, inwieweit Sie für die Aufgabe motiviert sind, Interesse zeigen und ob Sie die erforderlichen Persönlichkeitsmerkmale aufweisen („Will do"-Faktoren). Die Summe von „Can do"- und „Will do"-Faktoren lässt dann Schlüsse in Bezug auf das wahrscheinliche Leistungsverhalten des Bewerbers zu. Bei der Bewerberselektion gilt folgendes Schema:

„Can do"-Faktoren: Kenntnisse Fähigkeiten Neigungen	+	„Will do"-Faktoren: Motivation Interesse Persönlichkeit	=	zu erwartender Erfolg am Arbeitsplatz

Quelle: Chruden/Sherman, Managing Human Resources, South Western Publishing Co., Cincinnati, Ohio, USA, 1984, S. 161

Bei amerikanischen Unternehmen sind die Fragen, die Ihnen während eines Interviews gestellt werden, entsprechend strukturiert und auf die Arbeitsplatzerfordernisse abgestimmt. Dabei werden nicht nur das Anforderungsprofil, sondern auch die Arbeitsplatzbeschreibung zugrunde gelegt. Nach einer höchstrichterlichen Entscheidung in den USA sind Auswahltests, die Merkmale erfassen, die nicht relevant für den Arbeitsplatz sind, rechtswidrig. Dies wirkt sich auf die Niederlassungen amerikanischer Unternehmen in Deutschland aus. In der Regel gibt es dort Arbeitsplatzbeschreibungen, die Aufgaben und Verantwortungsbereiche der einzelnen Arbeitsplätze bis ins Detail schildern. Fragen Sie also schon beim ersten Interview nach einer Arbeitsplatz- oder Aufgabenbeschreibung. Das kann für die weiteren Gespräche nur nützlich sein.

Jeder Interviewer wird Ihnen genaue Fragen stellen und möglichst klare und eindeutige Antworten von Ihnen erwarten. Versuchen Sie, ohne große Umschweife zu antworten. Entschuldigen Sie sich nicht, wenn Sie z.B. auf eine Fachfrage keine Antwort wissen. Sagen Sie schlicht: „Das weiß ich nicht." Beantworten Sie eine Frage möglichst nicht mit einer Gegenfrage, es sei denn, Sie haben die Fragen Ihres Gesprächspartners nicht verstanden. Sie dürfen und sollen natürlich auch selbst Fragen stellen und bei Ihren Meinungsäußerungen kritisch sein, solange Sie nicht verletzend werden. Wenn Ihnen einmal eine Frage des Interviewers zu weit gehen sollte, können Sie durchaus den Versuch unternehmen, zu klären, inwieweit diese Frage mit der Besetzung der ausgeschriebenen Position in Zusammenhang steht. Bleiben Sie auf jeden Fall ruhig. Vielleicht wurde diese Frage nur deshalb gestellt, um Ihre Beherrschung der Emotionen zu prüfen. Es gibt so genannte Stressfragen, die nur den Zweck haben, Sie in Verlegenheit zu bringen, um Ihre Schlagfertigkeit und Ihr Selbstbewusstsein auszuloten. Bedenken Sie, der Interviewer muss Ihre Eignung für den Arbeitsplatz prüfen und bewerten. Er muss Sie und Ihre „Can do"- und „Will do"-Faktoren kennen lernen. Erlauben Sie ihm, die Fragen zu stellen und das Gespräch zu führen. Hüten Sie sich davor, zu monologisieren. Bei einem „gesunden" Einstellungsdialog sollte der Interviewer etwa 30 Prozent, der Bewerber 70 Prozent der Zeit sprechen. Sie sollen auch wissen, dass der Interviewer Ihre Körpersprache beobachtet, Ihre Gestik und Mimik also, und die Art, wie Sie sich ausdrücken und verhalten, um sich verständlich zu machen. Bleiben Sie natürlich, so wie Sie sind. Verklemmtheit im Gespräch macht keinen guten Eindruck.

Viele der Fragen im Interview sind weit weniger standardisiert bzw. schablonenhaft formuliert als in vielen deutschen Unternehmen. Trotzdem folgen die Fragen, wie das ganze Einstellungsinterview, einem Schema. Die einzelnen Phasen des Einstellungsinterviews lassen sich wie folgt gliedern: (a) Warming-up; (b) Präsentation des Unternehmens, des Arbeitsplatzes und des Umfeldes; (c) Auslotung der Interessen, Motivation und allgemeinen Ziele des Bewerbers; (d) Lebenslauf und Werdegang des Bewerbers (Bei amerikanischen Unternehmen wird der Lebenslauf von der gegenwärtigen Beschäftigung rückwärts bis zur Schulausbildung beleuchtet. Ihre Berufserfahrung und -bewährung stehen im Vordergrund und nicht Ihre Ausbildungsabschlüsse oder Bildungsnachweise.); (e) arbeitsplatzbezogene Qualifikationen des Bewerbers (Validierung, Referenzen); (f) Persönlichkeit des Bewerbers; (g) Gehaltssystem/Sozialleistungen des Unternehmens vs. Vorstellungen des Bewerbers; (h) Gesprächsbeendigung (Reisekostenerstattung, wie geht es weiter?); (i) schriftliche Stellungnahme/ Bescheid des Bewerbers und/oder des Unternehmens.

Für den oder die Interviewer beginnt nach den Bewerberinterviews die wichtigste Phase des Einstellungsprozesses. Es gilt, die Eignung der verschiedenen Bewerber, die in die engere Wahl gezogen wurden, zu beurteilen, zu bewerten und miteinander zu vergleichen. Das muss systematisch und nach gleichen Kriterien und Maßstäben vorgenommen werden, damit die Chancengleichheit gesichert ist. Aus diesem Grunde gibt es bei den meisten amerikanischen Unternehmen standardisierte Eignungsbewertungs- oder Interviewberichtsformulare. Ein Vergleich der Eignungsbeurteilung mehrerer Interviewer wird damit erleichtert. Letzten Endes müssen sich alle Interviewer gemeinsam auf den für den Arbeitsplatz am besten geeignet erscheinenden Bewerber einigen. Die Entscheidung liegt nicht bei einer einzelnen Person. Es muss eine gemeinsame Wahl getroffen werden, bevor schließlich der Arbeitsvertrag vom Personalleiter unterschrieben wird.

Wenn Sie der Glückliche sind, auf den die Wahl fällt, können Sie bei einem amerikanischen Unternehmen mit echten internationalen Karrierechancen rechnen, vorausgesetzt, Sie erbringen die geforderten Leistungen und Ergebnisse. Unter amerikanischem Einfluss stehende Unternehmen erwarten von ihren Mitarbeitern Teamgeist und die Beachtung gemeinsamer Wertvorstellungen. Dazu gehören gegenseitige Fairness und Loyalität ebenso wie Unfallverhütung, Qualitätssicherung und Umweltschutz. Kreativität ist gefragt, für Träumer ist kein Platz, eher schon für

Querdenker. Neue Ideen, die dem Geschäftserfolg dienen könnten, werden gerne aufgenommen. Offensiv im Verfolgen von Zielen sollten Sie sein, dabei jedoch nicht Kollegen oder Vorgesetzte angreifen. Flexibilität und hohe Einsatzbereitschaft werden geschätzt. Risikofreudigkeit wird positiv gewertet, Unvorsichtigkeit jedoch nicht geduldet. Ganz oben aber steht das Gewinnstreben und niemand hat ein Problem damit, das auch deutlich aus-zusprechen: Gewinn ist die Devise, denn ohne Gewinne gibt es keine so-ziale Sicherheit, auch kein Geld für Investitionen, die die Zukunft sichern, und ohne Gewinne gibt es letztendlich auch kein Geld für Löhne und Gehälter. Dieser simplen Erkenntnis und zwingenden Logik hat sich übri-gens Samuel Gompers, der erste Präsident des amerikanischen Gewerk-schaftsbundes AFL, bereits vor hundert Jahren nicht verschlossen. Als er von einem Journalisten gefragt wurde, was wohl das Schlimmste sei, was ein Unternehmer tun könne, kam prompt seine höchst bedeutsame Ant-wort: „Das Schlimmste, was ein Unternehmer tun kann, ist, keine Gewinne zu erzielen."

Wenn Sie Ihre Chancen wahrnehmen und nutzen, dann können Sie bei einem amerikanischen Unternehmen schnell vorwärts kommen. Sie wer-den auch nicht um Gehaltserhöhungen oder Fortbildungsgelegenheiten bit-ten müssen. Solange Sie maßgeblich zum Geschäftserfolg beitragen, wer-den Sie mit Sicherheit Karriere machen.

10.2 Die wichtigste Grundregel: Denken und argumentieren Sie positiv!

Die Grundlage für eine deutsche Verkaufsniederlassung eines amerikani-schen Unternehmens ist am einfachsten durch die Budget- und Forecast-Zahlen zu beschreiben. „The budget determines the table size, the orders forecast invites the people, and the shippables pay the bill." Dieser typi-sche Satz sagt mehr, als auf den ersten Blick vielleicht erkennbar ist.

Vorausplanungen werden über drei, sechs und neun Monate, wenn nicht für ein gesamtes Jahr gemacht, sofern es das operative Geschäft betrifft. Für die strategische Planung werden die Zeiträume natürlich größer, das Detail wird allerdings auch unschärfer.

Das beschlossene Budget steckt den operativen Rahmen für das Unter-nehmen ab; der „orders forecast" (Auftragsplan) spiegelt die Erwartungen wider und finanziert das Geschäft vor; der „sales forecast" (Lieferplan) gibt an, wann sich der „forecast" in Umsatz ummünzen lässt. Der „backlog" (Auftragsbestand) ist die Differenz zwischen Auftrag und Lieferung und ein Maß für die Solidität des Geschäfts. Die Lieferung letztlich entscheidet über den Erfolg der Transaktion und bringt das Geld in die Kasse.

Damit hier keine Zweifel aufkommen, muss ergänzend erwähnt werden, dass die betrachteten Zahlen sich sowohl auf die Stückzahl als auch auf den Wert beziehen. Häufig erscheinen in denselben Übersichtsblättern Zahlen für die im Produkt enthaltene Marge sowie die Gemeinkosten, sie lassen somit eine direkte Aussage über das Betriebsergebnis zu. Damit wird z.B. sofort die Relevanz einer eventuellen Preissenkung ersichtlich, die ja eine größere Stückzahl erzwingt, wenn der Umsatz gehalten werden und die Marge nicht verloren gehen soll.

Bevor man im amerikanisch geprägten Verkauf mitreden will, muss man diese Begriffe und ihre Zusammenhänge verinnerlicht haben. Dann allerdings kann man den meist ehrgeizigen Plänen der US-Chefs folgen oder auch eigene entwickeln.

Es gibt da allerdings die raue Wirklichkeit, die manchen Plan zunichte macht. Damit das nicht geschieht, haben sich die Amerikaner den „rolling forecast" ausgedacht, eine Erweiterung des üblichen. Hier werden die geplanten Aufträge/Lieferungen in monatlichem Abstand fortgeschrieben, so dass bereits im Vorfeld Abweichungen erkannt werden können. Dabei werden dann Situationen erkennbar, in denen der Planer z. B. sein Ziel vor sich herschiebt – „the kicked box syndrome", bei dem das Ziel nie erreicht wird, weil man es wie einen Karton beim Aufheben selbst mit der Fußspitze weiterschiebt. Aber auch Umstände wie die zu optimistische Beurteilung der Lieferzeit durch den Verkauf lassen sich hier ausmachen.

Doch bevor man verkauft, hat man anderes zu tun, nämlich das zu präsentieren, was man überhaupt verkaufen will. Auch hier haben die Amerikaner „goldene Regeln" aufgestellt, denen man folgen sollte, wenn man erfolgreich sein will.

Die erste und wichtigste Grundregel ist: „Think positive." Obwohl dies eigentlich kein Thema mehr sein sollte, findet man häufig in Diskussionen und Besprechungen Teilnehmer, die die Dinge und Problemlösungen von der negativen Seite her angehen.

Man erkennt sie an „Haben wir schon gemacht, funktioniert nicht", „Das geht nie" und ähnlichen Sprüchen, die die Amerikaner schlicht „killer phrases" nennen – Sprüche, mit denen man eine Diskussion einfach abwürgt. Weiß man das einmal, kann man selbst solche Einwände vermeiden und von anderen vorgebrachte entsprechend bewerten. In der Diskussion mit einem Amerikaner oder einem in Amerika geschulten Partner wird man schnell feststellen, dass positives Denken allein zum Erfolg führt. Wer negativ argumentiert, verliert. So einfach ist das. Wenn man ehrlich darüber nachdenkt, kann man es nachvollziehen. Und Hand aufs Herz: Mögen Sie diese ewigen Bedenkenträger?

Wie alles, was wir aus Amerika kennen, muss auch die Präsentation kurz und prägnant sein – Aufmerksamkeit wecken, Kernaussage machen, Abschluss: das sind die Elemente. Der amerikanische Chef wird sehr darauf achten, ob man den Informationsgehalt auf das Wesentliche beschränkt. Diese Methodik sollte man sich grundsätzlich aneignen, denn sie ist wirklich erfolgreich.

Aber nicht nur, wenn der amerikanische Chef oder Kollege zu Kunden mitgeht, sondern auch, wenn das amerikanische Management nach Europa kommt, um die Mannschaft auf Herz und Nieren zu prüfen, ist ein guter Präsentationsstil angesagt.

„Your charts are too busy" ist der typische Kommentar des Amerikaners, wenn man ihm in deutscher, technisch perfekter Akribie angefertigte Folien präsentiert, die mit Grafiken und Text überladen sind. Er möchte einfach und verständlich informiert werden und erwartet klare Darstellungen, die auf einen Blick zu erfassen sind. Das heißt: nicht mehr als zehn Zeilen Text, nur wenige Grafiken. Moderne Präsentationsprogramme auf PC-Basis verführen häufig zu der grafischen und textlichen Überfrachtung solcher Präsentationen.

Amerikaner erwarten nicht nur für sich selbst knappe und prägnante Präsentationen, sondern auch stellvertretend für ihre potenziellen Kunden. Die bringen schließlich das Geschäft, das die Basis für die gegenwärtigen und zukünftigen Aktivitäten bildet.

In den Präsentationsunterlagen dürfen Worte wie „Ich", „Wir", „Unsere Firma" nicht erscheinen, sondern es muss der Unternehmensname sein. Während der Präsentation sucht man Blickkontakt mit dem Publikum und schaut nicht nur auf die Leinwand, weil man dann nämlich buchstäblich „gegen die Wand spricht" und dem Kunden den Rücken zudreht. Man verwendet einen Zeigestock, um auf wichtige Dinge in der Ausarbeitung hinzuweisen, und man vermeidet das Abdecken von Folienteilen mit einem Blatt Papier, weil das den Zuhörer verärgert, wird er doch hier offensichtlich bevormundet. Will man Informationen „portionsweise" verabreichen, macht man es stattdessen auf separaten Folien.

10.3 Fokus auf Entwicklungspotenzial

Bei den meisten größeren amerikanischen Unternehmen wird schon im Bewerbungsgespräch deutlich, dass es sich hierbei um eine von A bis Z geplante Aktion handelt. Die systematische Art der Fragestellung, aber auch die präzisen Antworten zu vielleicht unscharfen Fragen bezüglich der angebotenen Position zeigen, dass man es mit einem gut vorbereiteten Partner zu tun hat. Woher kommt das?

Bevor in einem amerikanischen Unternehmen überhaupt eine Position ausgeschrieben wird, muss eine Stellenbeschreibung vorhanden sein sowie die ausformulierte Begründung dafür, weshalb die Stelle überhaupt besetzt werden soll. Da sich Personal in den Gemeinkosten niederschlägt, gibt die Anzahl der insgesamt verfügbaren Stellen ungefähr an, wie groß das Budget für Personalkosten insgesamt ist.

Im Rahmen des Personalbudgets kann der Abteilungsleiter im Allgemeinen relativ frei entscheiden, welche Positionen er besetzt, solange er die Gesamtzahl nicht sprengt. Er kann also zu seiner Entlastung eine erfahrene Sekretärin einstellen oder einen jungen Verkäufer, der den Umsatz kräftig erhöhen soll, um damit für das nächste Budget die Mittel für eine Aufstockung des Personalbestands zu erwirtschaften.

Bereits im Einstellungsinterview wird die Karriereentwicklung angesprochen, auch wenn die Initiative dazu nicht unbedingt vom Bewerber ausgehen muss. Dafür erwarten gerade Großunternehmen von Kandidaten die Flexibilität, auch in andere Bereiche zu wechseln. Voraussetzung ist natürlich ein entsprechendes Potenzial. Meist wird auch kurz dargestellt, welche Karrierechancen sich mittel- und langfristig ergeben können.

Beim Interview muss man damit rechnen, mit dem Chef des zukünftigen Chefs zusammenzutreffen – nach dem Prinzip: „one over one". Das bedeutet, dass niemand eingestellt werden kann, wenn nicht die Zustimmung des nächsthöheren Vorgesetzten vorliegt, auch dann nicht, wenn im Budget die Position genehmigt ist. Es bedeutet weiterhin, dass die Beurteilung eines Bewerbers so lange nicht gültig ist, bis sie der Chef des Chefs abgezeichnet hat. Hier ist also ein Kontrollelement vorhanden, das nicht zu unterschätzen ist.

Spätestens im Beurteilungsgespräch am Ende der Probezeit wird man mit dem Begriff der Karriereplanung konfrontiert. Diese Gespräche wiederholen sich danach mindestens einmal jährlich, womit der eine oder andere Stelleninhaber durchaus seine Probleme haben kann, besonders dann, wenn er seine weitere berufliche Entwicklung lediglich davon abhängig macht, ob und wann sein Vorgesetzter wechseln wird.

Im Beurteilungsgespräch werden hauptsächlich zwei Themenfelder angesprochen: das Verhalten des Mitarbeiters im vergangenen Bewertungszeitraum und die daraus resultierenden Maßnahmen für die Zukunft. Meist wird darin dann noch eine Unterscheidung nach kurz- und langfristigen Perspektiven gemacht.

Üblicherweise wird für die Beurteilung ein Formular verwendet, das „appraisal form" heißt und in vier Bereiche unterteilt ist: Die Verantwortlichkeiten/Zielsetzungen, die erzielten Ergebnisse, die allgemeinen Leistungen sowie die kurzfristigen Aktionen und längerfristigen Pläne.

Dabei werden in der Regel zwischen zehn und zwölf Kriterien bewertet, und zwar auf einer Skala zwischen eins und sechs bzw. eins und zehn. Je nach Firma kann die Eins eine sehr gute, die Sechs bzw. Zehn eine sehr schlechte Note sein, wobei es auch das umgekehrte Ranking gibt. Man weiß auf jeden Fall sofort, woran man ist und wohin man möchte. Und darum geht es letztendlich.

Bei den Verantwortlichkeiten wird bewertet, wie gut sich die Ergebnisse mit den Erwartungen decken. Besondere Bemühungen finden ihren Niederschlag in der Kategorie „allgemeine Leistungen", wo deren Ergebnisse dokumentiert werden.

Sollten sich Defizite zwischen den Vorgaben und dem Erreichten ergeben, so werden daraus Pläne abgeleitet, die dem Mitarbeiter helfen sollen, seine Aufgaben in Zukunft zu meistern. Im Bereich Pläne findet man daher zweierlei: Maßnahmen zur direkten Behebung von Defiziten und solche zur Vermeidung sowie Maßnahmen, die der weiteren Qualifizierung des Mitarbeiters dienen. Es wird zudem das Ziel verfolgt, Eignung und Neigung des Mitarbeiters so zu fördern, dass er auch in einer anderen Position eingesetzt werden kann.

Hier entwickelt sich das Gespräch zur Karriereplanung. Im Rahmen der ständigen Beurteilung im laufenden Geschäft macht sich das Management von den Mitarbeitern ein Bild, das durch Einzelgespräche präzisiert wird. Im Dialog mit dem Mitarbeiter wird versucht, dessen offensichtliche Stärken und Fähigkeiten mit möglichen Karrierepfaden im Unternehmen in Einklang zu bringen. Sollten die Perspektiven sehr gut sein, werden die Maßnahmen für die Vorbereitung des Kandidaten auf den nächsten Karriereschritt kurzfristig formuliert und realisiert.

Bei Großunternehmen wird an diesem Punkt eine Aktion in Gang gesetzt, die ihren eigenen Charakter hat, aber in dieselbe Richtung zeigt: die interne Rekrutierung von Führungskräften. Dazu werden häufig Kurzfassungen von Bewertungsunterlagen mit Fokus auf das Entwicklungspotenzial erstellt, und zwar auf der Basis eines zusätzlich geführten Gesprächs. Diese Unterlagen werden von den Vorgesetzten mit deren eigenen Beurteilungen des Potenzials ergänzt und im Konsens mit dem Mitarbeiter in ein Personalförderungsprogramm eingebracht.

Damit hat das Unternehmen die Möglichkeit, aus einem Fundus von fähigen Mitarbeitern neue Führungskräfte zu rekrutieren, ohne Personalbeschaffungsmaßnahmen starten zu müssen. Man kann sich leicht vorstellen, wie positiv sich das auf die Motivation auswirkt. Man muss allerdings auch sehen, dass die Darstellung des Potenzials noch kein Versprechen für die wirkliche Beförderung ist.

10.4 Was heute gilt, muss morgen nicht mehr stimmen

Nicht nur, wer sich für amerikanische Unternehmen als Anbieter von Aufgaben und Karrierechancen interessiert, sollte mit Wechseln, auch mit kurzfristigen, gut umgehen können. Unser aller tägliches Leben wird in vielfältigster Weise von kleinen und großen, zum Teil bahnbrechenden Veränderungen beeinflusst.

Zurück zur Arbeitswelt: Warum tun wir uns schwer, wenn es um Wechsel und Umdenken geht? Hier spielen vornehmlich vier Punkte eine Rolle. Wir tun primär Dinge aus Eigeninteresse und nicht so sehr aus den Gesichtspunkten der Organisation heraus. Bei jeder Änderung hegen wir zunächst das Gefühl, als Folge der Änderung etwas für uns Wertvolles zu verlieren. Des Weiteren spielen Missverständnisse und Vertrauensmangel eine Rolle, die zum Widerstand führen, wenn sie nicht ausgeräumt werden können. Mitarbeiter haben die Tendenz, Änderungen mehr von der Kostenseite als von der Nutzenseite für sich und das Unternehmen zu sehen. Sie stellen sich Änderungen auch dann in den Weg, wenn sie befürchten, die von ihnen erwarteten neuen Fertigkeiten und Verhaltensmuster nicht entwickeln zu können. Hinzu kommt, dass viele Menschen auf allen hierarchischen Ebenen die Zukunft schlechthin für eine Fortsetzung der Gegenwart mit besseren finanziellen Bedingungen und mit weniger Arbeitsstunden halten.

In diesem Zusammenhang sollten wir über Paradigmen sprechen. Paradigmen sind Muster, Modelle, Regeln, deren Einfluss wir ständig ausgesetzt sind, die sich jedoch auch ändern. 1960 galt z.b. noch in den USA: Benzin wird immer billig sein, vier Kinder sind die Grundlage für die ideale Familie, Kabel-TV wird es nie schaffen, japanische Produkte werden immer von geringer Qualität sein. Das hat sich in den letzten 30 Jahren gewaltig geändert, einiges wurde fast auf den Kopf gestellt.

Die Geschichte zeigt, dass sehr viele Veränderungen und Wechsel ungeahnte Chancen eröffneten und der Beginn einer revolutionären Entwicklung waren. Ein gutes Beispiel in Europa ist die Schweizer Uhrenindustrie, die 1968 65 Prozent des Weltmarktes beherrschte. 1980 war der Marktanteil auf 10 Prozent gesunken. Was war passiert? Ein Paradigmenwechsel hatte stattgefunden. Alles, was der Schweizer Uhrenindustrie bis dato hoch und heilig war, traf auf eine bestimmte, neue Uhr nicht zu. Um nichts in der Welt konnte man für diese Uhr eine Zukunft sehen. Sinnigerweise war diese Uhr auch noch im Schweizer Uhren-Institut in Neuchâtel entwickelt worden. Die Ablehnung war jedoch stark. Sie wissen es natürlich längst: Die Quarzuhr war entwickelt worden. Auf dem nächsten Welt-Uhren-Kongress durften die Entwickler ihr „nutzloses" Produkt vorstellen. Das Unternehmen Seiko sah es und der Rest ist Geschichte. Bis 1981 verloren 50 000 der 62 000 in der Schweizer Uhrenindustrie tätigen Uhrmacher ihre Jobs.

Oder: Wer kann sich heute noch ein Leben ohne Fotokopien vorstellen? 1930 hatte Chester Carlsson eine neue Art der Fotografie und damit den Xerox-Prozess entwickelt, war jedoch mit dieser Erfindung interessanterweise erst einmal durchgefallen.

Übrigens, wenn Sie sich mit dem Thema „Paradigmen" näher befassen wollen: Joel Arthur Barker, der sich selbst gerne als Futurologen bezeichnet, hat in seinem Buch „Future Edge: Discovering the New Paradigms of Success" (William Morrow and Company, Inc., New York, 1992) aus 20-jähriger Erfahrung Bemerkenswertes zu diesem Thema beigetragen.

Paradigmenwechsel werden Sie sicherlich nicht regelmäßig erleben, als Mitarbeiter einer US-Tochtergesellschaft jedoch Änderungen der Marketing- und Vertriebsstrategien oder der Produkt- und Preispolitik – hin und wieder auch als Folge der Quartalsergebnisse.

10.5 Veränderungen sind Chancen

Vielleicht erleben wir auch die Auswirkungen eines Rests von Pioniergeist, der heute noch in manchen Bereichen der USA herrscht. Bei allen mehr oder weniger berechtigten Vorbehalten, die wir als Europäer dem kurzfristig erscheinenden Agieren und Reagieren in amerikanischen Unternehmen gegenüber haben: Uns Deutschen – und hier sprechen wir insbesondere Hochschulabsolventen und die jüngere berufstätige Generation an – würde ein wenig mehr Pioniergeist, ein wenig mehr Freude daran, Neues auszuprobieren, zu experimentieren, ein wenig mehr Mobilität und Beherztheit, eingefahrene Wege zu verlassen, ebenso gut tun wie etwas weniger Anspruchsdenken und dafür mehr Leistungsorientierung.

Hier sprechen wir auch die Fähigkeit an, mit Entschlossenheit und einer **Beispiel** guten Portion Macher-Qualitäten den Karren wieder aus dem Dreck zu ziehen, wenn er dort stecken sollte. Harley-Davidson liefert hier eine gute Story der positiven Veränderung: Viele Jahre war dieses Unternehmen die unbestrittene Nummer eins auf dem Motorradmarkt in den USA, eine Institution und nicht erst seit „Easy Rider" eine Legende. Kawasaki, Honda, Yamaha kamen auf den US-Markt, wurden auf die leichte Schulter genommen und zogen bald an Harley-Davidson vorbei. Schlimmer noch: Qualitätsprobleme traten auf, die Menschen innerhalb der Organisation wollten erst nicht erkennen, dass es höchste Zeit für eine Veränderung, für radikales Umdenken war. Aber in einem ungeheuren Kraftakt gelang – in enger Zusammenarbeit aller Beteiligten, von der Produktentwicklung über die Produktion bis zum Vertrieb und Kundendienst – der Umschwung von innen heraus. Heute ist, wie Sie wissen, Harley-Davidson wieder auf Erfolgskurs, ein Symbol für Qualität und vieles mehr. Mit Mitarbeitern, die sich in hohem Maße mit dem Unternehmen identifizieren und stolz darauf sein können, dass es gelungen ist, alte Zöpfe abzuschneiden, frischen Wind in die Organisation zu bringen, also zu verändern.

Wenn Sie Veränderungen als Chancen erkennen können und diese mit Intelligenz, Kreativität, Reaktionsschnelligkeit und Mut zu nutzen verstehen, dann finden Sie in amerikanisch beeinflussten Unternehmen ein gutes Umfeld für Ihre Talente und Ihre Fähigkeiten. Schnellste Anpassung an sich wandelnde Kundenwünsche, an Marktverschiebungen, neue Technologien oder Trends, um nur einige Aspekte zu nennen, das ist sehr oft die Stärke mittlerer und kleinerer Organisationen, in denen insbesondere jüngere, auf jeden Fall geistig bewegliche Mitarbeiter beachtliche Lebensläufe hinlegen können.

10.6 Deutsche Hierarchie im Vergleich zu amerikanischer Teamorientierung

Stellen Sie sich folgende Situation vor: Zu Beginn der monatlichen Abteilungsbesprechung in einer großen deutschen Firma stellt der Abteilungsleiter die Tagesordnungspunkte vor und wendet sich dann an den Produktmanager mit den Worten: „Manfred, wie sieht die Prognose für die Verkaufszahlen aus, die du mit Sabine für das nächste Quartal erstellt hast?" Der Produktmanager, der sich offensichtlich auf diesen Augenblick vorbereitet hat, erwidert selbstbewusst: „Nun, Detlef, wir erwarten einen fünfprozentigen Anstieg gegenüber dem laufenden Quartal." Die Besprechung läuft wie geplant. Zum Abschluss erinnert der Abteilungsleiter, Herr Dr. Detlef Schmidt, seine Mitarbeiter an das firmeninterne Volleyballturnier und Picknick, das für das folgende Wochenende geplant ist. Er beendet die Versammlung mit den Worten: „Die Gewinner bekommen einen Kasten Bier!"

Für die meisten deutschen Angestellten ist eine derartige Situation ungewohnt. Für Amerikaner ist dies jedoch eine alltägliche Szene. Es gibt also grundlegende Unterschiede zwischen deutschen und amerikanischen Firmen hinsichtlich der Integration von Angestellten in das Firmensystem. Amerikaner ziehen es vor, ihre Angestellten in Teams einzuteilen, während man in vielen Fällen auch heute noch deutschen Angestellten einen bestimmten Platz in der Firmenhierarchie zuweist. In diesem Kapitel werden die Unterschiede zwischen den beiden Systemen und deren Ursprung untersucht und Schlussfolgerungen über deren Bedeutung für den Arbeitnehmer gezogen.

10.7 Kultureller Hintergrund

Eine Erklärung der beiden Organisationsstrukturen wäre unvollständig ohne nähere Erläuterung des kulturellen Hintergrunds, auf dem sich die beiden Formen entwickelt haben. Teamarbeit ist aus zwei Gründen zu einem wichtigen Faktor in amerikanischen Unternehmen geworden. Den ersten Grund kann man in der Struktur der amerikanischen Gesellschaft sehen, in der der Schwerpunkt auf dem Individuum liegt. Durch freies Denken und Kreativität des Einzelnen werden neue Ideen entwickelt, die jedoch, auf sich allein gestellt, oft keine Aussicht auf Erfolg haben. Ohne die Unterstützung anderer könnten derartige Ideen nicht in die Tat umgesetzt werden. Es ist daher logisch, dass in amerikanischen Unternehmen mehrere Angestellte in Gruppen zusammengefasst werden und durch die Unterstützung der Gruppe die Fähigkeiten des Einzelnen verstärkt werden. In einer Gruppe können die Schwächen des einen durch die Stärken des anderen ausgeglichen werden, wodurch eine solide funktionelle Einheit geschaffen wird. Das amerikanische Sprichwort „Zwei Köpfe sind besser als einer" spiegelt diese Idee wider. Das Ergebnis der Teamarbeit sind konkrete Ideen, die eine größere Chance haben, realisiert zu werden.

Der zweite Grund für die Betonung der Teamarbeit in amerikanischen Unternehmen ist die Schaffung und Aufrechterhaltung eines starken so genannten „corporate image", d.h. eines bestimmten Unternehmensbildes gegenüber der Außenwelt. Es wurde in Amerika immer als äußerst positiv angesehen, wenn sich ein Unternehmen dem Kunden gegenüber als gut funktionierende Einheit darstellen konnte. Bereits in den 80er Jahren hat das „corporate image" mehr und mehr an Bedeutung gewonnen. Dies hat zu einer stärkeren Betonung der Teamarbeit geführt. Ein Team muss gemeinsame Ziele und Richtlinien setzen und alle Teammitglieder müssen am gleichen Strang ziehen. Um ein starkes „corporate image" aufzubauen, muss eine Firma seine Angestellten in Teams zusammenfassen.

Die Struktur deutscher Firmen hat eine lange Tradition. Eine starre Hierarchie innerhalb des Unternehmens hat dazu geführt, dass der Geschäftsablauf wesentlich bürokratischer ist als in den USA. Sehr oft sind es das Diplom oder der akademische Abschluss, die dem Arbeitnehmer einen bestimmten Platz in der Firmenhierarchie sichern. Dazu kommt, dass in der deutschen Gesellschaft der Unterordnung gegenüber Gesetzen, Regeln und dem Vorgesetzten ein sehr viel größerer Wert beigemessen wird als in den USA. Hier gibt es ein vielleicht überspitztes geflügeltes Wort: „In Deutschland sind Gebote da, um eingehalten zu werden, in Amerika, um gebrochen zu werden". Das ist einer der Aspekte der deutschen Gesellschaft, der hierarchische Strukturen in deutschen Unternehmen aufrecht erhält.

10.8 Ausbildung

Der nächste Gesichtspunkt, der bei der Erklärung der beiden unterschiedlichen Systeme herangezogen werden muss, ist die Ausbildung der deutschen und amerikanischen Manager. In Amerika hat ein Großteil der Manager eine Ausbildung auf Universitätsniveau erhalten, wobei hiervon wiederum viele mit dem „Master of Business Administration" (MBA) abgeschlossen haben. Der Lehrplan an amerikanischen Universitäten ist wesentlich strikter als an deutschen. Die Vorlesungen erinnern an den Unterricht, den man aus der Schule kennt. Studenten und Professoren kommunizieren lebhaft und intensiv. Der Lehrstoff wird in Form von Fallbeispielen präsentiert, d.h., theoretische Lösungsmodelle werden diskutiert und auf tatsächliche Problemfälle aus der Praxis übertragen. Diese Kombination von theoretischem und praktischem Lernen wird durch die Arbeit in Teams ergänzt. Jede Studiengruppe oder jedes Team erhält eine gemeinsame Note und am Ende des Semesters muss jedes Teammitglied die Leistung der Kommilitonen benoten. Hierbei sollen die Aufgeschlossenheit gegenüber den Mitmenschen und die Fähigkeit des Einzelnen, mit Leuten unterschiedlichen Hintergrunds für ein gemeinsames Ziel zu arbeiten, gefördert werden. Für den ausländischen Beobachter mag sich dies ziemlich einfach anhören, jedoch ist die erfolgreiche Zusammenarbeit mit anderen unter Zeitdruck sehr schwierig.

In Deutschland sitzen zukünftige Führungskräfte in großen Vorlesungssälen und haben selten direkten Kontakt zum Professor. Auf Grund der großen Zahl der Studenten in den ersten Semestern kommt Teamarbeit als Lehrmethode nicht in Frage. Der einzelne Student ist daher bei der Bewältigung des Lehrstoffs mehr oder weniger auf sich selbst gestellt. Erst im Hauptstudium werden auch deutsche Studenten im Rahmen von Seminaren in Gruppen eingeteilt.

10.9 Die Konsequenzen für die Praxis

Die unterschiedlichen Auswirkungen beider Organisationsstrukturen erkennen Sie am deutlichsten bei der Entscheidungsfindung im täglichen Arbeitsalltag. Sowohl in der amerikanischen als auch in der deutschen Firma hat der jeweilige Manager die endgültige Entscheidungskompetenz. Der amerikanische Manager jedoch ermöglicht seinen Angestellten, durch Gespräche mit dem gesamten Team einen Beitrag zu dieser Entscheidung zu leisten. Bei Erfolg oder Misserfolg werden sowohl das Team als auch der Manager zur Verantwortung gezogen. Dieses so genannte „participative management" wurde zum Beispiel bei Motorola/USA in Form des „total cycle time reduction program" durchgeführt. Mitarbeiter verschiedener Abteilungen und Ausbildungsbereiche wurden in Gruppen eingeteilt, um bestehende Probleme innerhalb des organisatorischen Ablaufs bei Motorola zu lösen.

10.10 Treffen von Entscheidungen

Der Mitarbeiter in einer amerikanischen Firma muss sich klar machen, dass seine Meinungsäußerung nicht nur zählt, sondern auch erwartet wird. Sachlicher Widerspruch gegenüber dem Vorgesetzten ist an der Tagesordnung und Initiative wird als Tugend angesehen. In Deutschland dagegen werden Entscheidungen sehr oft wie folgt getroffen: In Einzelgesprächen sammelt der Vorgesetzte die Informationen von seinen Angestellten, analysiert sie und trifft entsprechende Entscheidungen. Je nach Wichtigkeit der Entscheidung hat selbst dieser Vorgesetzte keinen direkten Einfluss auf die Entscheidungsfindung und kann wiederum seinem Vorgesetzten nur eine Empfehlung geben. Diese Vorgehensweise führt dazu, dass Entscheidungen auf mehreren Ebenen sorgfältig geprüft werden. Der Angestellte äußert seine Meinung nur, wenn er danach gefragt wird, und selbst dies ist recht selten. Im Vergleich zu Amerikanern sind für Deutsche festgelegte Regeln, Formalitäten und Anweisungen wichtiger. Wie in einer deutschen Universität kommt auch in einer deutschen Firma die endgültige Entscheidung von oben.

10.11 Kommunikation

In einer Gruppe werden Informationen offen ausgetauscht. Ein Teammitglied kann ohne Bedenken um Informationen oder die Hilfe anderer bitten, egal wie seine Position innerhalb der Firma ist. Umgekehrt wird von ihm erwartet, dass er, wenn nötig, die erhaltenen Informationen mit anderen Teammitgliedern teilt. Für die Übermittlung derartiger Informationen werden in amerikanischen Firmen hauptsächlich Telefon und E-Mail benutzt.

Diese Kommunikationsform ist locker, kann jedoch zu Fehlkommunikation führen, da nicht jeder weiß, welche Daten die anderen Teammitglieder haben. Ein zielorientiertes Team kann hierdurch jedoch in Sekundenschnelle auf einfache Art und Weise an die nötigen Informationen kommen. Der Informationsfluss innerhalb eines deutschen Unternehmens wird ebenfalls von der Firmenstruktur beeinflusst. Ähnlich wie beim Treffen von Entscheidungen werden auch Informationen nur nach Bedarf von oben nach unten weitergegeben. Es wird allgemein angenommen, dass die Vorgesetzten ein größeres Wissen haben und daher den Informationsfluss kontrollieren sollen. Benötigt ein Vorgesetzter Informationen von seinen Angestellten, muss er diese anfordern. Wichtige Themen, die besprochen worden sind, werden zusätzlich in Form von schriftlichen Memos festgehalten.

Informationen werden nicht gerne unaufgefordert weitergegeben. Deutsche ziehen es in aller Regel vor, Informationen nur auf Anweisung weiterzugeben oder wenn diese im Rahmen von Projekten benötigt werden, an denen mehrere Abteilungen beteiligt sind. In Amerika würde ein solches Verhalten gegen die Regeln des „team play" verstoßen, in Deutschland jedoch ist diese Vorgehensweise auf Grund der spezifischen Firmenstruktur völlig angemessen.

Ungezwungenheit spielt in einer amerikanischen Firma eine große Rolle. Die weiter oben beschriebene Situation ist ein gutes Beispiel dafür, wie amerikanische Angestellte im Büro miteinander umgehen. Jeder wird mit dem Vornamen angeredet, gleichgültig welche Position er hat. Die Unterhaltung miteinander ist sehr locker. Der ausländische Angestellte in einem amerikanischen Unternehmen sollte sich jedoch darüber klar sein, dass diese Atmosphäre nicht mit einem Feriencamp verwechselt werden darf. Hohe Leistungsanforderungen und Stress gibt es auch in einem amerikanischen Büro. Jedes Team hat einen Leader, der die endgültige Verantwortung für die Leistung des Teams trägt. Obwohl die Umgangsform mit ihm locker ist, wird Respekt von den anderen Teammitgliedern erwartet.

Im deutschen Geschäftsleben ist der Stil formeller. Ein gewisser Abstand zwischen Mitarbeitern und besonders zu Vorgesetzten wird stets gewahrt. Durch die Benutzung des „Sie" oder „Du" wird bereits ein bestimmtes Verhältnis zueinander signalisiert.

Obwohl sich deutsche und amerikanische Unternehmensstrukturen immer mehr angleichen, werden die verschiedenen Formen doch klar erkennbar bleiben, solange kulturelle Unterschiede zwischen den beiden

Ländern bestehen. In multinationalen Unternehmen, die ihre Niederlassungen im jeweils anderen Land haben, mögen diese Unterschiede bereits nicht mehr klar erkennbar sein. Inwieweit eine Firma ihre landestypischen Eigenheiten im fremden Land aufrechterhält, ist von Fall zu Fall verschieden. Für den Stellenbewerber ist es daher wichtig, jede einzelne Firma zu analysieren, um Aufschluss über deren firmeninterne Struktur zu erhalten.

10.12 MBO als Beispiel für amerikanische Führungsstile

Kürzlich diskutierte ich mit einem erfahrenen Marketingmanager, der seinen Berufsweg durch einige US-Unternehmen in Europa gemacht hatte, über Führungsstile. Seine erste Aussage war: Über dieses Thema wird immer dann gesprochen, wenn die Führung – weshalb auch immer – als demotivierend, ineffizient oder schlicht unfähig erlebt wird. Und er zitierte den Spruch: „There are leaders who could not even lead a group in silent prayer", was nicht bedeuten soll, dass es solche Erscheinungen nur in den USA gäbe!

Was kennzeichnet nun den amerikanischen Führungsstil? Wir haben gesehen, dass US-Manager sehr locker auftreten, mit dem Vornamen angeredet werden, ihre Büroräume mit wenigen Ausnahmen weit offen stehen, dass sie sich als Teamleader und Teammitglied verstehen, dass bei aller Ungezwungenheit und Direktheit der „dress code" eine ebenso große Rolle spielt wie die Erwartung an jeden Einzelnen, sein Bestes zu geben und dafür auch (unbezahlte) Überstunden zu machen. So widersprüchlich wie das alles auf den ersten Blick aussehen mag, ist es nicht.

Wenngleich es unzählige „Management by ..."- und „How to ..."-Methoden gibt, so wollen wir uns hier auf *Management by Objectives,* kurz MBO genannt, konzentrieren, weil am ehesten geeignet erscheint, „amerikanisches Führungsverhalten", sofern diese Formulierung pauschal überhaupt zulässig ist, verständlich zu machen.

MBO in den Vereinigten Staaten zielt auf die Motivation und Mobilisierung des Einzelnen innerhalb des Teams ab. Zu den Anwendern von MBO zählen oder zählten *General Motors, General Electric, General Foods, Unilever, Du Pont, Radio Corporation of America* und viele weitere Firmen. Selbstverständlich wird MBO auch in großen deutschen und europäischen Unternehmen praktiziert. Und da existiert eine ganze Reihe von modifizierten Definitionen, da sich jedes Unternehmen glücklicherweise von anderen unterscheidet. Die Grundsätze von MBO verfolgen alle das gleich Ziel: klare Ergebnisorientierung, hohe Effektivität des Individuums bis hin zur konzertierten Aktion und der Bündelung gemeinsamer Kräfte zur Erreichung messbarer, vorher abgestimmter Resultate. Dazu gehören die Etablierung von Zielsetzungen für Positionen und deren Inhaber, die Verknüpfung von verschiedenen „objectives" und Förderung des gemeinsamen Handelns, die Betonung von Messbarkeit und Kontrolle, die Involvierung aller Beteiligten auf allen Ebenen sowie die Einführung regelmäßiger Fortschritts- und Feedback-Sitzungen.

„Objectives" müssen spezifisch und realistisch und mit einiger Anstrengung auch erreichbar sein, einem festgelegten Zeitrahmen unterliegen und vor allem messbar sein. Ein klassisches Beispiel aus dem Vertrieb könnte man wie folgt formulieren: Es wird vereinbart, den Umsatz für das Produkt X im Zeitraum 1.1.2000 bis 31.12.2000 um acht Mio. US$ zu steigern. Sie sehen: die Messbarkeit des Umsatzanstiegs und der Zeitrahmen spielen die entscheidende Rolle.

Wie viele „objectives" sollte nun der Einzelne haben? Hierzu berichtet ein erfahrener MBO-„Advisor" und MBO-„Coach" mit langjähriger Praxis in einer bedeutenden amerikanischen Corporation, dass sich vier bis acht Zielvereinbarungen pro Mitarbeiter bewährt haben. Von großer Bedeutung ist dabei die schriftliche Fixierung der „objectives" und das Setzen von Prioritäten. Klangvolle Begriffe, wie Minimieren, Maximieren oder Optimieren, sollten auf jeden Fall vermieden werden.

Wenn Sie auf ein Unternehmen treffen, das erfolgreich mit MBO arbeitet, dann sollten Sie wissen, dass hier systematisch geplant wurde, dass in Einweisung und Training viel Zeit und Geld investiert wurden.

Was steckt hinter diesem Managementsystem und wie funktioniert es? Zunächst muss das Top-Management, dem hier eine besondere Vorbildfunktion zukommt, intensive Überzeugungsarbeit leisten, um Verständnis und Akzeptanz bei allen Beteiligten zu finden. MBO muss vorgelebt werden, um die Ernsthaftigkeit des Unterfangens zu unterstreichen. Einverständnis über Trainingsmaßnahmen der Mitarbeiter, vierteljährliche Feedback-Treffen und jährliche Ergebnisanalysen müssen vorher in einem festgelegten Budget- und Zeitrahmen dokumentiert werden, um zu verhindern, dass das Programm schon im Frühstadium abstürzt. MBO muss wie alle anderen Führungssysteme auch den inneren Widerstand vieler Menschen überbrücken, die allem Neuen erst einmal ablehnend gegenüberstehen. Wenn MBO richtig funktioniert, werden Sie begeisterte Mitarbeiter antreffen, die genau wissen, was von ihnen erwartet wird, und die eigenverantwortlich im Team auf die Erreichung von Zielen hinarbeiten.

Wenn Sie sich für ein kleines, mittleres oder großes Unternehmen mit klarer Aussage für MBO interessieren, um dort Ihren Berufsweg zu starten oder fortzusetzen, dann müssen Sie bereit sein, sich und Ihre Arbeitsleistungen und -ergebnisse messen sowie bewerten zu lassen. Sie entscheiden sich für einen fairen, aber mitunter auch harten Wettkampf, den es gilt, Tag für Tag, Monat für Monat, Quartal für Quartal und Jahr für Jahr zu bestehen, insbesondere dann, wenn es sich um die deutsche bzw. europäische Tochtergesellschaft eines amerikanischen Unternehmens handeln sollte.

Als Belohnung für Ihren sicher überdurchschnittlichen Einsatz werden Sie gut verdienen, schneller vorankommen als viele andere und von dem guten Gefühl zu neuen Erfolgen getragen werden, dass Sie einen mit Ihnen persönlich abgestimmten Beitrag zum Unternehmenserfolg – wie versprochen – abgeliefert haben.

Die Kehrseite der Medaille: Sie riskieren, vereinbarte Ziele nicht zu erreichen. Wenn Ihnen das mehrfach passieren sollte, dann sollten Sie kritisch Ihre Zielvereinbarungen, Ihre Strategien, Ihre Arbeitssystematik, Ihre Leistungsfreude oder Ihre Grundhaltung der Arbeit gegenüber überprüfen und sich neu orientieren. So hart es klingen mag: Nur der erfolgsorientierte Mitarbeiter wird in diesem System Erfolg haben. Und hier gilt auch: Erfolg macht erfolgreich!

Wenn Sie sich intensiv mit MBO befassen wollen, dann empfehlen wir Ihnen *Peter Drucker* und *George Odiorne,* die dieses Führungssystem am meisten beeinflusst haben. Sollten Sie sich generell für moderne Managementtheorien interessieren, dann möchten wir Ihre Aufmerksamkeit auf das sicher nicht unumstrittene Werk von *Tom Peters* lenken, der in „Liberation Management" (Jenseits der Hierarchien) zum Ergebnis kommt, dass das kreative Chaos die Lösung vieler Managementprobleme ist.

10.13 Amerikanisches Englisch als eigenständige Sprache

Wer aus einem konservativen deutschen Unternehmen in eine amerikanische Firma wechselt, muss gewaltig umdenken. Durch den Wechsel wurde eine gewisse Flexibilität bereits unter Beweis gestellt; das Erlernen der Werkzeuge für ein reibungsloses Funktionieren innerhalb des Unternehmens setzt jedoch Anpassungsbereitschaft und schnelles Erfassen der wichtigen Abläufe und Tätigkeiten voraus.

Das beginnt beim amerikanischen Englisch, das viel mehr ist als ein Dialekt des Oxford- oder BBC-Englisch. Je eher man erkennt, dass es sich um eine eigenständige Sprache handelt, desto besser und einfacher. Natürlich hat man in der deutschen Niederlassung einer US-Firma mit amerikanischen Kollegen und/oder Chefs zu tun und die sprechen, wenn es ernst wird, am liebsten ihre Sprache. „Ernst" heißt hier, wenn Dinge festgelegt und entschieden werden sollen, wenn es um Gespräche mit bindendem Charakter geht. In vielen Teilen Deutschlands ist es möglich, amerikanische Fernseh- oder Rundfunksender (CNN, AFN) zu empfangen. Diese sollte man als „Hintergrundberieselung" so oft wie möglich laufen lassen, wenn man mit dem Verstehen noch etwas Probleme hat. Auch mit sieben oder acht Jahren Schulenglisch kann das amerikanisch gesprochene Englisch Schwierigkeiten bereiten, nicht nur, was die Aussprache, sondern auch, was das Vokabular angeht.

Man muss bei der Bewerbung in einem amerikanischen Unternehmen damit rechnen, dass – je nach Position – mindestens ein Teil des Einstellungsgesprächs in englischer Sprache geführt wird; darauf sollte man vorbereitet sein. Allein dieser Teil des Gesprächs kann über den weiteren Gang der Bewerbung entscheiden.

Lehramtsabsolventen oder Dolmetscher/Übersetzer für Englisch haben eine wesentlich größere Chance, in einem amerikanischen Unternehmen angestellt zu werden als im öffentlichen Dienst oder bei einer deutschen Firma. Das mühsam erarbeitete Wissen kann hier wirklich effizient zum Einsatz gebracht werden. Der Einstieg als „Management Assistant" oder in den international ausgerichteten Personalbereich ist bei entsprechendem persönlichen Einsatz eine logische und durchaus realisierbare Entwicklung.

Meist läuft in US-Tochterunternehmen der gesamte interne Schriftverkehr in Englisch. Das ermöglicht die Kommunikation mit den Kollegen in der Muttergesellschaft oder auch mit den Schwesterunternehmen in Europa und/oder Übersee. Schon an dieser Stelle können sich die deutschen Mitarbeiter wirklich profilieren. Der Ausbildungsstand, den die deutschen Schulen vermitteln, ist im Allgemeinen viel besser als der von vergleichbaren amerikanischen. Das führt hin und wieder zu dem interessanten Fall, dass der amerikanische Chef seine deutsche Sekretärin bittet, sein Englisch doch ein bisschen „auf die Reihe" zu bringen, vor allem wenn es um formelle Dinge geht und seine Ausbildung in sprachlicher Hinsicht etwas dünn war.

Und da sind wir bei einem wichtigen Punkt: Da bei den Amerikanern im Grunde nur die Leistung zählt, nicht hingegen die Ausbildung, findet man häufig Leute, die zwar in ihrem Bereich hochkarätige Spezialisten sind, denen es aber ansonsten an einer breit angelegten Ausbildung mangelt. Das Prinzip heißt Selfmademan, es braucht nicht jeder eine Hochschulausbildung. Ein weiterer Gesichtspunkt ist, dass die meisten Amerikaner akademische Grade nicht wegen des Prestiges erwerben, sondern weil sie die fachliche Ausbildung wollen, die dahintersteckt. Aus diesem Grunde haben Titel im amerikanischen Leben auch nur einen vergleichsweise untergeordneten Stellenwert. Sie werden mit großer Sicherheit nicht als K.-o.-Kriterien bei einer Bewerbung herangezogen und das gilt meist auch für die deutschen Niederlassungen.

Wenn man im Rahmen einer Dienstreise oder auch privat in die USA kommt, sollte man zur Vervollständigung des Wortschatzes und als Nachschlagewerk eines der dort im Buchhandel zu unglaublich günstigen Preisen erhältlichen großen „dictionaries" erwerben, mindestens mit 150.000 Eintragungen, damit es sich lohnt. Auch ein Synonymwörterbuch kann nicht schaden, dort „thesaurus" genannt, meist zum Preis eines Taschenbuchs. Und braucht man es nicht mehr, findet sich bestimmt jemand im Kollegenkreis, der es gerne abnimmt.

Ist man in den „european headquarters" tätig, so wird, wie bereits erwähnt, natürlich auch mit den anderen Ländern in Englisch kommuniziert. Hier wird sehr schnell offenkundig, dass Europäer in der Kommunikation mit ausländischen Kollegen einen wichtigen Vorteil genießen: Als Fremder ist man selbst viel eher in der Lage, typisch italienisch gefärbtes Schulenglisch oder das eines Franzosen zu verstehen als ein Amerikaner. Man wird hier also als Bindeglied für eine einfachere Verständigung benötigt. Amerikanische Unternehmen sind im Allgemeinen im Hinblick auf Organisation und Verfahrensweisen sehr flexibel, die kurzfristige Anpassung an neue Marktbedingungen sorgt häufig für Veränderungen.

Verfahrensweisen werden als sogenannte „policies" festgeschrieben; dazu kann die Dienstwagen- und Reisekostenregelung genauso zählen wie Bestimmungen über den Umgang mit Regierungsstellen oder mit Wettbewerbern. Da „policies" häufig von Juristen oder Verwaltungsfachleuten verfasst werden und rechtlich bindenden Charakter haben, sind sie meist umfangreich und kompliziert formuliert. Wichtige „policies" werden allerdings – auch wegen der rechtlichen Relevanz – häufig in die jeweilige Landessprache übersetzt.

10.14 Mit E-Mail das Beste aus dem kleinen Zeitfenster nach USA machen

Die Organisation eines amerikanischen Unternehmens wird in Form eines Organigramms verdeutlicht, also mit grafischen Kästchen dargestellt, in denen Namen und Funktionen stehen. Sie werden mit durchgezogenen oder gepunkteten Linien („solid line, dotted line") verbunden, die funktionale und fachliche Abhängigkeiten beleuchten und aufzeigen, wer an wen berichtet.

Damit wird auf grafischem Wege versucht, die teilweise recht komplexen hierarchischen Zusammenhänge innerhalb der Organisation möglichst einfach zu präsentieren. Natürlich finden Sie das auch in deutschen Unternehmen. Der selbstverständliche Umgang damit einerseits und die Hilflosigkeit ohne diese Struktur andererseits kennzeichnen allerdings den typischen amerikanischen Geschäftsmann. Er will wissen, mit welchen Leuten in welchen Positionen und Hierarchieebenen er es beim Geschäftspartner zu tun haben wird. Als deutscher Kollege sollte man diese Informationen verfügbar haben. Besonders weil man sie letztendlich auch selbst benötigt.

Auf Titel innerhalb der Organigramme soll nicht weiter eingegangen werden, aber auch hier gibt es typisch amerikanische Ausprägungen und darüber hinaus unternehmensspezifische Gepflogenheiten. So wird der Geschäftsführer im Allgemeinen „General Manager" genannt, was in England dem „Managing Director" entspricht. Es ist empfehlenswert, sich eine einfache Gegenüberstellung mit den unterschiedlichen Bezeichnungen zu machen, vor allem dann, wenn die geschäftlichen Kontakte nicht nur in Deutschland, sondern in ganz Europa bestehen. (Siehe auch: Oluf F. Konstroffer: „American Job Titles – und was sie bedeuten".)

Da das amerikanische Geschäftsgebaren immer von einem „sense of urgency" geprägt ist, was einem fast zwanghaften Gebot zur Eile entspricht, spielt die moderne Kommunikationstechnik natürlich eine Schlüsselrolle bei der Informationsübermittlung. E-Mails sind intern und extern an der Tagesordnung.

Meist wird davon ausgegangen, dass der Mitarbeiter auch auf Dienstreisen seine Mailbox leert, Führungskräfte werden das einmal am Tag auch im Urlaub tun.

Durch „electronic mail" lässt sich außerdem eines der größten Probleme bei der direkten Kommunikation mit der amerikanischen Muttergesellschaft lösen: Das relativ kleine Zeitfenster zwischen hiesiger Bürozeit und der in den USA, das bei normaler Arbeitszeit nur etwa drei Stunden beträgt, kann dadurch ausgedehnt werden, dass die Informationen zeitversetzt ausgetauscht werden. Schickt man am Feierabend seine Informationen über E-Mail in die USA ab, so kann dort noch einen halben Tag damit gearbeitet werden. So liegt möglicherweise bereits eine Antwort in der Mailbox vor, wenn man hier am nächsten Tag ins Büro kommt.

In jedem Falle sollte man es sich zur Gewohnheit machen, und dies gilt nicht nur bei der Kommunikation mittels elektronischer Medien, für ein Thema alle Informationen auf eine Seite zu beschränken und dabei die Zielsetzung oder das Ergebnis bzw. die resultierenden Aktionen klar zu umreißen. Besonders amerikanische Manager stellen sich häufig auf den Standpunkt, dass etwas, was sich nicht schlüssig auf einer Seite unterbringen lässt, noch nicht genügend durchdacht ist. Dabei darf man im Überschwang der einfachen Multiplikationsmöglichkeiten der Information natürlich die Verteiler nicht über Gebühr aufblähen, so dass sie nachher den Großteil der Information ausmachen. Das Ein-Seiten-Prinzip gilt grundsätzlich für das Dokument mit Verteiler.

Lassen sich nicht alle Informationen auf einer Seite unterbringen, so sollte man auf der ersten Seite alle entscheidenden Fakten bringen und auf beigefügte Anhänge verweisen. Die heißen dann „appendices" und werden üblicherweise nach Sachgebiet mit Buchstaben durchsortiert. Der Einzelne heißt einfach „appendix".

11. So werden Sie in der amerikanischen Unternehmenskultur Erfolg haben

Woche für Woche können Sie in den Stellenanzeigen der großen deutschen Tageszeitungen die Chancen zum Einstieg in zahlreiche Tochtergesellschaften von US Corporationen oder auch deren Headquarters in Deutschland und Europa finden. Wenn Sie einmal nur ein gutes Dutzend solcher Anzeigen vergleichend auswerten, dann werden Sie feststellen, dass die Anforderungen an die persönlichen Eigenschaften der jeweils angesprochenen Zielgruppe beinahe deckungsgleich sind. Wir wollen diese Punkte im Folgenden noch genauer beleuchten. Nur so viel vorab: Sie sollen auf jeden Fall der Typ von Mitarbeiter oder Manager sein, der/die deutlich mehr leistet als das Übliche. Ob 36, 38 oder 40 Stunden Arbeitszeit pro Woche, das darf für Sie kein Thema sein. Sie arbeiten so lange, bis die Aufgaben termingerecht erledigt sind. Sie identifizieren sich voll mit den Zielen des Unternehmens und setzen sich ohne Wenn und Aber für „Ihre" Firma ein.

Amerikanische Unternehmenskultur in Deutschland und Europa präsentiert sich etwas anders als die eines „typisch" deutschen, französischen, britischen oder italienischen Unternehmens, selbst bei enger Auslegung und strenger Beachtung lokaler arbeitsrechtlicher Bestimmungen.

Gott sei Dank gelingt es intelligenten und zielstrebigen Menschen immer wieder, sich gestalterische Freiräume zu erschließen. Sie haben erkannt, dass es ohne Arbeiten kaum eine echte Selbstverwirklichung, wenn Sie so wollen „Glück", gibt. Hier sprechen wir vom Erkennen und Nützen von Chancen, die in den meisten Unternehmen, gleich welchen nationalen Ursprungs, in Fülle vorhanden sind.

In US-Unternehmen kann man einen etwas robusteren Umgang mit bürokratischen Hemmnissen beobachten. Sie bieten ohne irgendwelche Scheu oder Berührungsängste herausfordernde Aufgaben an, immer auf der Suche nach Mitarbeitern, die sich offen zu ihrer Leidenschaft, „etwas schaffen zu wollen", bekennen und in einem leistungsfordernden und -fördernden Klima vorankommen wollen.

Vorausgesetzt, Sie haben mit dem Abschluss Ihres Studiums bewiesen, dass Sie konkrete Aufgabenstellungen innerhalb einer bestimmten Zeit zu einem guten Ergebnis führen können, oder Ihr Werdegang zeigt, dass Sie in Ihrer Berufspraxis spezifische, verwertbare Kenntnisse und Fähigkeiten erworben haben, dann werden es immer wieder einige herausragende persönliche Eigenschaften sein, die letztendlich den Ausschlag für Ihre weitere Karriere geben können.

Was wir im Folgenden kurz summieren wollen, hat natürlich nicht nur für die amerikanische Unternehmenskultur Gültigkeit, hier jedoch besonders, da die Stärken und Schwächen eines Mitarbeiters oder eines Teams in einem auf „bottom line" ausgerichteten Umfeld schneller zur Wirkung kommen und positive bzw. negative Veränderungen zur Folge haben.

Die persönlichen Anforderungen an Bewerber für Fach- und Führungspositionen, die Sie am häufigsten in Stellenangeboten von US-Firmen finden können, sind:

11.1 Einsatzbereitschaft, Leistungs- und Ergebnisorientierung

Das bedeutet für Sie, dass Ihr zukünftiger Arbeitgeber Sie in allererster Linie danach beurteilen wird, ob Sie Ihre Aufgaben im Rahmen der Unternehmensziele und innerhalb einer zeitlichen Vorgabe mit Freude, Dynamik und auch Kreativität anpacken und erledigen. Wenn das nicht innerhalb der 40-Stunden-Woche möglich ist, dann sollten Sie die erforderliche zusätzliche Zeit aufbringen und als Investition in Ihre berufliche Entwicklung betrachten. Gleichzeitig bieten Sie so Ihrer Firma einen sehr guten Service – und das ist es, was man von Ihnen erwartet. Dabei muss Ihnen klar sein, dass Ihr hohes Maß an zeitlichem Einsatz alleine nicht ausreichend sein wird. Angestrebt werden Ergebnisse, also das, was unter dem Strich herauskommt. Ihr ganzes Tun und Handeln muss sich unter der Rubrik Kosten/Nutzen positiv bewerten lassen.

11.2 Flexibilität, Mobilität

Auf diesem Themengebiet sollten Sie gut und stark genug für zwei Eisen im Feuer amerikanischer Unternehmenskultur sein. Unternehmen, deren Aktien an der Börse gehandelt werden, sind in den USA zu Quartalsgeschäftsberichten verpflichtet. In der Praxis ergibt sich daraus für Sie, dass Sie sich mit kurzfristigen Änderungen innerhalb des Marketings, des Vertriebs, des Sortiments, der Preispolitik oder auch mit Kostensenkungsprogrammen konfrontiert sehen, die Ihre Arbeit ganz entscheidend betreffen können.

Sie müssen, um erfolgreich agieren zu können, die Notwendigkeit zu Veränderungen möglichst frühzeitig erkennen, als neue Chance begreifen und nützen. Flexibel zu sein bedeutet auch, sich selbst und das, was man geleistet hat, kritisch zu hinterfragen und gegebenenfalls einen neuen, sehr oft auch etwas steinigen Weg einzuschlagen.

Mobilität, nicht nur die geistige, sondern auch die physische – damit haben viele Bewerber so ihre Probleme. Wer beruflich vorankommen will, darf nicht festsitzen. Wer eine Chance nur dann als solche begreift, wenn sie sich in München oder Hamburg ergibt, der sollte da bleiben, wo er ist, und versuchen, mit Immobilität über die Runden zu kommen. In US-Unternehmen sind die Anforderungen an die Mobilität der Manager sehr hoch. Versetzungen im Rahmen von Job-Rotation oder Personalentwicklungsmaßnahmen sind für Tüchtige nicht nur ganz selbstverständlich, sondern hoch willkommen. Das kann Stationen in unterschiedlichen Produktionsstätten oder Vertriebsgesellschaften in Deutschland und Europa zur Folge haben, es kann Sie auch ein Ruf in die Zentrale nach USA erreichen. Wer hier mit Hinweis auf heimatliche Verwurzelung oder unlösbare familiäre Probleme ablehnt, der wird bei seinen amerikanischen Partnern den Eindruck erwecken, dass auf seiner beruflichen Prioritätenliste einiges durcheinander geraten ist. Er wird schon bald nicht mehr in der ersten Mannschaft spielen. Wer sein Privatleben nicht im Griff hat, gilt schnell als unsicherer Kandidat für Managementfunktionen, insbesondere internationale.

11.3 Zuverlässigkeit

Dieser Begriff wird in vielen US-Firmen oftmals etwas weiter ausgelegt, als hierzulande üblich. Dass man sich auf Sie verlassen kann, das sollte selbstverständlich sein. Aber nicht in dem Sinne, morgens pünktlich um 8 Uhr zu erscheinen, um dann pünktlich um 17 Uhr das Haus zu verlassen. Sie zeigen auf Ihrem Weg nach oben, dass das Unternehmen mit Ihnen beim Auftauchen unvorhersehbarer Probleme rechnen kann. Sie haben das folgende Ranking akzeptiert: Zuerst kommt der Kunde, dann das Unternehmen, auf Platz drei der Mitarbeiter. Sie sind also zuverlässig auch dann für das Unternehmen da, wenn es notwendig sein sollte, ein Wochenende zu opfern oder einen Urlaub zu verschieben. Und: Ihr Name sollte im Zusammenhang mit Fehlzeiten keine Rolle spielen.

11.4 Teamgeist

Sie sollen Verantwortung übernehmen, leistungsstark und ergebnisorientiert handeln, Flexibilität sowie Mobilität mit Zuverlässigkeit verbinden und jetzt auch noch teamfähig sein – funktioniert das denn? Sehr gut in der amerikanischen Unternehmenskultur. Ob als Mitarbeiter mit Verantwortung für einen Geschäftsbereich oder als Gruppenleiter im Finanz- und Rechnungswesen – Sie werden die Leistungen, die mit Teamgeist unter Nutzung der individuellen Stärken jedes einzelnen Teammitglieds erbracht werden, zu schätzen wissen. Auch als Teamleader sind Sie, aus einer anderen Perspektive betrachtet, Teamplayer. Sie haben kein Problem damit, Ihren Vorgesetzten mit dem Vornamen anzusprechen, und Sie haben Freude daran, dass Ihr Team Sie beim Vornamen nennt. Sie sind der effiziente Teil eines hart arbeitenden Teams, das auf positive Ergebnisse ausgerichtet ist und deshalb auf Ihre Impulse, Ihre Leistungen setzt. Das führt uns zum letzten Punkt:

11.5 „Hands-on Management Style"

Sie kommen vielleicht aus einem streng hierarchisch durchstrukturierten Unternehmen, können mit verschiedenen komplexen Organisationsformen gut umgehen, wissen, wie man sich unter Beachtung der meist ungeschriebenen Gesetze bewegen muss, um niemandem auf die Füße zu treten, und jetzt das: Sie stehen in einem amerikanischen Großraumbüro und Sie fühlen sich etwa so hilflos wie bei dem Versuch, die Ablauforganisation eines Ameisenhaufens aus dem Stand treffend zu beschreiben.

Was Sie hier erleben, ist ein Team in Action. Den Teamleader werden Sie auf den ersten Blick nicht als solchen identifizieren können. Er sitzt meist wie seine Mitarbeiter am PC, braucht keine Sekretärin, die ihm eine Telefonverbindung herstellt, und er kann seine Hände selbst zum Bedienen eines Kopierers funktionstüchtig einsetzen.

„Hands-on-management" – das ist die Forderung einer Unternehmenskultur, in der wenig Platz ist für Menschen, die gerne über allem schweben. Schlechte Zeiten auch für Dampfplauderer, Heißluftproduzenten, Statusanhänger oder die guten alten Frühstücksdirektoren. Gefragt sind Führungskräfte, die mit gutem Beispiel vorangehen und bei allen analytischen, planerischen, konzeptionellen und strategischen Aufgaben und den hohen Anforderungen an ihre Durchsetzungsfähigkeit das Tagesgeschäft nicht außer Acht lassen. Sie wissen doch: Der Monatsabschluss und das Quartalsende kommen schneller, als mancher denkt.

Wenn Sie neben diesen Eigenschaften eine positive Grundeinstellung, Vertrauen in die eigene Schaffenskraft sowie eine gesunde Portion Mut und Ehrgeiz mitbringen, dann wird Ihr beruflicher Erfolg zum Greifen nah sein. Denn in den Tochtergesellschaften der US-Konzerne, die sich trotz der augenblicklichen Standortprobleme entschließen, in Deutschland zu investieren, werden Sie ein gesuchter Mitarbeiter, eine gesuchte Mitarbeiterin oder auch der gefragte Manager sein.

Tragen Sie mit dazu bei, dass der Standort Deutschland bei allen Problemen, die sich mit diesem Stichwort verbinden, attraktiv bleibt, besser: noch attraktiver wird, für unsere Freunde jenseits des Nordatlantiks.

Man wird offen mit Ihnen sprechen und keinen Zweifel daran lassen, dass man mit Ihnen Erfolg haben will. Wollen wir das nicht alle? „The rules may be different, but success is the name of the game." – Dieser Satz bringt es auf den Punkt.

Teil II

12. American Corporate Culture and its Influence on German Managers

If you are expecting a scientific study as the basis of the following discussion, then I am afraid I must disappoint you; I do not do so gladly, but still, with the wink of an eye. I would like to present examples from my own experience which demonstrate how dreams and goals can change the self-image of colleagues, their motivation and trust in the employer, and what results this process can lead to. Experiences you can latch onto, which can – and hopefully also will – transport you "into the picture" more quickly and directly.

Not too long ago I received a phone call from a managing director of a very well-known corporation (part of a larger concern), who asked for my assistance in finding training programs on the subject of cross-cultural differences, in particular regarding Germany and the USA. The goal sounded something like this: how can we put our German managers in a better position to understand their American colleagues, or in the context of a planned matrix organization, their supervisors in the USA. The unspoken thought behind this was: we want to make clear to the Yanks why many things, if not everything, works differently for us in Germany and that they should let us continue to do things as we have been used to.

As the author of the reference book "How to be Successful Working for U.S. Corporations in Europe", I represented for the caller a partner who should help him deal with the problems inherent in the planned joint venture that everyone had been afraid of. Sure enough, several months later, the well-known German company name had disappeared – the first visible sign of change. In its place came a name someone had thought up with an impressive, international ring to it, the American partner had kept the upper hand in choosing the location, the corporate headquarters had been and would remain in the USA.

I arranged a meeting with the managing director, at which he would also gather together a small selection of executives, including the head of human resources. Before this meeting it was already clear that grave changes were in the air, which were naturally viewed by those affected with mixed feelings, and which from the very start were deemed by certain other parties as a disaster.

The first impression I got at this meeting was one of great uncertainty. From the questions I posed in an effort to encourage them, I could see that those I was speaking with had obviously lost their bearings. They seemed like wanderers who had lost their way and who were searching in vain for markers and signposts that would send them in the right direction, back toward their dear homeland.

The first hurdle to overcome developed as the sobering recognition that the German firm – adorned with old traditions and many remarkable achievements and discoveries – had been left behind. An acceptance had to grow for the fact that a German-American firm had arisen that needed to gain its own profile in order to do the best possible job of placing combined German-American services and products on the market, by looking for possible synergies. Astounded and shocked, the employees realized later that they had changed companies without ever leaving their old workspace.

The first noticeable results for the corporate culture: over the years, in this sample corporation (if you can accept it as a mirror of our German society), a tendency toward over-regulation had come to prevail that served a corresponding braking function for the different, mostly organizational changes. The whole corporation was tightly constricted by bargaining agreements, rules (written or unwritten), regulations – and there were forms for everything. Well, OK, everything is perhaps an exaggeration: going to the bathroom did not require administrative action at the corporate level. Now just imagine the entire organization under the protection of a collective bargaining agreement and German Employment Law. The entire work process is analyzed and designed from the standpoint of being oriented toward the employee; what service the customer is losing out on or how customer service can be optimized, that plays a decidedly secondary role. Nevertheless, the company had a very good reputation in the market, due to its specific competencies, and the results were good. Better ones might have been possible, but why go the extra mile? There was no convincing answer for that, so everything continued to run as always.

Now the Yanks popped up. First on the phone, then in person. Without much warning, without prior notice. That was already a break with tradition. Every division leader was used to having at least a week's notice when meetings were arranged. That shows the colleagues on the second floor how busy and important you are.

The Americans sent a few young MBAs and Industrial Engineers to Germany, who were to get an initial impression of the organizational structure and make a preliminary analysis. The task was very complex, due in part to the breadth and depth of production, so those who had been sent to Germany saw it as a foregone conclusion that they would have to use Saturdays and Sundays as work days in order to stay on the tight timetable that they had been sent on. That was an additional break with corporate culture – working on Saturdays? Not without the consent of the employees' council! Sundays? No way!

Because the typical American sees rules and regulations as something to challenge or disobey, they naturally worked right through the weekend. So by then at the latest it was clear to everyone that a new wind was blowing through the company. Those who recognized this first as a sign of the times also appeared at unusual times and supported the analysts. Those in positions of responsibility who did not report on the weekend were already taking steps to the side. Naturally there are also regulations in the American corporate culture, even a whole lot of them. But above everything hovers a "sense of urgency", everything usually takes place with great flexibility, marketing and sales measures tend to be formulated and carried out on short notice, everyone knows why they are on board: to fulfill the wishes of the customer and to realize profits for the firm.

Differences are also apparent here. German employees often do not know whether or to what degree the employer is making a profit. And the knowledge that everyone in every function can contribute to the profitability of the company, even must – this recognition is unfortunately not too widespread.

In our sample firm, the next shock came like a stroke of lightening out of the blue: leaders of various areas were invited by fax on a Friday to take part in meetings at 10:00 am Monday morning at the headquarters on the U.S. East Coast, which were planned through Tuesday afternoon, so that the German managers could fly back to Frankfurt in the evening, where they would be expected at 2:00 pm, after a two-hour drive, because certain reports had to be turned in by Wednesday at 2:00 pm U.S. local time, or by 8:00 pm in Germany. Quite naturally the Germans felt as if they had been hit in the head, the employees' council was in a furor, all to no avail. Those who saw this challenge as an opportunity were already on the path toward success in this transitional corporate culture. The leader of one area, taking the stance "you can't do this with me," sent a fax to the United States stating that for this or that reason he could not appear in the U.S. Two things can happen at this point: the quick dissolution of the employment relationship through a parting agreement and compensation, or the candidate, now judged as being incapable of teamwork, is left to simmer on the waiting bench until he himself takes the initiative to change. He is no longer invited to meetings, and in our case, the noticeably younger assistant became the clear winner.

These are only some of the more prominent changes that took place in the everyday work culture experienced by our company. Shortly thereafter the newly formulated mission statements, the paths toward reaching goals, the plans for the short run, and the expanded product portfolio were presented. Many workers who had previously been blocked for many years suddenly got in gear and showed what they were made of. They were supported and promoted according to their performance. Slowly but surely the climate changed toward more flexibility, initiative and performance, so that customers increasingly decided in favor of the company's products and services, thus strengthening its competitiveness, securing jobs, and creating new ones.

13. Why Are We So Preoccupied with the American Corporate Culture?

When you interview aspiring management candidates for the German subsidiary of an American corporation as a personnel advisor or executive search consultant, it is a good opportunity to get acquainted with broad and more specific perceptions and prejudices about "the Americans." What is meant here can be subsumed under the category of corporate culture.

"Hire and fire" – that describes the practice, to be seen more in the USA than in Germany, of deciding very quickly for or against a candidate, and in the USA also deciding for or against a company. For many applicants the concept of "hire and fire" is discomforting, because job insecurity is associated with it. This theme will be dealt with in a separate chapter of this book. This much for now: in Germany, different employment legislation parameters dominate than in the United States – the concept of protection from dismissal is unknown there. So in the U.S. headquarters it can become a source of irritation if one wants to dismiss a colleague who is no longer suitable, and has to overcome the ever-present hurdles. If you have the opportunity to interview with an American-influenced firm, then you should listen very carefully and also be able to read between the lines about what is really expected from you. To think of a specific situation, you would do well not to overdo it with complaints about the workload, etc., because if things are perceived as going too badly during the initial trial period, this can result in you being "fired."

Another point that regularly comes up is the **short-term thought and behavior** that is to be seen everywhere, but which is articulated most clearly in marketing and/or sales. If we are dealing with a U.S. parent corporation whose stock is traded on the open market and judged by investors, then the reason for the **sense of urgency** is close at hand. Quarterly reports of the company's standing play an important role. Have the sales, profit, market share or product introduction goals been reached? How do analysts rate business development, how does the stock respond? If it is clear in the second quarter that the implementation of a concept did not lead to the intended results, then management will spring to action. Proceeding pragmatically and acting quickly, a revised or newly conceived plan will be implemented. What does this require of you? Flexibility is the key word, the ability to react quickly is required, as well as the ability to convince. As a corporate leader you must also get your colleagues inspired about the idea that a project has to be approached on completely different terms.

Shareholder value – this is another favorite theme. "So we should work, so that stockholders can be paid out the highest possible dividend!" is the indignant response of many a candidate. And what is so wrong with that? We must accept, in order to survive in international competition, that corporations of whatever type must aim for profits to secure existing jobs and to create new ones. Whether these remain in Germany will depend on many factors, and many important ones speak in favor of Germany as a place for doing business. The good training of its workers, whether "blue collar" or "white collar", or the fact that our country is not plagued by very many strikes, those are all advantages. However, the high tax burden and the high labor costs in comparison to other industrialized nations act as deterrents to investment. Because these issues speak against Germany, "maximizing profits" must be a goal for all of us, which can only be achieved by permanently optimizing how the underlying organizations run or by continually increasing the degree of automation. What that might mean for existing jobs is also clear. The customer service sector is one example of an area where we have an alternative choice.

Americans are often accused of **naïveté and excessive optimism**, especially when they visit the German subsidiary and unhesitatingly throw themselves into difficult issues. In meetings they present their ideas and sometimes assume with an astounding self-confidence that their success in Germany and Europe will depend on the same factors that have helped them achieve their goals in the United States. If after listening to a presentation, which as a rule is presented in a very professional manner, you are asked for your opinion on what you have seen and heard, the following is expected of you: fairness demands that you give new ideas a chance, positive thinking is required, and that prohibits negative comments. Saying "that has never worked here" may not be wrong, but it will surely not improve your standing with your superiors or the U.S. manager. A colleague is expected to be optimistic, courageous, and prepared to take risks, not to fall back on well-known, secure positions and not even strive toward ambitious goals.

Although we have only dealt with these four themes from everyday practice, "hire and fire", "short-term thought and behavior", "shareholder value", and "naïveté and excessive optimism", it should already be clear: We should also see the positive side in all this, even though it often causes us discomfort, because we are not confident or flexible enough, because we have a problem even uttering the phrase "maximizing profits" without getting a bad conscience or feeling envious.

If you no longer feel comfortable in a firm or cannot bring about the desired results, you should reorient yourself, before this is forced on you.

If you have internalized the fact that at the end of every month, with uncanny regularity, costs will arise that must be paid for with earnings, you will also quickly recognize the advantages of short-term thought, of thinking and acting entrepreneurially, without losing sight of longer-term concepts.

If you still do not comprehend the fact that we do not merely work for our own self-realization or because we have fun doing it, but rather exactly for the reason that we must earn profits for the company, you are still unable to recognize the clear signs of the times. Thinking positively is the first step toward success; whoever lacks the courage to make decisions that bring about change will stand in the way of him or herself and others and be counted among the wary.

All of which leads us to a question that may sound a bit simplistic: does the American corporate culture make us fit, or ruin us? Does it ruin us, because it imposes something on us that we want to prevent at any cost, afraid to relinquish the cradle-to-grave protection we have come to expect? The answer has to be that the exact opposite is the case. If our German corporate culture (if this can even be said to exist) would adopt some American models of behavior, it would make us fit, or well-equipped, for the international, often even global state of competition in which we stand, whether we want it or not. By the way: just as American job titles have come to appear on business cards or in employment ads throughout the world, in the same way considerable elements of the American corporate culture will gain in meaning and influence in international corporations operating in progressive industries and markets. The more we adopt from them, without forgetting our own identity, the better off we will be in an environment of global competition.

14. U.S. Subsidiaries in Germany: Melting Pot of Corporate Cultures?

Every day one can find examples in the German media of American companies that have established themselves successfully in the German market with their products and services. These firms have understood the importance of adjusting to German culture and habits. Marketing, sales, and advertising strategies are indeed based on the experience, strategy and goals of the U.S. parent company, but they are adapted and modified in order to fit German/European circumstances. The American influence is particularly apparent in everyday business operations: hierarchies are often looser, and rising through the ranks seems to be less complicated and can proceed more quickly than in German companies.

Employees in these firms may only occasionally encounter subtle reminders that they are indeed working for an American corporation – they are surrounded by German co-workers and enjoy the union contracts, paid vacations and all the other fringe benefits and perks that come with the German social market system. At first glance you don't recognize any significant difference to any other German organization. A corporation that has incorporated itself into the foreign culture to such a degree can hardly be distinguished from a German company in its everyday operations.

American firms that are intent on being active in global markets have to make an important decision, namely, whether or not to adjust to the cultural and business differences of their "host country". The latter choice would not even occur to any Western European company. If an organization has decided to try to capture local markets by establishing a foreign subsidiary, it will naturally (and necessarily) rank the process of coming to understand the local customs, laws and culture at the top of its priorities. Sometimes this question does not seem as apparent to an American company in the same situation, although one must distinguish between major corporations and smaller companies in this regard.

Smaller companies looking to increase international visibility usually take a different approach to the big players, sometimes due to financial considerations, but perhaps just as often due to miscalculations and unrealistic expectations.

14.1 The Story of Computer Firm X

Let's take as an example a computer firm from the American Midwest. Immediately after its founding in 1985, it experienced fantastic growth. After five years of incredible success with its product, the company employed 500 people and revenue had grown to around $100 million annually. In the domestic market record sales were reached and international customers began to show interest in the product. At first, orders were handled from the U.S., but after a few months it became apparent that the situation warranted a European office. After some research into possible sites, Germany was chosen.

At this point a critical decision had to be made which would have a great influence on this company's ability to blend into the German market and ensure its success. The management of the corporation decided to make the necessary adjustments in order to fit into the German culture. They hired an international business consultant who was highly knowledgeable in German law and culture to oversee the German office from conception to opening. This required both time and money.

The advantage to this particular scenario is that the top management of the company has the insight and understanding to respect the "different strokes for different folks" stance and to recognize this as a major component in ensuring business success overseas. The consultant will be able to communicate to management the important differences in working conditions and laws that the company will have to deal with. With this approach the subsidiary in Germany will most likely be run by locals who will possess basic language skills in English. Recruitment consultants from the U.S. will be surprised to find out that in Germany the preferred vehicle of choice for recruiting is advertising in regional and national daily newspapers. After this process has been concluded, the top management in the U.S. will communicate to their German counterparts the strategies and goals of the home office and trust that they will be adapted to German realities. In an atmosphere like this, the differences between the two cultures will most likely compliment each other; possible conflicts can lead to creative problem solving.

14.2 Mosaic of Different Corporate Cultures

The CEO and Vice Presidents in charge of European expansion can also decide to send some of their employees to Germany, perhaps some of their tried-and-true workers, along with some of their youngest ones. The goal in so doing is to transfer the plans and aspirations of the home office directly to the foreign country, while at the same time keeping costs in check. The American investor understands that Germany is indeed a foreign country with its own mentality, but the general assumption is that the branch office can be run the same way as in the U.S.

14.3 U.S. Expatriates as Managers in Germany

Since the "expatriates" usually do not speak German, at a minimum their closest team members should be fluent in English, so misunderstandings can be kept to a minimum.

Even though the leadership in this company will likely first and foremost be interested in pleasing the home office and following their directives, this situation presents good opportunities for well-educated, English-speaking Germans to make a name for themselves and to lay the groundwork for future career possibilities. There are numerous examples of American companies that have put some of the responsibility in German hands after a few more or less successful attempts to run things with their own teams. Since this step will be accompanied by a healthy dose of skepticism, the German candidate will preferably be picked from within the company's own ranks or from another American subsidiary in Germany. These types of American-run companies are certainly a challenge for the German applicant, but they also provide an excellent environment for gaining a track record in flexibility, teamwork and performance. It is also very important for the German manager to keep the work ethic of his or her American counterparts in mind, who, for example, may be shocked to find out that 25 to 30 days of paid vacation are the norm in Germany. Colleagues in the U.S. office will most likely be looking at no more than 2 weeks of vacation after a year with the company.

An American company does not have to give up its American identity altogether in order to be successful in the Federal Republic of Germany or any other European country. The Management will, however, have to be aware of the fact that Germans and other Europeans often march to a different drummer.

The interaction of conflicting cultural expectations can create a corporate culture that can neither be called German (or French, Spanish, Italian, etc.) nor American. A German company like this, for example, will bring together the nonchalant ways of American management and the famous sense of perfection and reliability of Germans, which will lead to a symbiosis that goes beyond any label of being German or American.

On October 27, 1976, Jimmy Carter said in a speech in Pittsburgh, Pennsylvania: "We become not a melting pot but a beautiful mosaic. Different people, different beliefs, different yearnings, different hopes, different dreams."

With this in mind, you should find out before applying whether your possible future employer is a German subsidiary of a U.S. firm, the extended arm of the home office, or a German-American venture with its own mixed culture. In the latter case, one could speak of a mosaic of corporate cultures, especially if more than two nationalities join forces.

In these mostly smaller companies, flexibility and open, direct teamwork is the rule; hierarchies can be passed through much more rapidly, since dedication, hard work, and a certain willingness to take risks are not only expected but also recognized and rewarded. In this sort of environment it is not unusual to be promoted twice in a single year and to be entrusted with bigger and more challenging projects.

Looking at the professional background of such successful people, it is very interesting to note how they differ from their counterparts in German companies. In an American company, the applicant does not have to hold a graduate degree to enter a successful career in Controlling or Marketing. Are you familiar with Royal Little's remark from the Best of Business Quarterly in 1987?: "You don't need an MBA from Harvard to figure out how to lose money". This quote reflects the less complicated approach of U.S. managers, who will also open the corporate door to people from different backgrounds, and allow them to climb the ranks. Of course, this involves certain potential risks for both the company and the employee.

Those who are looking for a challenge in today's increasingly globalized economy will find interesting career possibilities in German subsidiaries of U.S. companies, where they can be integrated into international teams that think and act beyond previous boundaries. Those who thrive in this environment have already passed the test for further career advancement.

15. Who Is Number One in American-Influenced Companies?

If you come from a "typical" German firm, you will perhaps answer that this must mean the managing director, the board of directors, or the owner. Maybe you come from a company in which the workers see themselves as being "number one," which will also be evident in the catalogue of demands they make on management.

Naturally, the customer is number one. The customer's orders are the very things that enable us to work, to calculate, and to earn. As simple as it may sound, this must be stressed over and over again in Germany, a country which numerous well known magazines have characterized as a ‚service desert': the customer has the final say as to whether what we deliver is all right and whether it meets his or her approval. The money that we spend on wages, rent, etc. comes from the customer. Does the customer not have the right to be treated in accordance with his or her role and significance?

Just go to an outlet of a large grocery store chain, and make it 15 minutes before closing. The man or woman at the checkout counter will not seem especially glad that you decided to show up "late", on the contrary, he or she will loudly call your attention to the fact that it is almost closing time. So you have to hurry so that you can have the privilege to drop your money at the cash register as fast as possible – and not a minute later. If you show up at other times during the day, you won't have any reason to be happy, either. In other words, you can count on being treated in a more or less unfriendly manner.

In large department stores we have already heard the saying: "The last one to look the other direction is the loser". This refers to the salesperson, who is then to be pitied as the victim of a customer.

What, you think this is exaggerated? Just fly to the United States sometime and go shopping there, no matter what it is you need. And then come back to Germany and compare. Then you will know what we are talking about.

Whether you are in a restaurant, at the baker's ("We are working here, not on the run!"), or at the butcher's – again and again you feel more like a beggar than a customer.

15. Who Is Number One in American-Influenced Companies?

When *Wal-Mart* set about to conquer the German market, it was first necessary to explain to the workers in the supermarkets that had been taken over what the company saying, "Our people make the difference", really means: the customer is number one. Customer service – that is the most important point in the catalogue of guidelines of a successful company. The terms 'external and internal customers' have, meanwhile, also caught on in the German corporate culture. U.S. subsidiaries just tend to apply customer service – or better, service to the customer – more broadly. Mere lip service in this regard leads nowhere: customer service must be lived. From each individual in the company.

You will be successful in your career if, as an employee or manager of a U.S. subsidiary, you ask yourself again and again what your customer would like and how you can exceed his or her expectations: in quality, service, dedication to meeting deadlines, and the dependability of your word and your prices. You need to answer the question as to what else you can do to get the customer to come back again. And you will also need to be prepared to go the extra mile, which is sometimes necessary in order to fulfill the wishes of the customer.

So if you apply to a company in Germany or Europe that explicitly stresses being oriented toward the customer in its statement of corporate principles, then that already says a whole lot about their expectations of you. You will learn a great deal, mostly in project teams, that will help you advance both personally and professionally. And you can demonstrate that there is nothing to the cliché "Germans would rather serve a machine than another human being". With a dedication to service and the customer, which you must give life to day in and day out, you will have above-average success, especially in a company in the service sector. If a customer wants to see you in your company or at his or her own place of business, then phrases like "I'll be on vacation then, that's my wife's birthday, I will be at the dentist's then, or that evening is open house at school" etc., will not pass your lips. You will have grasped and internalized that the customer is number one. That will guide your professional life, steer your attitude and behavior, and it will – if you consistently and systematically follow your goals with intelligence, analytical skills, empathy, and the capacity for learning – bring you advancement.

And you, too, can achieve this, you must only want to.

16. What's So Great about the American Way of Life?

Close your eyes and imagine yourself in a car on your way to an interview with an American company. You know that one of the people you are going to interview with is an American. How do you picture him? Tall, looks like a football player, has a typical GI hair cut, chews gum, his suit looks kind of funny (the trousers are too short), he has a big smile on his face, and sips on a large coke.

The likelihood that the interviewer will look like this is very small. Nonetheless, the presence of so many GIs in Germany after the war created this pervasive image of Americans that still exists today for many Germans. In recent years, American clothing has become more fashionable, more European. This does not mean that Americans have become more European. Their values and their way of life are still very different to the European version, which sometimes makes it hard for Europeans to deal with Americans. One example relates to clothing again: in Europe it is not unusual for women in higher positions to wear trousers to work. Until recently this was unacceptable in the U.S., except in states with a very cold climate and two feet of snow on the ground.

This chapter will try to draw an objective picture of Americans and the American Way of Life. However, just as the American countryside varies from region to region, so do the American people. Hence, there will always be people who don't fit these general descriptions.

16.1 Americans and Religion

In recent years European churches have lost a large share of their members. In the U.S. a comparable trend is not noticeable. If membership has changed at all, it has increased during this time. In Europe, the number of denominations is far smaller than in the U.S., where it is not unusual to find nine pages of church listings in the Yellow Pages a town of approx. 250,000 people.

Whereas Europeans tend to stick with their baptized denomination, Americans are willing to change denominations or churches if they do not like their priest, their church community, etc. The fact that Americans are comparatively less loyal to their particular church stems from the fact that they have a different expectation of church and a different relationship to their denomination. Already the language reflects this difference. Americans ask what church you go to and not what denomination you belong to. Being a member of a church is more important here than it is in Europe, since churches take on an important social function in the U.S. The church community provides its members with a pool of potential friends and a place to find support and comfort. In Europe, these functions are taken over by clubs, neighbors, and colleagues. Consequently, instead of attending get-togethers with their clubs, Americans attend church or church picnics. Since Americans tend to change jobs and move more often than Europeans, the church community is one of the more stable elements in their lives.

While in Germany the government deducts monthly "church taxes" (a fixed percentage of the income of employees belonging to a denomination), American churches have to finance themselves, mostly through the donations of their loyal members. In order to be a member of a church it is not necessary to be baptized into the denomination, but to attend services and participate in other church activities. Besides these obvious differences, the average American is also more religious than the average German.

This greater religiousness goes back to the founding fathers of this country, who were religious, but also freedom-loving. As a consequence, religion and state are separated, and as a general rule no citizen should be imposed upon by a certain belief. Thus, school prayers are a very controversial issue. Nevertheless, each American coin carries the imprint: "IN GOD WE TRUST," and at official events like the opening of a legislative session, the inauguration of the President, or commencement ceremonies, a neutral prayer is said in order not to offend members of other denominations. This greater trust in God or some other superior being helps explain a more conservative attitude in the general public.

16.2 Americans and Volunteering

As already mentioned, churches finance themselves through the donations of their congregations. Consequently, the church relies more on voluntary contributions to make its services possible. But these voluntary activities are not limited to the congregation. American churches and other non-profit organizations provide social services, such as homeless shelters, soup kitchens, and clothes, which in Germany are provided by the government. Volunteers collect money in their spare time, or actually help to provide the necessary services. Other organizations which are heavily dependent upon the help of volunteers are hospitals, retirement and nursing homes, as well as libraries. Furthermore, many volunteers donate baked goods and hand-crafted items to non-profit organizations to raise money.

In general, members of all societal and age groups join the large pool of volunteers. The strong willingness to help those in need might go back to the days when settlers were homesteading the country. In those days many would not have survived without the help of others.

16.3 Hospitality and Family

Another stronghold of the American society is its hospitality. This is not only true for invitations for a meal, but also for an overnight stay. You should not overuse it, but in general you can count on an invitation to stay with friends. If you are invited for a meal, a cocktail, or dinner party, it is not customary to bring flowers for the woman of the house, but you might consider bringing a bottle of liquor (wine, etc.) or offering to contribute a dish to the meal. Once you've stayed with someone or joined someone for dinner, you should send a little thank you note, something not that common in Germany.

16.4 The Family

When Europeans think of American families, they first tend to think about their high divorce rates, and conclude that Americans have no strong family bonds. Despite the high divorce rate (about 50%), Americans actually tend to have stronger family bonds than the average German (not to mention that the German divorce rate is approaching American levels).

In general Americans get married at an earlier age than Germans. It is rather common to "tie the knot" after graduating from college at age 23. Contrary to developments in Germany, it is considerably less likely for un-married couples to live together for an extended period of time. The typical American family includes two children, but those with three are also still frequent. In general, the American society is more open to the needs of children. Everyday life provides several examples.

Most parents try to make the lives of their children as pleasant and easy as possible. Children are not considered a burden, but they represent the future of the country and they are treated accordingly. One example of this attitude is that children who live more than two miles away from school generally get picked up close to home by a school bus (if their parents desire), which takes them to school and back. To prevent accidents, it is prohibited to pass a school bus from either direction when children board it. Moreover, adults volunteer as crossing guards to further safeguard the students' way to school. In general, schools emphasize the personal development of children. Thus, in lower grades, effort is oftentimes considered more important than actual results. Additionally, the absence of different types of schools prevents the kind of pressure imposed on German students in elementary school. There, most parents want their children to achieve high grades in order to be admitted to the Gymnasium (the highest form of school, which leads directly to a diploma, the *Abitur*, which allows students to attend the university), starting at grade 5 or 7 (depending on the federal state). In America there are, by the way, other types of schools that are unusual to Germans. More than twelve percent of all students in the US attend private schools, which often have higher academic expectations. In addition, there is a growing trend toward home schooling, where a parent acts as his or her child's teacher, particularly in the elementary years. While the number of home-schooled children still remains small, the development of this type of schooling, which is officially sanctioned by individual states, demonstrates again the extent to which Americans are allowed to follow their own individual convictions – religious or otherwise.

Many Americans develop great pride in their families and children. Most parents with financial means will support their children while they are in school and college. Spending between $2,500 and $22,000 a year on a college education represents a considerable sacrifice for many, but it is reasonable considering American attitudes about family values. In almost all cases the students will contribute at least some of the money through scholarships, fellowships, or work. Already in high school many kids take jobs to supplement their allowance.

Generally, the parents' support of their children is expected, but honored. For example, at graduation ceremonies the president of a university honors the support that parents and families have extended to the graduate.

Thus, the graduating class first applauds their families before the families applaud their children's achievements. It is not unusual for parents to come from hundreds of miles away to attend this exercise, called commencement.

Indeed, the American society as a whole is more open to and appreciative of children. For example, it would be hard to imagine that an apartment complex might prohibit children but still allow dogs. Restaurants are well equipped to accommodate the little guests. They not only offer special menus, toys, crayons, and coloring books, but also a sufficient number of high chairs. This support is not limited to the immediate family. On holidays like Thanksgiving, family members travel across the country to spend the holiday with their grandparents, aunts, uncles, parents, etc. This way of celebrating Thanksgiving or any other family holiday is not unusual and expresses a strong family bond. This bond is more important than in Germany because of the fast-paced American society.

Although the family is important, the divorce rate has climbed during past years, but even if parents are divorced, children generally have a good relationship with their mothers and fathers. The traditional picture of a family – dad works, mom is at home and takes care of the kids – is no longer valid, notwithstanding the country's conservative attitudes. Today more than half of all women work outside the home. In the beginning the families' financial needs forced women to work. These needs are still a major consideration, but now a changed value system contributes to women's desire to enter the job market. Thus it is helpful that school ends around three in the afternoon instead of around noontime. Trying to balance work and family is one of the biggest challenges for today's American moms. Considering these family values, it is not surprising that successful presidential candidates need to be able to present a happy family life to the American public (e.g.: Gary Hart or Teddy Kennedy, as a counterexample: George Bush). When scandalous affairs arise in this conservative political culture (such as in Bill Clinton's recent problems, or newly surfaced revelations about Kennedy and other presidents), this only tends to increase the scrutiny of new candidates, who are compelled to put up their own family lives as exemplary.

16.5 Business and Service in a Mobile Society

In contrast to German society, Americans are very mobile. If there is a more appealing job opportunity elsewhere in the U.S., a family may sell its house and some of its belongings, pack the rest and move to a new location. Even students are willing to attend universities several hundred miles away from home. For many the anchor in this fast-changing life is the family and/or church. Friendships often have a different meaning than in Germany. While people are in the same place, friendships can be very deep. Once a geographic distance exists, many friendships die.

American mobility is not only evidenced by frequent relocations but also by a willingness to commute to work. This mobility also means travelling for many hours to visit friends for a weekend. In contrast to Europe, the main means of transportation are cars and planes.

16.6 Nothing Lasts

Americans also move to where they think they can make their fortune. It does not matter if this means moving from New York City to Des Moines, Iowa, or from Boca Raton, Florida, to Buffalo, New York. Could this behavior be part of the American gold-rush spirit? It certainly is a sign of courage and a willingness to take high risks. Another characteristic of the American society is that it changes constantly and rapidly. Neither companies nor individuals are fond of very long-term planning. Employees rarely aim to find positions for life. Unfettered by the European culture's tendency toward tradition for tradition's sake, they tend to recognize more that the best way to achieve a goal changes over time. The outdated German system of educating lawyers, for example, which dates back to the days of Frederick the Great, would not have survived in America.

For the American business world this attitude has the advantage that old technologies or methodologies are replaced by newer, more efficient ways. Employers expect their employees to always strive to improve themselves. It is also common for employers to reward employees who were instrumental in developing improvements for the work process. Those who do not keep up with the changing business might no longer be promoted, or, in extreme cases, will lose their job. With regard to private life, this means that some values and attitudes are subject to change. Whereas family and religion are still important cornerstones of the lives of many Americans, party affiliations or the continuation of parents' lifestyles are less permanent.

16.7 Clear Distinction Between Job and Spare Time

This subject heading should not lead one to think that Americans do not socialize with their colleagues outside of work, which they do. It is even typical to be informally invited to each other's weddings. It also does not mean that there are no after-office activities, such as bowling, barbecues, or picnics. Instead, the heading implies more that employees do not take advantage of office resources for private purposes as in using private calling cards rather than office phones for personal long distance calls.

The distinction between job and spare time also means that Americans dress appropriately for work. Except for especially defined circumstances, it is generally unacceptable for employees in leadership positions to come to work in jeans and T-shirt, as has become popular in Germany in recent years. With the growing importance of the Information Industry this situation is beginning to change: computer firms are often run by unusually young executives who encourage a non-conformist office culture.

Finally, ethics codes exist and are followed. The concept of honor codes starts at the university level. Once students join a university they subscribe to the institution's honor code that prohibits plagiarism or copying in exams. In contrast to Germany, where it almost seems to be a game to violate similar rules, an American professor can leave an exam room, and students will continue to work on their own without any outside help. If a student is caught cheating, the case will be judged by peers and administrators at an honor court; in extreme cases, the student may be expelled from the institution. This behavioral pattern continues to be valid on the job, and one of the honor rules is: do not use significant company property for your personal benefit.

16.8 The Work Attitude

Generally, Americans have a different attitude toward work than Germans. Work is not just a necessity but an occupation that takes up a large portion of one's life, which should therefore be enjoyable and contribute to one's self-realization. For this reason young Americans try to find out as much as possible about the activities of their potential employers to see how well these will be in synch with their own interests. This general attitude is also reflected in a prevailing pattern of arriving at work on time in the morning and not leaving right at the official end of the workday.

16.9 Service

No description of the American Way of Life would be complete without mentioning that Americans like and expect good service. Usually agencies, companies, and stores try to treat customers as well and as friendly as possible. Due to this American attitude, it is not surprising that American grocery stores typically will open up as many checkout counters as it takes at any given moment to keep customers from having to wait in line. In addition, students or senior citizens pack the groceries in paper or plastic bags (free of charge) and cart them out to the customers' vehicles. Employees of *Publix,* a chain of grocery stores, for example, are not allowed to accept tips for carrying customers' bags. This widespread practice of providing service beyond expectations is not the product of some special species of selfless humans; seen in pure business terms, it results rather from the fact that an outstanding customer service is a simple, tried-and-true means of securing a competitive advantage over business rivals.

Also, wouldn't you be happy if you could arrive in front of your favorite restaurant in a busy area of town and have an attendant park your car for you? Once you've enjoyed your meal, the attendant will pick up your vehicle from a remote parking lot and hand the keys back to you with a smile. The sign *Valet Parking* indicates that an establishment offers this service, and to many it is worth a couple of extra dollars.

16.10 Tolerance and Individualism

The American capacity for tolerance is one of the things that impress most visitors during their first trip to the U.S. This tolerance relates to people of a different sex, race, religion, origin, age, or sexual orientation, or to people with a handicap. Whereas many German buildings, means of public transportation, etc. are still inaccessible for wheelchairs, American law mandates accessibility for the disabled. In addition, it is much more likely that someone who needs extra help due to a handicap or age will get it. If a handicapped person is going shopping, employees of the store are usually ready to lend a helping hand, and oftentimes special, motorized shopping carts are even available.

It is noticeable that Americans are very open to foreigners, both in the workplace and the private world. They are also typically quite helpful if a foreigner has difficulties with the English language. American organizers of school exchange programs have far less trouble finding enough families willing to host foreign exchange students than their German counterparts do. Hosting a foreign student gives Americans the opportunity to learn more about foreign cultures, and they also like to do someone else a favor. It is surprising that Americans are very proud of their country and their people but still look to Europe to find ways to improve how their country is run. On the other hand, Europeans tend to look at the U.S. with a preconceived notion that things are generally much better at home, with no need for improvements. In so doing, they make the mistake of comparing apples and oranges. A good example is the educational system. Americans tend to think that their educational system is worse than the German one without taking into account that: a) American primary schools all feed into one type of school, the high school, whereas Germans have three possible tracks for students with different goals and abilities; the high school diploma cannot be compared to the "Abitur" (achievable only in the most demanding school type, which accounts for just 36% of all students of one age group); b) German universities offer less quality and fewer opportunities than their American counterparts. As a result, students from many disciplines come to the U.S. to study such subjects as medicine, some engineering disciplines, and business.

Tolerance also means that Americans look for their weaknesses and flaws, discuss them in public, and try to overcome them, whereas Europeans are not very used to the idea of criticizing what and how they do things. Although Americans are very proud of their country and heritage, they are open to foreigners and immigrants. In this regard, the philosophy of a melting pot has influenced the American mentality and way of life.

Furthermore, tolerance is not limited to foreigners; it also encompasses tolerance of people of another race or sexual orientation. Legal provisions further the integration of minorities. For example, governments are encouraged at all levels to hire minorities and women, and programs provide financial support to needy members of the minority community. In order to prevent discrimination against future employees, the selection committee usually receives no information about the age, race, or origin of an applicant. If this type of information is collected at all, it is merely for statistical purposes. Consequently, American employers do not request or consider photographs with job application materials.

16.11 American Individualism

One of the most important American ideals is individualism. Individualism does not imply fighting amongst each other, but rather respecting the privacy of others. It also means that people are generally free to do as they choose without fear of strangers coming and telling them how to act, as is often the case in Germany. The importance of individualism might also explain why the living conditions vary significantly from region to region.

The clearest expression of American individualism can be seen in how the government has taken over far fewer responsibilities from citizens than is the case in Europe. For example, Americans would not accept such restrictive laws regulating store and business hours as those in Germany. This individualism is also expressed in the liberal gun ownership laws in the U.S. Most Americans still consider it their constitutional right to bear arms and to be able to defend themselves and their families against intruders. Indeed, it has taken a series of armed massacres in schools throughout the U.S. over the past few years to finally prompt a large and persistent demand among citizens for limitations on freedoms to own and bear arms.

Because the American government provides fewer services than European governments, American taxpayers pay lower taxes. Most Europeans would consider fewer government services to be a major disadvantage, but Americans accept this as the price for being in charge of their own destiny. They generally favor having a choice in how much if any of their income they want to spend on retirement payments and other safety nets, even if this means that not everyone is entitled to benefits. This mentality becomes obvious in the current health care debate. Although a majority of people seems to support a system that provides health care to all citizens, for the most part people think that this universal system should only provide minimum coverage. If people want more insurance, then they should have a choice to acquire it themselves. The same holds true for the freedom to choose a physician, albeit at higher prices. Since the mentality of Americans differs considerably from region to region, important legislation, such as criminal law, is regulated by individual states instead of the federal government.

Despite the importance of individualism, the protection of personal data is not such a high-profile issue as it is in Germany. Government agencies are allowed to exchange such data freely, however, to individuals it can only be passed on with the consent of the party involved. With the explosive growth of the Internet, of course, it is easier than ever before to track down all kinds of private data. It is also interesting that the majority of Americans accepts a stringent speed limit (until recently almost uniformly 55 miles/h on freeways, but now usually somewhat higher) and a restrictive drinking age of 21 – despite the fact that Americans already reach voting age at 18.

17. Studying in the USA: First-Rate Preparation for a Career with U.S. Corporations

Those who want to fulfill their dreams and study in the U.S. should know that early planning, thorough research and hard work are the keys to success. Even if the future student is not considering elite schools such as Yale, Harvard, Princeton, Stanford or MIT, he or she should nevertheless be aware that studying in America is very expensive and that few students can afford to pay tuition on their own. Even at state universities, which are cheap in comparison to private universities (and cheap does not mean bad), out-of-state tuition costs about $4,000 per semester. The upper limit for out-of-state tuition at state universities is approximately $10,000. And this does not include travel and living expenses or any other costs. In order to make the dream come true, most students therefore need to apply for loans or scholarships. It is easy to imagine that the number of applications considerably exceeds the number of scholarships available. Therefore, many applicants are discouraged early on. This is certainly a result of the bureaucratic application process and the lengthy efforts the future student has to make in order to apply. In fact, applying for a scholarship does not differ very much from applying for a highly sought job. Those who do not want to lose track of their goal when applying for a scholarship need to possess, among other qualities, the capacity to persist through set-backs until an objective is reached. The more information the applicant has, the better and more thorough his or her application will be. Considering the large number of applicants who are competing against each other, it is advisable to start preparing one's studies in the U.S. a good one and a half years in advance.

Students who do not yet have an academic degree in Germany should contact the following four organizations, the most important and best known contacts for study-abroad scholarships: The "DAAD", or German Academic Exchange Organization; the "Fulbright Commission" for student and faculty exchange between Germany and the U.S.; Student Welfare Organization, Office for Educational and Foreign Study Aid (Studentenwerk Hamburg, Amt für Ausbildungs-/Auslandsförderung in Hamburg) in charge of German government loans paid to students studying abroad ("BAföG"); and any partnership exchange programs between German and American universities.

In general, programs such as those offered by the DAAD, the Fulbright Commission or universities require the successful completion of the basic core courses at German universities ("Grundstudium") or the attainment of the preliminary diploma ("Vordiplom"). Students should start with their program in the U.S. between the fourth and sixth semester in Germany. However, the application must be presented well ahead of the expected program start (one year is recommended). With this in mind, students should start to prepare their stay abroad as early as during their second semester in Germany.

Before entering university studies, German students who already know that they want to major in subjects closely related to America (American language and literature, ethnology, political science, etc.) or who intend to spend at least one year of study abroad in the U.S., should choose a university in Germany that offers a good exchange program with one or more American partner universities. In most cases, achieving one's goals will be less troublesome with the help of such an exchange program. Universities in Baden-Württemberg, for example, are well known for their good exchange programs. The fact that these exchange programs are open to students in all fields of study is a big advantage. But remember, the services offered vary from university to university, and not all exchange programs cover tuition at the American university, or travel and living expenses.

Students majoring in the humanities or social sciences can apply for a DAAD scholarship that covers a full year. DAAD will pay for all travel and living expenses plus tuition. But first, an applicant must survive a thorough selection process, since otherwise it would not be possible to handle the large number of applicants for this highly sought-after scholarship. DAAD selects the most appropriate university in the U.S. or Canada after taking the student's interests into consideration.

The Fulbright Commission awards scholarships that cover all expenses, part of the expenses, or travel expenses only. However, most Fulbright scholarships only provide partial coverage, so the student is left to pay for travel and living expenses. Indeed, the number of scholarships covering all expenses is very limited. And like DAAD scholars, Fulbright scholars cannot choose a university to attend for themselves. Still, both organizations have a reputation for only choosing universities with an excellent reputation. The thorough selection process involved helps explain why DAAD and Fulbright scholars are highly renowned for their academic competence at home and abroad.

17.1 Additional Scholarships Available

According to current BAföG rules and regulations, students who are eligible to receive BAföG (a German government student loan) in Germany are also legally entitled to get financial assistance for their studies abroad. The following requirements must be met: the year spent abroad must contribute to the student's academic development, and some of the courses taken abroad must count towards the studies at home. German legislation is very generous towards students studying abroad, as the time limit for loan payments is extended by the two semesters spent abroad. At the same time, the BAföG office subsidizes the costs associated with the stay abroad, and this subsidy does not have to be paid back after graduation. Moreover, applicants for this government loan have the right to choose the university they want to attend, in accordance with the BAföG financing regulations. In general, tuition at the large state universities in the U.S. can be covered by BAföG. Many of the expensive private schools, on the other hand, are not affordable to students who receive BAföG. However, this does not necessarily imply that BAföG students can only attend schools of lower quality.

BAföG students are free to choose a university according to their academic interests and financial resources (the same factors that should influence every other student's choice). Because BAföG students have to apply at an American university on their own, they should expect a very long application process of approximately one and a half years. Since the appropriate BAföG office is typically overloaded with applications, students should contact the office not six months before the program starts, as is often recommended, but much earlier.

Less known and rarely used are the scholarship programs offered by the Rotary Club. This American association supports qualified and motivated students and graduates with scholarships. Detailed information can be obtained from the local Rotary Clubs.

In addition to the programs mentioned above, various German and American foundations and corporations offer scholarship programs. Most of these are only open to graduates and doctoral students in history and the social sciences, natural sciences and medicine. For example, the German Marshall Fund offers travel and research scholarships for advanced doctoral students and junior scientists who major in a U.S. subject. The Max Kade Foundation of the United States offers scholarships to junior scientists who have graduated in natural science or medicine. In addition, there are scholarships available for graduates who, upon receiving their German diploma, are interested in obtaining a professional degree from an American University, such as an MBA.

Detailed information about the aforementioned programs and other possibilities of financial assistance can be found in a DAAD leaflet called "Studies, Research, Science. Financial Assistance for German Students Studying Abroad". The application forms for DAAD, Fulbright and university exchange programs as well as the addresses of the organizations and federations above can be obtained from the foreign academic office („akademisches Auslandsamt") which can be found at each German university. Information sessions and individual counseling about study programs and internships in the U.S. are also offered by the America Houses in Germany. During these information sessions, students who have participated in one of the programs report about the experiences they have had abroad. They not only give advice on how to avoid problems during the application process, but also discuss the good experiences as well as difficulties they encountered in American student life. Most of these former program participants are very enthusiastic. Thus, the sessions not only provide information but also motivate those who are interested in an exchange and help them to keep their goal in sight.

Irrespective of the programs mentioned above, ambitious students always have the chance to get a bachelor's degree, a master's degree or a doctoral degree at an American university. They do not necessarily need a German diploma or master's degree for this, either. However, interested students need to prove that they have successfully studied at a university for at least four years (this does not apply to students who want to get a bachelor's degree). The student's academic performance is the most important factor during the application process for a graduate program. The success of an application also depends on how well the student's areas of interest match the university's program and strengths. Therefore, it is advisable to carefully study the graduate course listing of the university the student plans to attend. Most universities only accept doctoral students if they can also grant them a university scholarship. However, this does not apply to master's candidates, who in most cases must find other sources to get a scholarship.

The tuition for doctoral students is paid by the university. This support may come in the form of an academic scholarship – often called a "fellowship" –, but more often it comes as a "teaching assistantship" or "research assistantship", where one is employed in an academic support position. Such doctoral students then get an additional monthly "salary" which, if they are lucky, covers their living expenses. They often have the chance to get a university assistantship and help their professor prepare lectures or carry out research. This not only enables them to get additional money, but also helps them gain valuable teaching experience and important training for a future career. At many universities today (above all, large ones), introductory courses are taught by graduate students, who are largely on their own to prepare, teach, and evaluate courses. Those interested should also not forget, however, that a thesis in America is expected to be much longer, more original and of higher quality than in Germany. This especially applies to technical and scientific subjects. But even getting a doctor's degree in the humanities can take up to seven years, depending on the university. During the first two years, doctoral students must attend lectures and seminars, take exams and write papers. After all exams have been passed successfully, the student has to prove his or her abilities in a thorough qualifying exam. Only after passing this preliminary examination may a student proceed with research on the doctoral thesis. The oral defense of the thesis before a doctoral promotion committee is then the final stage in this process.

17.2 What are TOEFL and GRE?

German students who are seeking an academic degree at an American university have a considerable advantage over non-degree students: they can apply for a visa which enables them to work in the U.S. during the summer break or to get a paid internship with an American company. The university's placement office will help students find a qualified internship. Internships in a foreign country have gained considerable importance for a student's future career since the creation of the Common Market. Detailed information about the necessary visa can be obtained from the counseling service for foreign students and professors at the respective university in the U.S.

Those who want to study in the U.S. – either as a DAAD or Fulbright scholar, an exchange student, or a private student – must first fulfill several requirements that are independent of a student's qualifications, major, or the duration of one's program. All non-American students are required to take the TOEFL, the Test of English as a Foreign Language. The successful completion of the TOEFL is supposed to prove to the American university that the applicant is able to understand English lectures and communicate effectively in English. The TOEFL tests English vocabulary and grammar as well as the ability to understand spoken English. Some practice in a language lab can help achieve this goal. Even those who do not have a perfect grasp of English can, with some effort, easily reach the required minimum score of 500 to 550 points. Students who want to make sure that the American university will accept them for admission to graduate studies also need to pass the GRE – the Graduate Record Examination – in addition to the TOEFL.

American graduate students have already earned a bachelor's degree, which is conferred upon them after the successful completion of four years of undergraduate studies. The first two undergraduate years can roughly be compared to the last two school years in a German „Gymnasium" (high school). The third and fourth undergraduate years could be compared to the basic courses („Grundstudium") in a German university. Therefore, a bachelor's degree could be compared to a German preliminary diploma („Vordiplom") or the successful completion of the basic core courses.

Those who want to challenge themselves in the U.S. might choose to take the Graduate Record Exam (GRE) and arrange to be admitted to graduate studies. Graduate courses can also more easily be counted towards the student's studies upon returning to Germany. Compared to the TOEFL, the GRE requires much more preparation. The GRE consists of mathematical and logical problems and of a language portion that even Americans find difficult. Quite often, exchange students and DAAD or Fulbright scholars are guaranteed acceptance to graduate studies even without taking the GRE. But even for these programs, the student must have completed basic core courses or the preliminary diploma before heading to the U.S. However, anyone planning to get a master's degree at an American university must take the GRE. This is also the case for students who apply to the university on their own. By taking the GRE, they can avoid trouble with the American university bureaucracy.

A potentially successful application must include a detailed description of what the candidate is planning to research abroad. A well-written essay detailing the program abroad and plausible arguments as to why such a U.S. program would foster the student's research efforts are an integral part of a good application. If one or more universities, institutes or professors in the U.S. specialize in the student's own field of interest, this should be mentioned on the application. At the same time, one should explain why one would profit from working with a certain professor at a certain university. An American university may also have archives and sources that are unavailable in Germany. For example, those who want to study Mexican-American literature will certainly be better off at a university in Texas than at a university in Germany.

The student should know his or her own field of interest very well and have a good grip on relevant literature, because this will most certainly come up during the selection process. It would therefore be unwise to take the whole matter lightly. At this stage in the application process, the student should get access to the course listings of American universities which can be found in the America Houses in Germany, and study them carefully. A complete application must also include at least two letters of recommendation written by professors whose seminars the student attended in Germany. It might not be easy at a German university to get the attention of a professor who has to teach two hundred students. So it is even more advisable to inform the professor about one's plans early on and hand in a research paper or take an exam with the professor, one of the best ways to ensure that a professor gets to know the student well. No professor will be delighted to write letters of recommendation because of the additional work involved. However, this should not discourage the student. Finally, the application should include a detailed list of all courses taken and the grades received, if available. This list should be as accurate as possible, because members of the selecting commission might ask about the course content at any time during the interview.

17.3 The Library Becomes a Second Home

There is no need to mention that each applicant who manages to get an interview with the selection committee needs to be well informed about the political and cultural situation in his or her own country and that of the target country as well. Still, those who have successfully passed the interview often report that perfectionism was not the only or most important criterion. It seems equally important that the candidate does not become discouraged by mistakes or perceived weaknesses during the interview (held in English).

Most programs at American universities start in the first week of September. In general, nine months form an academic year, like in Germany. An academic year is divided into two semesters, or sometimes trimesters. German students will quickly realize that the American teaching style differs considerably from the German: even at large state universities with 35,000 to 70,000 students, only few seminars are attended by more than twenty to thirty students. In the last semesters of study, seminars with fewer than ten students are not uncommon. This not only means that professors can pay much more attention to individual students than their counterparts in Germany, but also that the individual student has a far greater chance to contribute to the success of the seminar than at a German university. This alone requires much more work on the part of the student. In addition to the smaller number of students, work in American seminars is also done differently. Students majoring in the humanities or economics quite often have to read an entire novel or book per course per week. Students in technical and natural science departments have to read research essays and solve problems. Students generally have to take a midterm and final exam in each course. Students majoring in the humanities or economics have to write two papers per semester and prepare class presentations as well.

Due to the heavy workload, American students generally take only three to four courses each semester; it is advisable for German students to do the same and take fewer rather than more courses initially. The library becomes the student's second home because of the huge reading assignments that have to be mastered. Most libraries are open until midnight – or even longer during exams – and on weekends. One of the biggest advantages of studying in the U.S. is the fact that each student is assigned to one professor. The professor assists in selecting courses and is prepared to help solve problems or answer questions at any time. An American professor has to take care of considerably fewer students than his or her German colleagues do. German students who are used to long waiting lines during a professor's office hours will be pleasantly surprised. Nobody should be afraid of approaching the professor to discuss research projects or problems and to get advice. In many cases, students only realize later on how much they have profited from the intensity of the courses, from the professor's attention, and from the ideas with which they have been confronted.

Studying in the U.S. is an intellectual challenge. Nevertheless, it should not be forgotten that an American campus is a complex social structure with an active social life. Students in Germany rarely have the chance to meet members of so many different ethnic groups as they will on an American campus. Unlike in Germany, students spend most of their free time on campus. By meeting the different needs of its mostly multicultural student body, the university plays a central role in students' lives. Outside the classroom many students are active in institutions that are closely related to the university: student papers and radio stations, art and literary journals, student choirs and orchestras, social organizations and charitable institutions, political organizations, women's rights organizations, etc. They do not just engage in such activities for fun but also to qualify for certain professions and improve their future career prospects. Their commitment is only one aspect of a student's typically strong identification with the university. The high esteem that the sports teams of each university enjoy also plays a major function in developing this bond. Hardly another event causes the students to identify as much with their school as a game between the teams of two rival universities. Those who have never experienced such a spectacle have missed half of American university life.

17.4 Life on Campus

Delta Phi Kappa, Alpha Tau Omega, Delta Delta Delta – what looks Greek to you are nothing more than names of student organizations at American colleges. They are called fraternities (lat. frater = brother) and sororities (lat. soror = sister), and have the goal to liven-up the social life on campus. Such "brotherhoods" reached their peak in Germany during the last century: especially in Heidelberg they gathered in wine cellars, drank together, sang ballads from Eichendorff, and held fencing championships. The "trophy" at those championships was a scar on the cheek, the so called "Schmiss." It represented virility, courage, and heroism.

Today in America you don't need to have a facial scar to show that you belong to a fraternity, but the initiation rites can extend for a whole week. The concept is called "hell week", a time when prospective members are left at the mercy of their brothers-to-be. During this initiation period members can do with the newcomers whatever they please, whether it be to have the shoes of all brothers cleaned, to throw parties, to chug down a bottle of champagne all at once, or even to run naked through campus. But in the land of unlimited opportunities, governments and university administrations are now setting regulations, since these activities have been known to put lives in danger, and in a few rare cases have even resulted in death. But don't worry: in the final analysis, most fraternities are absolutely harmless, and the objective is merely to have fun and be sociable. Besides, one is free to choose the fraternity/sorority that suits one's particular personality. Some, for example, are academically oriented and only admit people with good grades and a great desire to learn. Others are geared more towards students bent on achieving a certain social status; here the tuxedo in the college suitcase is simply a must. Despite the variety, the membership dues are pretty much the same: presently US $50–75 or more per semester. One can also live in the fraternity or sorority house, where the rent is not more than in the dorms. These societies are often subsidized, perhaps by the government or the university itself, but most likely by ex-members who in the meantime have climbed the ladder of success and longingly remember "the good old days".

And how does one get into such a society? In the first weeks of the semester fraternities and sororities introduce themselves to the students. There are lots of parties to get to know each other in a relaxed atmosphere. If all the brothers and sisters approve, one receives an invitation to become a member for life. Even after college, "newsletters" are sent out to the members and regular reunions are held. This can, of course, be an advantage in the working world, and there is always pleasure in everyone getting together again to reminisce.

If such societies are not your thing, you can also, of course, participate in other activities, the number one option being sports. Each university has at least one football, baseball, and basketball team and its own mascot, be it a blue cougar, a cowboy, or any other "species". And it's a tradition to "go through hell and high water" for the home team – cheerleaders swing their bare legs in the ice and snow and fans scream at the top of their lungs to support their boys or girls in the struggle against another university. That is true team spirit!

If you want to go out on your own and play sports, there are also ample possibilities. For example, physical education classes (three are typically mandatory anyway) offer training in golf, tennis, weight lifting, horseback riding, bowling, etc., or you can go to the college gyms or tracks – which are at least as numerous as the classrooms – to let off steam. There are no entrance fees (a student ID will do).

Campus life also offers extensive training for future politicians. As in Germany, one can join the student council, stand up for minority rights or help charity organizations. Such positions ad honorem are always well regarded in the C.V. In regards to charity, there are always several religious organizations on campus. In addition to the usual Sunday services they also offer social activities throughout the week. Brigham Young University in Provo, Utah, which was founded by the Mormon religious group, has over 200 student groups that organize dances, excursions, and various other activities.

Last, but not least, we must not forget the cultural events. Some Europeans may be skeptical about what American universities have to offer in that regard, but a glance at the calendar of activities may surprise you. University drama and music departments often go to great lengths to offer semi-professional operas, musicals, comedies, tragedies and of course many concerts. And the art department exhibits works of art by their future Dalis, Picassos, and Warhols. On top of that, just about every university has a "student center" where spontaneously formed student bands and speakers, films, and other cultural events sponsored by the university ensure that these well-paying students get the diversion and entertainment they need. In this way universities in America have come to function as cultural centers for both the cities in which they are located as well as the broader surrounding area.

The above-mentioned Brigham Young University has a big sign at the campus entrance, which reads: "The World is our Campus." This does not just draw attention to the supporting church's evangelical orientation toward the outside world, but above all to the view that there should be no limits to learning about and discovering the world. Many a contented student might also say: "The Campus is our World!"

17.5 Career Counseling at American Universities

Many people are amazed at the amount of tuition fees American university students must pay for their education. However, the universities give a portion of it back to students in the form of services. One of the more useful services offered at American universities is career counseling, which begins upon entrance to the university and continues throughout one's studies with support from the academic advisor and the university's career center.

American students usually enter a university directly following completion of the high school diploma; consequently, the average college freshman (first year student) is seventeen or eighteen years old, a few years younger than the average German student entering university. As a result, most students do not have a definite direction in terms of field of study. Because the first two years of undergraduate studies are usually spent fulfilling the requirements of a core curriculum (a variety of courses that the Germans might refer to as general education courses), the students have some time to test out different areas before deciding on a major.

Upon entrance to a university, each student is assigned to an academic advisor, a member of the faculty who is responsible for guiding the student through course selection, making sure that course requirements are fulfilled, and answering student questions throughout his or her stay at the university. For some students who already know what they want and have a definite career direction, the academic advisor does not play a major role. However, for others he or she may serve as a role model and a source of inspiration and information about various fields, keeping in close touch with the student and staying aware of the student's performance in different subject areas.

At many American universities students have the opportunity to work in conjunction with one or more academic advisors to combine several fields of study and design what is called an individualized major. Without the support and assistance of academic advisors, students would not be able to tailor their education to meet the needs of their chosen career direction.

At any time during their studies students can gather information about possible fields of study and careers, and obtain personal guidance as well, at the university's career center. One of the career center's main tasks is to assist students in planning a profession and selecting a major field of study, and to help students find out which occupations may be possible with a particular major.

The idea of a career center fits in well with the American philosophy of providing students with many resources and facilities, putting them "at the students' fingertips," so to speak. The career center is actually a small library, usually equipped with a sizable collection of books and audiovisual resources about many different subjects relating to careers and jobhunting.

First there are books describing various jobs, associated educational requirements, job activities, the likelihood of succeeding in such a career, pay scale, etc. It should be emphasized that the books themselves are most helpful in conjunction with a professional career counselor, who can target and address a student's particular needs. For example, a student can make an appointment with a counselor to discuss the direction he or she wants to take: is his or her career goal practical in the current economy, or is the choice perhaps a bit too "exotic?"

In addition to books and pamphlets, many career centers offer other, more tangible services to students. For example, interest and personality tests are available to assist students in identifying their particular interests and strengths and how they might be combined with certain careers. Of course such tests play only a partial role in the whole decision-making process.

Other reference materials are also housed in the university's career center, providing basic information about many companies, including multinationals and foreign firms. This information can prove particularly helpful to those students targeting international fields or those interested in working abroad. For those inclined to gain experience working in another country, there are usually also leaflets and books with tips on how to get started with the international job search.

Once a student has chosen his or her major and is nearing graduation, he or she then really discovers how invaluable the school's career center can be. Most career centers have books about all stages of the job search, from preparing résumés and cover letters to practicing interview skills and the like.

Furthermore, background information, such as annual reports and company profiles, is often available for a variety of companies. Many times recruiters will ask students what they know about their company's products or corporate philosophy. Having ready access to videocassettes that companies distribute about themselves can help students considerably in preparing for interviews, in assessing how well they are suited to that organization, and vice-versa.

It should be emphasized that there is a basic philosophy behind career counseling at American universities; namely, that the university is partly responsible for its students – not only while they attend university, but also after they have finished. Universities take pride in their alumni and realize that a strong career counseling service can provide the backbone for successful students, and later, successful professionals. And because universities in the U.S. are largely dependent on their ability to attract new students – and new donations from former students –, in the final analysis they are understandably very interested in having a good reputation and ensuring the professional success of their alumni.

17.6 Career Planning and Job Placement at American Universities

At American universities, both at the undergraduate and graduate level, the university takes responsibility for assisting students in the job application and job placement process. Many students enroll in a degree program to develop and build a satisfying career in their field of specialization, particularly at the graduate level. The university therefore plays a role in providing the education, training and support necessary for students to reach this goal.

Career planning activities start with entrance to the university and continue throughout one's studies. Many students seek coaching and practice in skills to help them make career decisions. For example, researching and choosing career options, writing effective résumés and cover letters, developing strong interview techniques, scheduling interviews, and negotiating job conditions and salaries. In addition, some professional schools at American universities, such as the School of Business Administration, have a full-time staff member who is available to students and works closely with companies to place students after graduation. In fact, his or her position is devoted exclusively to arranging these activities and setting up contacts with businesses.

One such service sponsored by many university career centers is a series of company and career presentations in which university alumni and company executives come to speak with students. The guest speaker addresses broad topics and also provides insights into his or her field of specialization (i.e. Consumer Product Marketing, International Finance, etc.). Such an event gives students the opportunity to ask questions and speak with the company representative in a relaxed atmosphere. Consequently, students can "test out" whether they think they may be interested in a particular company or field, and they can sometimes gain a few insider tips for the application process.

Another helpful service: workshops for résumé writing and development of interview techniques. The career center may present a series of practice sessions with mock interviews. The students are required to submit a résumé and cover letter, and are then interviewed by a career counselor. In some cases, alumni who have a successful professional career are also invited to administer practice interviews. The advantage: supportive, but not too lenient, alumni executives can often provide very helpful and insightful information to prepare students for the professional interview. Such opportunities are invaluable in learning how to react to a set of standard questions, how to learn to "read" the interviewer, and most importantly, to force candidates to think about their strengths, and why they are well suited for a particular position.

Many universities offer summer internship programs. Through summer internships students have the opportunity to put the knowledge gained in the academic program to practical use, and to acquire relevant work experience.

One of the most useful services offered by American university career centers is the collaboration with companies for so-called on-campus interviews. They are normal interviews, in that the students dress as they would if they were traveling to the company for the interview. Sometimes one or two university graduates already working for the company attend these interview sessions to answer student questions about the company, the work, company culture, etc.

In conjunction with this service, many universities sponsor a career interview conference. Representatives from major corporations – called recruiters – are invited to speak with students. The recruiters' goal is naturally to find qualified students who would fit in well with the company. At some universities, this service is set up especially for graduate students (e.g. by the School of Business Administration). Through such a conference, students can gain first-hand knowledge about different companies, and can set up subsequent interviews.

Quite a few alumni keep in close contact with their universities, offering to help students interested in learning more about a particular field or company. Students may find a card catalog in the career center with a list of those alumni who are available for questions. This one-on-one approach can provide a student with more personalized, relevant information than that gathered through an evening at the university.

Career planning is therefore carried out by students and staff together at American universities. The students take the initiative in using those resources available to them and in seeking out university personnel for assistance and contacts to companies. The university assists them through counseling, continuous contact with companies, and focused events to establish contact between the companies and students.

Through the close cooperation between the universities and corporations, job placement has become partly the responsibility of the universities. All sides benefit from this collaborative process: the companies receive well-educated, qualified candidates; the universities reap the success of the students through their successful placement in companies; and above all, the students educate themselves about different companies and career opportunities, resulting in their having a higher chance of satisfying their goal of developing a successful and satisfying career.

18. Practical Experience in the USA: A Promising Investment in the Future

18.1 Exchange Programs of the Carl Duisberg Gesellschaft

Experience Abroad – An Investment in the Future. This is the slogan of the Carl Duisberg Gesellschaft, a non-profit organization for international professional training and human resources development. The Carl Duisberg Gesellschaft, or "CDG," is the first contact young professionals should turn to if they are interested in working abroad (for example, in the U.S. or Europe) for a limited period of time. The following chapter describes the advantages of a stay abroad and the various programs that CDG offers to young professionals. In the second part of this chapter, a former program participant describes the experiences she had in the U.S., and how she used those in her professional and personal life.

18.2 Why Work Abroad?

With the growing globalization of business and life, an internationally oriented education has gained steadily in importance, and the chances of an international career for young professionals have grown accordingly. At the same time, what it takes for job seekers to beat the competition has never been so involved or intense. In the old days good grades and an extensive professional knowledge were the decisive factors in the hiring process. Today, however, job seekers have to demonstrate not only that they have taken part in the right extra-curricular activities but that they have gained special career-related knowledge or experience to be successful in the job market. A willingness to learn, initiative and foreign language skills are all factors that can give job seekers a competitive edge. By working abroad, one has a greater chance to obtain and refine these abilities. There is no better way for a young professional to gain real insights into a foreign culture than to stay in a foreign country, particularly if foreign work experience is involved. Having gained such experience will prove its value again and again in future professional and personal endeavors. Besides gaining unique professional knowledge, anyone who is open to new challenges has ample opportunity to develop interpersonal skills, team spirit, tolerance, the ability to adapt and to cooperate, and flexibility, all qualities that increase one's chances for career advancement.

Personal preferences are the decisive factor during the country selection process. However, career development should also be taken into consideration. Due to the diverse possibilities the United States have to offer, it is a country not only for tourists, but also for young professionals who are looking for international experience. The close linkage between the European and the American markets combined with the presence of many subsidiaries of American companies in Germany more than justifies a stay working in the U.S. Another consideration is that American companies are still considered to be at the forefront in particular areas like marketing and service. Young professionals who have been able to gain work experience in these areas in the U.S. will realize after their return that their chances on the domestic job market will have improved considerably. In general, companies appreciate foreign work experience because it shows that the applicant is very open and willing to take risks.

18.3 What is the Carl Duisberg Gesellschaft?

Contrary to other organizations that have specialized in programs for high school or college students, CDG mainly offers practical training programs and international exchange for executives and professionals from Germany, other industrialized nations and developing countries. Short, medium or long-term programs are offered to foreigners (primarily in Germany) and to Germans abroad. The programs focus on the areas of technology, business administration, infrastructure, and trade. CDG works on behalf of governmental agencies in Germany and abroad, private foundations and enterprises as well as international organizations. CDG's work is supported by both German industry and the German federal government. By providing internships for foreigners, German industry contributes considerably to the success of CDG's work. The major portion of administrative and personnel costs is paid by federal and state governments.

CDG traces its name back to Carl Duisberg *(1861–1935),* a chemist and entrepreneur who early on realized the importance of further education abroad. During the 1920's, Carl Duisberg promoted the exchange of young students to America. Former participants of these early exchange programs recaptured the idea and founded the Carl Duisberg Gesellschaft in 1949.

U.S. programs have traditionally been CDG's strength and a main focal point of the society's activities. CDG also provides the necessary visas and work permits for these programs – almost impossible to obtain without the support of an exchange organization.

18.4 U.S. Programs of the Carl Duisberg Gesellschaft

Before being able to participate in these programs, each applicant will be subject to a thorough selection process. A written application must be submitted within a prescribed period that differs for each program. In addition, it is expected that the applicants participate in a selection interview. During this interview, which is very similar to a job interview, the applicant's ability to adapt to new situations is screened. It is also expected that the aspirant be able to logically explain his or her desire to live and work abroad. Furthermore, gaining such further education and training abroad must dovetail with one's overall career aims. Because many of the programs are funded by scholarships from the German federal government, CDG must guarantee an applicant's successful completion of the programs.

Once accepted into one of the programs, participants must generally attend an orientation seminar before departing for the U.S. The seminar provides participants with valuable information about the program and the host country. A major emphasis is put on intercultural preparation, which can be very helpful during the stay abroad. The infamous culture shock, which every participant experiences sooner or later, has led to many a premature program termination. Making participants aware of cultural differences later enables them to cope more effectively with unexpected situations in the foreign country.

CDG works closely with its partner organization in the U.S., CDS International in New York. CDS is responsible for the U.S. end of the program and provides each participant with not only a visa that allows one to work in the U.S. for a limited period of time but also health insurance coverage during the stay abroad. CDS also arranges for a one-day orientation seminar in New York, which should help the participant get off on the right foot in the foreign country.

18.5 Congress-Bundestag Program

The Congress-Bundestag Program is a one-year program designed for applicants who have completed their vocational training in business administration, engineering, trade or industry. The age limit for applicants is 21 years. The program consists of a two-week introduction and homestay program, a half-year of study at a community college, combined with a six-month training program with an American company. During the program participants stay with American host families, which gives them an unbeatable opportunity to get to know the American way of life first hand. CDS is responsible for assigning participants to their host families. The program is supported by funds from the Bundestag (Germany's Parliament) and the American Congress. The selection of participants is very thorough and is made on the basis of electoral districts. Each program participant has a mentor – the Member of Parliament who represents the participant's electoral district. Participants undergo intensive training for the experience abroad through seminars in Germany and New York. During follow-up seminars in Washington and Germany, participants have the opportunity to share their experiences with others.

18.6 Fachhochschul (Technical College) Program

The Fachhochschul Program, or FH Program, was developed for students at a German Fachhochschule (equivalent to a technical college) who want to spend a semester abroad acquiring practical training. As such, the applicant must be registered with a Fachhochschule or professional academy and must major in business administration or engineering. Applicants must have completed three semesters of study and must have gained at least six months of practical work experience. Within this program, applicants may also be assigned to other foreign countries (including European countries, Asia or Australia). The program is funded by the German Federal Ministry of Education and Science. CDS is responsible for finding internships for the participants in the U.S., if necessary. Still, any effort by the applicant to procure his own internship is appreciated. The semester of practical training abroad is then counted as the practical component required for the German degree.

18.7 German American Internship Program (BMA Program)

Applicants should have completed their education (vocational training or college degree) in a business or technology-related field. Participants should have more than a year of professional experience, for which internship experience may also count. Applicants may not be over thirty years old. Under this program, young professionals can gain initial professional experience in the United States for 3, 6 or 12 months. Each participant is required to make arrangements for his or her own internship. If the individual is unsuccessful at arranging an internship, it is possible to set up a 6-month internship through CDS International. For unpaid internships, partial stipends are available for up to DM 5,500–. Travel costs to the U.S. are covered by program funds.

18.8 Career Training Program (CTP)

The Career Training Program is the longest program that CDG offers at this time. It consists of an internship with an American company lasting up to 18 months. Applicants should not be more than 30 years old. The program is designed for university students or young professionals who have completed their education (vocational training or college degree), especially in the following areas: business administration, engineering, journalism, and restaurant and hotel management. Applicants should have at least one year of relevant work experience. In order to be accepted into the program, applicants must first provide proof that they have secured a paid internship in the U.S. The more work experience an applicant has, the bigger his or her chance of being offered an internship with an American company. Germany's Foreign Ministry awards stipends to a limited number of professionals to defray living expenses. A similar program is also offered to professionals who have completed their training in agriculture or horticulture (farmers, gardeners, florists, etc.).

18.9 Work/Study Program for Various Professions

Work/Study Programs were developed for professionals in various fields and specialize in the areas of Marketing/PR, International Business, Journalism, NGO and the Internet. Because every program has its own characteristics, one must look into them individually, but some common elements can be noted. Basically, after attending a one-to-two month program of study at an American university, participants join American companies for work experiences of different lengths. In most cases, internships are arranged for participants. The age limit for program participation is 35 years of age.

18.10 MBA Program (Master of Business Administration)

This program is intended for young professionals with the German Abitur and completed professional training, students, and graduates. A further requirement is the successful completion of the "Test of English as a Foreign Language" (TOEFL). The program lasts approximately two to four years (depending on prior education) and consists of studies in business, finance and marketing at an American university. The program leads to the academic degree of "Master of Business Administration." Applicants should not be older than 30. The program is expensive: one is required to invest approximately $30,000 to $40,000 of one's own money, which goes mainly toward tuition and living expenses.

Further information on each program and application forms can be requested at the following address:

Carl Duisberg Gesellschaft e.V.
Gruppe I 12 (Amerika)
Postfach 26 01 20, 50514 Cologne
Phone: (0221) 2098–0
E-Mail: Info@cdg.de
http://www.cdg.de

18.11 A Participant's Account of the BMA Program

Beispiel America – the land of unlimited possibilities. How often I had heard this phrase. When I was studying languages in college to become a translator, I often thought about testing my knowledge of the English language. I also wanted to try to find out what this country of supposedly unlimited possibilities was all about. Of course, a certain image already existed in my mind, an image that had been influenced by the media. However, I knew that only through seeing the country and its people myself would I be able to get a clear picture. As an English translator, it made perfect sense to me to spend some time in an English-speaking country. I thought that this would considerably improve my chances on the job market. After having tried several sources, I finally got in touch with the Carl Duisberg Gesellschaft in Cologne, which offered a program that fit my needs perfectly. This program, the so-called BMA Program, was very appealing to me because it combined practical training in my profession with a homestay program. This homestay program was offered to me in exchange for a language course that I could have taken in New York if I had needed it.

After attending an interview in which my language skills and my aptitude for program participation were tested, I got the good news that I was accepted into the six-month program. But how to prepare for a stay abroad? It meant reading and more reading. The two-day seminar conducted by CDG also helped to prepare for the stay. Participants were given the feeling that they were in good hands and that there was somebody they could contact in case of problems. This feeling was reinforced in New York. At the airport we were picked up by a CDS representative, who guided us to our hotel through the chaos of Manhattan. The first few days were very impressive! It seemed that what I actually saw was much more overwhelming than what I knew from TV. America is simply bigger, louder, more colorful and fast-paced than Europe. Equipped with a Greyhound ticket, family addresses and good wishes from CDS International (the U.S. affiliate of CDG), I headed off for my homestay program. This was a two-week trip through New York, Ohio, Michigan, Indiana, and Kentucky. In each state I was welcomed by a host family who invited me into their home for three days. This was my first contact with the real "American way of life". The difference from everyday life in Germany became pretty obvious quickly. Americans make friends more easily than Germans, and visitors are given the feeling very early that they are considered to be part of the family. Furthermore, they were very interested in my background and wanted to learn about Germany. This was a good chance to act as Germany's ambassador and to portray a positive picture of my own country. The homestay program also enabled me to see the different landscapes in this huge country and to experience how proud people were of their own state and of the U.S. in general.

The final destination on my journey was Pittsburgh, Pennsylvania, where I was to complete my six-month internship with the American subsidiary of a major German concern. Pittsburgh, which had a bad reputation as a steel city, was actually a very nice place with a lot of cultural and social activities. The offices were on the 52nd floor of the second largest skyscraper in Pittsburgh – an American experience in itself. The company, a subsidiary of a German parent company, was very American. This was evident in the management style and the way employees treated each other. As is customary in the U.S., each employee was called by his or her first name regardless of rank within the company. This is very unusual to a German, who is rather used to formalities in business life. This American way of dealing with each other takes some getting used to. Despite this informal business atmosphere, the manager is always the boss and has ultimate power. The job security that German employees enjoy in their work place is seldom found in American companies. Americans are also not used to as much vacation time as Germans are. Five to ten days per year are customary in the U.S. Even after working for many years, Americans seldom get more than three weeks of vacation annually. Therefore, Americans are often quite amazed to see that Germans can afford to spend weeks and weeks of vacation in the U.S.

Another thing that struck me quite often was the friendliness towards Germans. Despite the fact that people of various backgrounds and races live in the U.S., a foreigner is still a person people are curious about. Many Americans, especially in Pennsylvania, are descendants of German immigrants. Almost every American somehow has a connection to Germany, be it through relatives, the army or previous trips abroad. People openly talk about their experiences with Germany and sometimes praise the German cleanliness and order.

My internship was very successful. Even though I was working for the company for only six months, I was given challenging assignments. If you demonstrate your abilities, it is very easy in an American company to climb up the corporate ladder. By the end of my program I had the feeling that I was a valuable team member. Even the CEO of the company wished me all the best for my future when I left to return home.

My internship was a valuable experience for me, despite the fact that I did not receive a salary. My plane ticket and part of my living expenses were covered by a stipend from Germany's Foreign Office that CDG had awarded to me. Nevertheless, I had to pay for most of the costs, an investment I was very willing to make. I knew from previous stays abroad that you learn to see things differently when you are away from home. Only by being away from the "home front" does one learn to see oneself and one's own country more critically. By experiencing another culture one can realize that there are different ways to do things, and suddenly well-known rules and regulations are questioned. This helps you become more critical and tolerant. Even negative experiences can be broadening. They help you to appreciate things in your own country that might have otherwise been taken for granted.

My foreign experience was not only valuable for me personally, but also for my professional life. After my return to Germany, I was always asked during job interviews about my experience in the U.S. I was highly regarded for having gone to this vast country on my own and for having successfully completed the program. The improvement in my English language skills greatly facilitated my work as a translator.

Altogether I can say that the six months I spent in the U.S. were enriching and triggered new ways of thinking. Such an experience is invaluable and can be recommended to every young person who wants to learn more about him or herself and the world.

19. Getting Acquainted With the "American Way of Doing Business"

19.1 An Internship in the USA

No matter how bad the general economic climate might get, there are always some students who somehow manage to be in the right place at the right time and land a great job. How do they manage to do this? Or, more importantly, how can one get into such a lucky situation oneself? The key is not getting good grades or completing one's studies in a very short time, as one might expect, but carrying out an internship. Internships during the summer break – quite normal for American students – do not necessarily guarantee a dream job, but they are a great way to gain the necessary practical experience and good professional contacts for success. Ambitious students in the U.S. consider the internship during their three-month summer break to be a logical part of their studies. Practical professional experience not only complements good grades at the university, it is also indispensable to students who want to get to know their own strengths and interests. Internships quite often reveal some surprises. A student in philosophy might realize that trading securities for a living is much more attractive than racking one's brains over postmodernism. Similarly, a future civil engineer might find out during an internship that writing advertising copy is much better than designing bridges.

Good performance at the university might reveal a lot about a student's motivation and interests, which employers still cite as being among the most important factors in hiring graduates. After all, good grades prove that the applicant was an ambitious and determined student, but some corporations look specifically for qualifications that go beyond the grade point average, like initiative, enthusiasm, imagination, or leadership qualities. If interested in a specific subject, is the candidate willing to show more initiative than just going to class? Whenever possible, students should try to involve themselves in extra-curricular activities that can be helpful for their future career and that can help round off a résumé. Quite often problems already arise before the job hunt, in the process of identifying an internship. It is therefore crucial to develop additional qualifications early on. A student might become a member of a social, political or cultural organization, do unpaid work in a museum, write articles for a student magazine, or establish a party service. These activities require energy and time, but since they stand out, they could turn out to be the decisive factor in securing a paid internship or a future job.

Students who have done one or more internships in the U.S. have a head start over competitors when applying with American or German corporations. An internship abroad demonstrates more than simply initiative and imagination. It also shows the future employer that students are willing to experience different styles of living and working and that they have successfully handled a foreign and competitive environment. The first step towards an internship in the U.S. is, in some respects, easier than in Germany: large and small corporations, newspapers, agencies, radio and TV stations have all had good experiences with internship programs. Therefore, applicants do not have to convince the employer of the benefits of such a program. Moreover, universities are committed to coordinating internship programs with companies and other institutions. Both the students and the companies profit from the university's commitment. This saves students from having to go through troublesome research, and companies take full advantage of the opportunity to identify potential candidates for managerial positions. Each campus also has a career office that helps students and other applicants by supplying plenty of informational materials and practical advice. Thick catalogues and binders can be found there listing companies, publishing houses, organizations, radio and TV stations and the like that offer summer internships for students in all areas. In Germany, similar reference books can be found in the America Houses, and sometimes in libraries or bookstores. Each entry lists the duration of the internship (which for the most part in America lasts from the beginning of June until the end of August), the target group, number of internships and applications per year, salary, application deadline, etc. Universities also organize career fairs at which interested students can be interviewed by companies from different industries.

Most of the internships target American students. However, there are also organizations like UNO, the International Radio and Television Society (IRTS), and the International Herald Tribune that offer internships specifically designed for international students. Apart from these internships, paid internships are not accessible to German citizens (by the way, many internships in Germany are also unpaid). German students who graduate from an American university are the exception to this rule. All others either have to find an unpaid internship or an organization in Germany that can finance the internship through a scholarship (for example, Fulbright scholarships for travel expenses). Information can be obtained from professors and/or the foreign academic office at the German university.

19.2 Testing Your Potential

Internships with large U.S. corporations or newspapers such as the *Washington Post* or the *Wall Street Journal* are in great demand and can only be secured by successfully passing lengthy recruitment procedures. These involve in-house tests, extensive writing skills exams and a personal interview. For example, pre-selected applicants have to write no less than fifteen English essays in order to come by one of the 24 internships that are offered by *IRTS (the International Radio and Television Society)* in New York each year. Those who apply for an internship from Germany and cannot simply fly to the U.S. for a test or interview probably have to be content with less attractive internships. By contrast, it might not be quite as complicated to combine an internship in a medium-sized company, a one-man publishing house or a private radio station with a vacation in the U.S. Many of these internships can be obtained rather informally through a spontaneous interview. Small companies can generally not afford to pay the intern, but the chances are pretty good to get an internship, and the likelihood is that one could learn a great deal there. Interns in these organizations can profit considerably from the fact that they will be given more responsibility and creative projects much faster than in the hierarchy of a large company, so taking advantage of such a chance should be worthwhile. Experiences made there could prove invaluable for future internship applications.

Those who can apply for an internship while in the U.S. and do not anticipate visa problems should start early to prepare themselves to face the competition and be thorough. This could mean that students striving for the best internships begin their research in the summer of the preceding year. Good research means finding the names of contacts, attending informational sessions, and collecting as much data and facts as possible about the company or organization. For all other internships, it is generally sufficient to hand in an application in December of the preceding year for a start in June.

Those who eventually secure an internship should look beyond their immediate sense of joy and realize that not all that glitters is gold. Interns seldom get important projects or are treated as equals by their colleagues right from the start. Those who have managed to get an internship with a large newspaper and expect to start writing articles right away might find themselves in front of the copier for hours. Due to well-established internship programs, employees in American corporations can rely on having interns during the summer, meaning many tiresome and boring projects naturally get saved for the interns. Generally, interns in American companies are carefully supervised by their managers and everything they do is scrutinized. Only after an intern has proven his or her abilities in small and sometimes frustrating projects will he or she be given increased responsibility and more challenging projects. Nobody is considered too good to prove his or her motivation and talent in apparently unimportant projects. After all, an internship in the U.S. lasts at least ten weeks, and there is plenty of time for personal development.

Telephone calls and correspondence in English can be quite challenging. They may even cause problems for those German interns whose everyday English is excellent. Even if one is up on the most current jargon in commercial correspondence, it is still advisable to have English-speaking colleagues check important letters. When answering the telephone, one should know one's own limits and be patient with oneself. Nobody should be afraid of asking the person at the other end of the line – if necessary, several times – to repeat what was said, if this will help avoid a misunderstanding. Interns who are enthusiastic, responsible and good-natured at work will be rewarded with friendliness and positive feedback from their colleagues.

It is common in American companies to meet with the supervisor at the end of the internship in order to get a clear picture of one's talents and weaknesses. The intern should also ask for a letter of recommendation that describes in detail those projects in which he or she has been involved. It can never hurt to thank the employer in writing after the internship is completed for the valuable experience gained in the company. Colleagues who were instrumental in teaching the intern also welcome gestures of appreciation. It is in the intern's own best interest that the company remembers him fondly, since contacts made during the internship might be useful later on. In the U.S., many interns stay in contact with the company they worked for. They turn to their former colleagues for advice in professional matters. They also let their former employer know if they are especially impressed by a product, strategy, publication, etc., or if their professional or academic career is going well. Thus, an internship in the U.S. can be an excellent experience and at the same time lay the foundation for a successful career.

19.3 The Everyday Business Routine in the USA

The relationship between employers and employees is different in the U.S. than it is Germany: more open and team oriented. The German language is more formal than English, and "you" has two different forms: A formal one, "Sie" (which is roughly equivalent to being on a last-name basis), and a less formal one, "du" (which is like being on a first-name basis).

In a typical German office employees will use the formal form of address. This also means that someone with a doctoral degree will insist that others use his or her title when he or she is addressed. In the U.S. this is very different. Most employees address each other by their first names and do not use titles. Consequently, colleagues are often not aware that someone has earned a doctoral degree, unless it is on a business card (e.g. Jim Doe, PhD or MD or JD, and not Dr. Jim Doe). Some American companies in Germany (e.g. Hewlett Packard) choose a middle ground in this language dilemma – employees address each other by their first names and use the formal "Sie".

19.4 The Relationship among Employees

The more casual atmosphere in American companies also allows employees to ask each other for advice when needed. The attitude that "I know something, but I will not share it with anyone because it could give me an advantage" is rare in the U.S. Americans are very open minded and open to new things. Whenever you mention that you are German, people will ask you immediately where in Germany you come from and what brought you to the U.S. In most cases the person you talk to has been to Germany, has German ancestry, or knows someone who recently visited Germany. This usually leads to some pleasant small talk.

As in Germany, in American business settings, individuals who are easy to work with become popular quickly among their colleagues. In America, easy to work with typically means having a smile on one's face, being a hard worker, and being willing to take over some of the work of others if necessary.

This open atmosphere is often enhanced by the interior office design. It is unusual that an employee has an office with a door all to him- or herself. Usually, only executives have separate offices. All other employees have no doors, and workspaces are separated by room dividers, creating what are sometimes lovingly deemed "cubby holes." As long as a door is open, employees are available for each other. Nonetheless, it is common courtesy to knock at a colleague's doorframe or workspace divider before striking up a conversation.

19.5 The Relationship between Employees and Supervisors

While a person's level on the German corporate ladder is often expressed by whether or not he or she has a personal secretary, in the U.S. this privilege is most often reserved for the executive officers (such as a president or VP) of a company. Everyone else writes papers, reports, memoranda, etc. on a PC. Letters representing the company to the outside world are generated by a small support staff to guarantee a homogenous look and feel. The support staff also answers the office phones and deals with incoming and outgoing mail, but is generally not responsible for running errands for the employees, making photocopies, sending faxes etc. The employees perform these tasks themselves. Conversely, the secretaries of company executive officers do pick up some of the support work for their bosses.

The informal tone described earlier also exists between employees and their supervisors. In this regard, interns are treated like all other employees, i.e. the supervisor is called Tony and the director of the office Amy. This informal tone reflects a general attitude among Americans: an employee's reputation does not depend merely on his or her formal qualifications, how long the person has been working for the company or in which position, or even if the person has a doctoral degree. What counts is that the employee applies his or her skills well and does what is necessary to get the job done. While this may vary depending on different employees' backgrounds, it is still not generally assumed that a new employee cannot contribute as much as an old hand.

In contrast to Germany, American supervisors like memos. A typical memo is one to two pages in length and succinctly presents a solution to some perceived problem or makes some policy or situation known that others should be aware of. An intern recalled that she very much enjoyed the respect she received from her supervisors and colleagues. She was considered part of the team and not treated like some incompetent student. Of course, this is not to say that exceptions to this general practice cannot be found in the U.S.

Supervisors are generally more than happy to offer advice when asked. To them this is much preferable to having to clean up the mess caused by an employee who failed to solve a problem due to lack of information. Nevertheless, this offer should not be overused. You might ask yourself why the relationship between employee and supervisor is more one of equals than in Germany. Traditionally, American society is less hierarchical than European society, which is also reflected in the business world. Still, this description of the American business world should not lead you to believe that there is no hierarchy and that subordinates have no respect for their supervisors. A hierarchy exists, but it is flatter than in European organizations. All employees enjoy respect, but not simply because of their titles or their positions. Supervisors earn respect if they are fair and able to motivate their employees.

19.6 The Relationship between Employers and Employees

Daily dealings in the workplace are more informal and casual than in European companies, partly due to a fundamentally different relationship between employees and their superiors.

In comparison to most European economies, the American one is totally market oriented. Consequently, Europeans expect a hostile atmosphere to exist between American employers and employees. This might still be a rather valid assumption for unionized blue-collar workers, but not for their white-collar colleagues. Reasons for this are difficult to define, but the consequences are obvious. Employees do not see their employer as the enemy who is expected to pay higher wages each year and who otherwise should be exploited as much as possible. In general, the relationship is cooperative. Instead of focusing on the wellbeing of the individual workers, employees focus on the wellbeing of the company. For example, in economically difficult times employees are willing to accept wage cuts in order to protect and keep their jobs, a behavior that is rather unusual in Germany.

All this demonstrates different expectations on the part of both employers and employees in the American workplace. An employer expects company loyalty even though American employees change jobs rather frequently. The expectation is that employees will see the wellbeing of their company as paramount and will be willing to put in overtime if necessary or accept wage cuts in economically difficult times. In addition, it is expected that employees treat company property with care and use it sparingly and not for private purposes.

Wages and salaries are comparatively lower in the U.S. than in Germany, therefore choosing a job is also influenced by the benefits offered (for further details on this issue see section 17.9: Wild West Working Conditions in the USA?). To illustrate, the health insurance a company offers is important because comprehensive and reasonably priced health insurance can in most cases only be acquired through group insurance, i.e., the employer. Thus employees have a vital interest in their company's wellbeing. By contrast, in Germany these and other social benefits are offered by the government not the employer. But the benefits offered by employers are not the only reason for a less hostile and more trusting relationship between American employers and employees. The employee is confident that the employer does not take advantage of him and that he is treated fairly. In exchange, the employee is willing to work hard for his or her salary.

Also, employees expect that they will receive fair benefits, that they and their work will be respected and that they will be able to keep their position as long as they are doing a good job. It is important to many Americans that they learn a good deal and have worthwhile experiences through their work. If this does not happen, they are much more likely to quit and move on than is the case in Germany. Maybe this is partly the case because the quality of a job has a different value to employees than it does in Europe, it is seen as more than a necessary evil to earn money: as an important part of one's self-realization.

Evaluations are also part of the American working world, although they might be done differently than in Germany. Evaluations serve two purposes. First, their results give the employer a guideline for promotions; and second, they clarify to the employee possibilities for professional growth. To facilitate the latter, the supervisor tells the employee what he or she is doing right, what could use improving, and what professional goals might be achieved by doing X/Y/Z. For example, a supervisor might praise a certain employee's work and suggest that improving leadership skills by taking a class at the local university could lead to a promotion.

Evaluations usually take place in a one-on-one conversation between the supervisor and the employee. Generally, the employee has the opportunity to respond to the evaluation and sometimes to submit a written response. Depending on the organization, a written report about the evaluation may be added to the employee's personnel file. In the beginning, evaluations take place a couple of times a year; later they take place about once a year. Since employers encourage and expect their employees to continually develop their skills and knowledge further, many offer support for attending classes at a local university or community college, a seminar, etc. Support may mean financial support or letting employees take courses during regular work hours without docking pay. Management seminars are very popular, since they can be tailored to the needs of a specific company and are less time consuming than regular (semester-long) university courses.

19.7 Wild West Working Conditions in the USA?

If you grew up in Germany, it seems natural to you, almost God-given, that employees are entitled to 30 days of paid vacation, continued payment of wages and salaries during illness (or sick days), protection against dismissal, health insurance, social security, and workers' compensation insurance. But the U.S. example shows that these benefits are not God-given. Although employees in American companies in Europe are entitled to all these benefits, it is important to understand the expectations of American colleagues in this regard in order to avoid conflicts. These differences tend to reflect fundamentally divergent patterns of behavior and expectations in both cultures. This gains additional significance when one realizes that legal provisions seem to greatly influence the attitude and behavior of employees.

19.8 Work Hours

Throughout the world the saying still goes that Germans live to work. In reality, and when comparing American and German workers, the former work harder. The standard workweek is currently 40 hours, and no broadscale time reductions are in sight. Furthermore, American employees are more likely to put in more (unpaid) overtime than German employees in comparable positions (i.e., work longer on weekdays and on Saturdays) – as those familiar with John Grisham's "The Firm" and Tom Wolfe's "Bonfire of the Vanities" already know. To cite a real-life example, a 27-year-old intern from Nideggen, Germany, living in Madison, Wisconsin, reported that she interviewed with a consulting firm where the average time spent on the job is 55–60 hours a week. Such working conditions are no exception for this type of work; employees are expected to do whatever is necessary to complete a project. Overtime is not only expected of new employees but of all employees working on certain projects. Nevertheless, this will differ from company to company.

Working hours are usually rather inflexible, but some organizations have begun to offer flexible time schedules to their employees. Telecommuting – taking advantage of new computer and communications technologies to conduct business from a remote site – has made many new options available in this regard. In your typical American company the lunch break would average about 45 minutes. Further breaks throughout the day are not scheduled. Even though colleagues chat with each other about non-related topics, these conversations are mostly shorter and less frequent than among colleagues in Germany. American employees have fewer holidays than their German counterparts, and holidays do not automatically mean that employees can stay home. Standard work-free days are: Memorial Day, Independence Day, Labor Day, Thanksgiving, Christmas (December 25), and New Year's Day. Good Friday is usually a work day, but some employers give the afternoon off.

A list of all American holidays:

- Martin Luther King, Jr. Day – third Monday in January
- Presidents' Day – third Monday in February
- Easter – Easter Sunday
- Memorial Day – last Monday in May
- Independence Day – July 4
- Labor Day – first Monday in September

- Columbus Day – second Monday in October
- Veterans' Day – November 11
- Thanksgiving – fourth Thursday in November (often employees have Friday off, too)
- Christmas – December 25
- New Year – January 1

19.9 Illness

In addition to six weeks of paid vacation, German industrial workers miss an average of another 19 days of work a year due to illness. Their American counterparts miss an average of 7 sick days. In the U.S. no provisions exist regarding mandatory health insurance and sick days: all such regulations are subject to individual contracts. Some blue-collar workers receive neither health insurance nor paid sick days, whereas it is rather common for white-collar workers or very qualified workers to enjoy such benefits.

19.10 Health Insurance and Sick Days

A European reader might wonder why employers offer such benefits, when it is possible to buy health and income continuation insurance on the free market. On the one hand, these insurance packages are usually more expensive and offer less coverage than many group insurances. On the other hand, insurance companies, as a rule, will not cover preexisting conditions, not even for a surcharge. In cases of severe illness they might not even be willing to grant partial coverage to an individual with a pre-existing condition. Group insurance, on the other hand, does not exclude coverage for pre-existing conditions. However, all of this might change in the foreseeable future: while the Clinton Administration's attempts at guaranteeing universal health coverage proved overly ambitious, national health care reform remains prominent on the national political agenda.

If employees take days off due to illness, they usually get their regular pay for 6–13 days. After these sick days are used up, there is often no additional coverage beyond that. However, some employers offer income continuation insurance that pays a certain percentage (e.g. 75 %) of the regular wage for as long as stipulated in the insurance policy. In any case, American workers are less likely to stay at home when they are sick.

19.11 Vacation

Generally American employees receive 10 days of paid vacation. Not-for-profit organizations usually make up for paying lower wages by granting more paid vacation in exchange (e.g. 15 days, even to new hires). Over the years the paid vacation will usually increase to 15 days – more is rather unusual. In addition to paid vacation, employees receive a certain number of personal days. Sometimes they are meant to be at the free disposal of the employee; sometimes they are considered personal and sick days in one. However, it is hard to make generalizations, since the number of free days will vary from employer to employer (usually they are somewhere between 2–6 days).

19.12 Job Security

In comparison to the extensive job protection German workers enjoy, the American labor market, operating in the context of a free market system, might well be thought of as resembling the "Wild West." In general, classified government employees have more job protection than their counterparts in business. Yet, even the state does not guarantee life employment independent of an employee's performance. If an employee wants to quit work, usually giving two weeks' notice will suffice. Executives of multinational corporations are expected to give four weeks' notice. However, these timetables are typically not based on contractual agreements but on the conventions of everyday practice. Therefore, if an employee suddenly decides to quit one day and does not come to work the next, the employer cannot force the employee to return for the remaining time. The only consequence of such a behavior would likely be that the employer might not be inclined to give the former employee a reference for future jobs.

To end an employment relationship, the employer also has to give the employee two weeks' notice (called sending out the "pink slip"). Whereas in Germany most employees cannot be fired if the employer is not satisfied with their job performance, American employers are free to "let people go." In contrast to Germany, they also do not have to take the social background of the employee (number of dependent family members, length of time with the employer, disability, etc.) into account when deciding which employees to let go in tough economic times (this rule does not apply in the same way to unionized companies). Also, expensive redundancy pay-ment schemes are unknown in the American business world. In general, the fired employee has a right to know the reason for being fired. Although so-cial factors do not play a large role in determining which employee has to go, firing employees based on their race, religion, gender, age, or national origin is prohibited under anti-discrimination statutes.

Reading this, a European might get the impression that American em-ployees have no job security and constantly live in fear of receiving a pink slip. This impression is incorrect, as long as the company is doing well fi-nancially and the employee is performing well. However, during tough economic times, the prevailing system enables greater flexibility by allo-wing companies to forego expensive benefit packages and to reduce staff in order to stay in business. To secure this overriding objective, Americans accept this system, even if it means that some employees have to be let go arbitrarily.

19.13 Pay and Benefits

In the U.S., employees are paid weekly or bi-weekly – very rarely on a monthly basis. The salaries paid in the U.S. are usually lower than those in Germany. As an example, the aforementioned consulting firm is willing to pay recent university graduates $34,000 a year. In contrast to Germany, university graduates start working in the real world right away, without the benefit of trainee programs that have become very popular in the "Old World." Companies expect that new hires have already received the requi-site basic training in college, making such programs unnecessary. After short orientation sessions introducing them to the company, new hires in large corporations can usually look forward to training programs on com-pany-specific topics and new methods for improving performance that are offered regularly to all employees.

Despite receiving on average lower pay, Americans do not necessarily have less disposable income than Germans. The reasons for this are nume-rous: more favorable tax rates, fewer mandatory payments, automatic de-ductions and exemptions, lower living expenses, and benefits, all of which enhance one's income. Benefits usually include inexpensive health and old age insurance; sometimes they also include income continuation insuran-ce, day care, and the possibility of spending vacations in company-owned facilities. Further benefits are sick and personal days and maternity leave. When available, maternity leave is part of the employer – employee agreement, since the U.S. has no overriding legislation on maternity leave. Usually employers grant six weeks of maternity leave. For most women this means working until shortly before giving birth and then taking off the rest of the time afterwards. In rare cases, employers grant three months of maternity leave, but if so, it is unpaid. Some employers are willing to grant 6 months of maternity leave, but most of the time this would be unpaid leave. Finally, it is also considered a benefit if employers are willing to give employees unpaid time off, since there is no obligation to do so and it is beneficial for an employee to take additional time off without losing his or her job.

19.14 Helpful Hints from America: Dress for Success

Americans enjoy wearing T-shirts, jeans and tennis shoes, and chewing lots of gum. This may be so at sports and games, but in two places you can expect them to be all dressed up: at church and at the office. From the working world comes the distinction between white-collar and blue-collar workers. Americans may be freethinking and liberal, but in their attitude towards what to wear at work they are most often ultra-conservative. And breaking the dress code can even bring about some unforeseen disadvantages, e.g. being passed over at promotion time (even if only on a subconscious level) because one doesn't seem to toe the company line. What the Germans know from writer Gottfried Keller, that "Clothes Make the Man," translates for Americans today as "Dress for Success" (which is also the title of a book). This statement implies (most often correctly) that if a person is well groomed, he or she is on the path toward advancement. Where does this attitude come from? Clearly from the conservative British. One only needs to stroll through London's financial district to see that everyone is wearing gray and black suits (until a couple of years ago they also wore Derbies). Americans are less strict; in the summer one may wear more color. At most firms the suit is no longer mandatory – a two piece combination will do –, but jacket and tie are still a must. Never wear things like lilac suits with silk shirts or Mickey Mouse ties and white socks. One has to look professional, and yet at the same time comfortable and at ease. At any rate, one should not look like the "butcher's son on Sunday." Men do well to wear their hair short, above the ears. Also, men should forget necklaces, bracelets, and especially earrings. These may be appropriate for a disco, but not for an office. Wear it once, and you'll be "out" for some time. Jewelry is absolutely reserved for women, and they make ample use of it, especially fashion jewelry. If a woman, on the other hand, is satisfied with less, yet more valuable jewelry, it also says something about her personality.

In Germany and Europe, whether it is an American firm or not, you are well served to first look into whether the company you are going to interview with has a particular dress code, but when all else fails, aim for simple elegance. Of course, it will be different depending on whether you have applied for a job at a bank, a computer firm, a fast food chain, or an advertising agency. For many people, by the way, the conservative wardrobe has an added benefit: you learn to appreciate casual clothing tremendously. To dress for success is half the battle, but being a true winner requires professional competence, being a quick study and, at the same time, being performance-driven.

19.15 Hire and Fire – an American Affliction?

During many interviews we have conducted on behalf of German or European subsidiaries of American corporations, we have quite often been confronted with the following questions and reactions: "So, your client is a major U.S. corporation – how high is its fluctuation rate?" Not always this direct, but nevertheless, during a high percentage of interviews, candidates voiced their concern about what was obviously an uncomfortable topic, the rate of employee turnover. Not sales and profit figures for the last three years, not the forecast for the coming years, not details about the job or its prospects – no, the first question dealt either directly or indirectly with job security. And U.S. companies at first seem to fare badly among many job applicants. "Your client certainly has a pretty good reputation today, but you know how fast this can change with Americans." According to the motto: the patient looks as fit as a fiddle, but he could be infected with the virus called "Hire and Fire."

Where does this reputation that precedes many U.S. companies come from? It might go back to the days when day laborers in America could only find out day by day who would be given work, basically completing various tasks that did not require any special training. Back then, most workers with day-to-day employment did not switch employers as often as you might think. Surely many worked at the same place again and again because there were no other opportunities.

Even to the present day a mentality lives on in some U.S. companies that is characterized by decidedly short-term behavior, often coupled with a totally unreserved pioneer spirit. As higher job requirements demanded higher-educated employees, companies accordingly paid more attention to lowering the rate of turnover in order to save costs. However, it is still the case that workers in the U.S. are typically given one week's notice, and salaried employees two weeks' notice. Cases where employees or employers give one day's notice are also possible on every hierarchical level; written employment contracts are not the rule in the U.S.

This is what many U.S. managers are used to when they come to Germany to establish, restructure or also lead manufacturing plants or sales agencies. Companies often hired employees in a rather quick and unbureaucratic fashion and reacted in just as uncomplicated a manner when the situation changed at the parent company or in the German market, or if an employee's performance did not live up to expectations.

There is no question that the German subsidiaries of American parent companies are subject to local labor laws, and the industrial relations law ("Betriebsverfassungsgesetz") includes specific regulations on Hire and Fire.

Nevertheless, many applicants are bothered by this subject. But why? When an employee realizes that he or she can no longer identify with an employer's goals or does not agree with certain strategies or measures taken, or can't or does not want to produce the expected results – could there be anything more logical than trying to find a new job? When an executive realizes that there are employees in his or her department whose absence is more conspicuous than their presence, wouldn't he or she then be obliged to take corrective measures? As a last resort the employee might be dismissed, which the whole department is ultimately expecting should happen. After all, the black sheep's workload must be carried by other colleagues. On the topic of dismissal there are only gradual differences between German companies and those U.S. companies in Germany which are influenced by the U.S. corporate culture. American companies react faster in many areas, their actions are very often guided by a short-term profit outlook with the quarterly report in mind. This can also be said for the practice of hiring and firing. And, when it comes to firing, short-term decisions can even reflect farsightedness. You know the German saying: "Better a horrible ending than a horror without end."

What is so disturbing about a dismissal? If we view such changes positively as the opportunity for a new start, Hire and Fire in its present mild form will become less frightening. In addition to mental mobility, we need the courage to pack our bags and take off, to move, and to find new horizons. We certainly do not want to overlook the fate of those who have tried unsuccessfully for years to find a job. The following suggestion might help one or the other job hunter: trust your own abilities, do not cling to the values of your experiences, try something new, do not insist on certain industries, positions, hierarchies, on a certain income, or the fact that you cannot leave Bingen or Schweinfurt. Get your foot in the door, regardless of where the company is, convince others by your commitment and your performance – and soon you will be discovered (again).

U.S. companies are also known for giving applicants a chance, who do not necessarily have the right education for the job. Your success will be determined by how well you assess your own qualifications. Take the tasks that future employers outline to you seriously. Do not hope or believe that you can talk your way through a company just because the personnel officer seems so relaxed and friendly. Decide on a career opportunity with an American-German company only after a realistic evaluation of your personal and professional qualifications convinces you that you want to be evaluated based on the results of your commitment, even in the short run, and that you can meet the discussed targets. So that the "Hire" isn't soon followed by a "Fire."

20. What You Should Know Before Joining an American Company

20.1 The Job Interview

People looking to enter the job market or climb the career ladder in Germany tend to prefer interviewing with German companies rather than with the subsidiaries of U.S. corporations. This is surely not due to a lack of confidence in their English-language abilities. On the contrary, it is primarily attributable to a commonly observed aversion to entering into an employment contract with U.S. companies in Europe, based on a preconceived notion that these companies fail to address their workers' needs and interests in terms of social security. This is an ill-deserved reputation.

Admittedly, U.S. companies are clear about the fact that their main goal is to make a profit. Whoever does not contribute to the bottom line of an organization will get fired sooner or later – and mostly sooner. Job protection as it exists in Germany is unknown in the United States. This view is widespread in Germany, which in its essence might be true, but does not paint the entire picture. In fact, in the United States there are also strict laws and regulations regarding workers' rights, which must be strictly adhered to.

Americans just view social rights and benefits from a different perspective. It is not social security or an employer's responsibility for welfare that takes center stage, but the right to equal opportunity in the job market, without discrimination due to race, color, religion, sex, age or origin. The relevant legal provisions influence a company's vision and values significantly. It already starts with selecting the right candidate from a long list of applicants vying for a vacant position.

Of course, certain aspects of personnel policies of U.S. corporations are reflected in their subsidiaries abroad. But it must be noted that U.S. companies in Germany are obliged to conform to and abide by German work and social legislation. The rights to co-management set forth by the Labor-Management Relations Act must also be respected without restrictions.

This does not, however, exclude certain deviations from commonly accepted methods and emphases regarding the evaluation and appraisal of applicants for positions with U.S. corporations in Germany.

If you submit your résumé to a U.S. company and are invited for a job interview, you can be assured that all the standard rules will apply as they would when interviewing with a German company. But please, don't just consider interview confirmation, travel plans, haircut and dress code to be important for the interview. You should also find out as much as you can about the company to which you are offering, and would ultimately like to sell, your services. Perhaps you can contact your bank or one of the well-known accounting firms to request an annual report of the German subsidiary or the parent company in the U.S., and study it carefully. In most cases these annual reports can also be acquired from the public relations departments of the companies you are interested in. And if you need it fast, you would do well to check the Internet, too. Only when you know details about the company, its products or services, and its economic standing and objectives will you be able to carry on a conversation. Aside from this information, you need to project confidence and be goal-oriented as well. Being open and honest when answering questions is another important prerequisite for a successful interview.

The following should familiarize you with certain customs and practices inherent to U.S. companies in Germany: in most cases you will take part in individual interviews, conducted by several different people, in several rounds, one after another. You will most likely meet with the personnel manager and/or a trained recruiter from the human resources department, the supervisor of the position to be filled, the department head, and finally the group executive, general manager or even the CEO. The talks can stretch throughout an entire day, sometimes also several days. Please be prepared to answer the same questions repeatedly. Be careful not to let your answers diverge.

It is more rare to appear before an entire committee to answer questions. Such "panel" or "board" interviews are particularly appropriate when the candidate is considered for a leading position within a management team. Such an interview is designed to examine your qualities as a team player or team leader.

Usually interviews are conducted in a relaxed, almost informal atmosphere. As Americans say, being "at ease." Play along, but don't confuse informal with "familiär," in the German sense, which implies a certain forwardness or intimacy. You must observe the rules of mutual respect. Even though it is customary in U.S. companies to address colleagues by their first names, this should not be mistaken for the German "Du", which we have already talked about elsewhere. One is expected to know one's place and to maintain the distance implied by the German "Sie". Titles indicating one's position in the company hierarchy and academic titles are not used when addressing others, so don't expect to be addressed this way either (unless you are a medical doctor and are applying to be a company doctor). Even if you are in the final round of consideration for a director's post, you will have to do without titles when being addressed.

Americans do not emphasize aptitude tests, intelligence tests or handwriting analyses as much as many German companies do. During discussions they are much more concerned with finding out if the candidate is technically, professionally, physically and psychologically appropriate for the position. The interviewer is charged with the task of ascertaining the specific skills and capabilities you can bring to the job ("Can Do" factors). Your general knowledge and abilities will be of interest later. Moreover, the interviewer must discern your motivation and interest for the job and if you display the personality characteristics that the position requires ("Will Do" factors). The total sum of "Can Do" factors and "Will Do" factors allows conclusions to be drawn as to the probable performance and efficiency rating of a candidate. The following table applies to candidate selection:

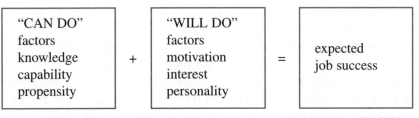

"CAN DO" factors knowledge capability propensity	+	"WILL DO" factors motivation interest personality	=	expected job success

Source: Chruden/Sherman, Managing Human Resources, South Western Publishing Co., Cincinnati, Ohio, U.S.A., 1984, p. 161

American companies structure their interview questions accordingly and gear them toward the job requirements. Not only will the interview be based on the list of job requirements, but also on the job description. According to a Supreme Court decision in the U.S., it is illegal to administer tests that include criteria not relevant to the position to be filled. This has its effect on the subsidiaries of U.S. companies in Germany as well. Generally they have job descriptions giving detailed information about the functions and responsibilities of any given position. Be advised to ask during your first interview for such a job description. This will prove useful during further interviews.

Every interviewer expects clear and concise answers from you to his/her questions. Try to answer precisely, don't give longwinded explanations. Don't be embarrassed for not knowing the answer to a technical question. Simply say: "I don't know." Don't answer a question with another question, unless of course you didn't understand the interviewer's question. You should put together a list of your own questions concerning the job, company and style of your potential manager. You may state your own honest opinions, provided they are not insulting. If at any time during the interview you feel as though a question is too personal, it is certainly in order to ask how the question is relevant to the job. In any case, it is important to remain calm. It is possible that the question was asked to scrutinize your self-control and reaction. There are so-called stress questions exclusively designed to catch you off guard, in order to determine how quick witted and self-confident you are. Keep in mind that the interviewer must check out and evaluate how qualified you are for the job. He must get to know your "Can Do" and "Will Do" factors. Allow him to ask the questions and to be in control of the interview. By all means, refrain from giving speeches. A typical interview should consist of the interviewer speaking 30% and the candidate 70% of the time. Please be aware that the interviewer will study your body language, your gestures and facial expression, and the way you express yourself. Just behave naturally – be the way you normally are. Strained and self-conscious behavior doesn't leave a good impression.

U.S. companies use a lot fewer standardized interview questions than their German counterparts. However, there are typical questions and patterns governing interviews. They can be categorized as follows:

(a) Warm-up; (b) presentation of the organization, the position and job functions; (c) evaluation of the candidate's interests, motivation and general objectives; (d) résumé and job history of the applicant (American résumés start with the current position and work backwards to college and other training. Your professional experience and track record stand in the foreground, not your degrees and education.); (e) work-related qualifications (validation, references); (f) personality of the candidate; (g) compensation and benefits package offered by the company vs. candidate's expectations; (h) interview wind-up (reimbursement of travel expenses, what will be the next step?) (i) written comment/decision of the candidate and/or the company.

For the interviewer or interviewers, the most critical phase of the hiring process starts now, after the initial interviews. Different candidates have to be appraised, evaluated and assessed and compared with each other. To ensure equality, the same criteria and standards must be systematically employed for all. For this reason, most U.S. companies use standardized evaluation and interview forms. This facilitates a comparison of the evaluations made by various interviewers. Ultimately all interviewers must decide together who appears to be the most suitable candidate for the position. This is not decided by one person alone, but rather a consensus must be reached before the contract is signed by the personnel manager.

If you are fortunate enough to be chosen, an American company will offer you real advancement opportunities internationally, provided you are ready to deliver performance and results. U.S. corporations expect team spirit and an appreciation of common values from their employees. This includes mutual fairness and loyalty as well as a respect for safety precautions, quality assurance and environmental protection. While creativity is much sought after, there is no room for dreamers, but unconventional people are given the benefit of the doubt. New ideas that could improve the bottom line are always welcome. You should take the offensive in pursuing goals, but not without consideration for your co-workers and superiors. Flexibility and drive are appreciated. Risk takers are viewed positively; negligence, on the other hand, is not tolerated. Nothing is more important than profit, and nobody has reservations calling it like it is: profit is the motto. Without profits there is no security, no money for investments to ensure the future of the company, and ultimately, without profits there can be no wages and salaries. Some 100 years ago even Samuel Gompers, the first president of the American Federation of Labor (AFL) workers' union, recognized this simple principle and its compelling logic. When asked by a reporter about the worst thing a company could do, he did not hesitate to provide this most meaningful reply: "The worst business can do is not to aim to make a profit".

If you recognize and utilize your opportunities you can get ahead quickly working for an American company. You will not have to beg for raises and opportunities for training. As long as you contribute significantly to the overall success of the company, you will surely be successful too.

20.2 Lesson No. 1: Think Positive!

The basis of an American company's German sales office can best be described in terms of budget and forecast numbers. "The budget determines the table size, the orders forecast invites the people, and the shippables pay the bill" – this typical statement says more than meets the eye.

Advance budgeting is projected for at least nine months, sometimes for an entire year, as long as it relates to ongoing operations. For strategic planning, of course, the time periods are longer, while the details are not as precise.

The budget that is agreed upon determines the operative framework for the enterprise. The orders forecast reflects the expectations and provides the financing for the business, whereas the sales forecast indicates when the orders forecast can be transformed into revenues. The backlog – represented by the difference between orders and shipments – provides a measurement for the soundness of the business. The shipment decides the ultimate success of a transaction and brings cash into the register.

In order to avoid misinterpretations, it must be clear that the numbers mentioned relate both to units as well as to value. Often, the same spreadsheets show product margins as well as fixed costs and therefore allow a direct assessment of the operational results. In this way the relevance of a possible price decrease becomes transparent immediately, which forces a higher unit volume, if revenues and margins are to remain intact.

Before becoming an accepted player in a typical American sales environment, these terms and their interdependencies must be fully understood and internalized. Then you can follow the typically ambitious plans of U.S. bosses or even develop some of your own.

However, in the cruel light of day many a plan has been crushed. In order to avoid this fate, the Americans have invented the "rolling forecast," an extension of the usual one. Here the planned orders/deliveries are updated monthly, so that deviations can be unearthed in advance. This method also enables the detection of situations such as when a planner keeps pushing a goal further away, making it unattainable. This is known as the "kicked box syndrome," because it is like kicking a box away from you each time you try to grab it. Also situations like the overly-optimistic estimation of the delivery cycle by the sales department can be caught.

But before you can sell, you have something else to do; namely to present what you want to sell. Here, too, the Americans have established "Golden Rules" which you should follow in order to be successful.

The first and most important ground rule is to "Think Positive". Although this should go without saying, in meetings and discussions you will still often find those with a negative approach toward new situations and problem solving.

They can be recognized by their typical responses: "We tried it before, doesn't work," "Will never work," and similar sayings, which the Americans simply call "Killer Phrases" – words that easily choke a discussion. Once you know this you can avoid these phrases yourself and can judge those by others accordingly. During a discussion with an American or someone trained in the U.S. you will find out rapidly that positive thinking alone leads to success. He who tackles an argument negatively is ultimately the loser. It's as simple as that. If you think about it honestly, you'll have to agree. And besides: who really likes a nay-sayer?

Like everything else we know from the U.S., presentations must also be short and concise. Attract attention, make a core statement, conclude. These are the elements. The American boss will watch very closely whether you stick to the essentials. You should adopt this as a general rule, because it breeds success.

And a good presentation style is useful not only when an American boss or colleague joins you on a visit to clients, but also when they are in town to put the staff through the mill.

"Your charts are too busy" is a typical comment by Americans when they are confronted with slides laden with graphics and text, spelled out in finest detail in the renowned German pursuit of technical perfection. They prefer to be informed in a simple and understandable way, through clear presentations that can be grasped at a glance. Which means: no more than ten lines of copy, only a few graphics. Modern PC-based presentation programs often seduce people into letting text and graphics grow out of proportion.

Americans expect short and concise presentations not only for themselves but also for their prospective customers. After all, they bring in the business and form the basis for current and future activities.

The words "I," "we," and "our company" are not supposed to be in a presentation; instead, the company's name should appear. During the presentation you should seek eye contact with someone in the audience rather than looking towards the screen because then, literally, you would be "talking to the wall" and turning your back to the customer. You should use a pointer to highlight important topics in your presentation, and avoid covering parts of the slides with a sheet of paper, because this patronizes the audience. If you want to give information bit by bit, use separate slides instead.

20.3 Focus on Talent and Ability

In most larger American organizations it is already clear during the interview that this is a process that is planned from A to Z. The systematic manner in which questions are asked, but also the way precise answers are given to even vague questions by the applicant concerning the position show that one is dealing with a well-prepared partner. How does that come about?

Before a position is advertised at all in an American company, there must be a job description and a well-founded explanation why this post needs to be filled in the first place. Because personnel costs are reflected in overhead expenses, the total number of available positions indicates roughly the size of the personnel budget.

Within the personnel budget it is generally up to the department head which positions to fill, as long as he or she doesn't exceed the total head count. This department head might hire an experienced secretary to provide relief from routine work or a young sales representative to increase sales significantly, thus supplying the funds necessary for increased personnel allowances within the next budget.

Already during the first interview options for career development are addressed, even if the topic is not brought up by the applicant. In return, especially large corporations expect from their candidates the flexibility and willingness to move to different areas within the company. The prerequisite, of course, is suitable potential. Often mid- and long-range career possibilities are described as well.

During the interview one can expect to meet the superior of the future boss, according to the principle "one over one." This means that no one is hired without the expressed consent of the next higher-up, even if the position meets budget requirements. It signifies, furthermore, that the evaluation of a given candidate becomes valid only when initialed by the boss's boss. Thus, this system works with a built-in control mechanism that should not be underestimated.

By the time you are evaluated at the end of your probation period you will have already been confronted by the term "career planning." Such evaluations, which occur at least once a year, can create problems especially for those people who make their professional development entirely dependent upon their superior's possible intention to change positions.

During the evaluation process, mainly two subjects are addressed: the employee's performance during the past evaluation period and what that bodes for the future. In most cases a further distinction is also made in terms of short and long-range perspectives.

Usually an "appraisal form" is used which is divided into four areas: responsibilities/objectives; results; performance; and short-term actions/long-term plans.

Generally between ten and twelve different criteria are evaluated, on a scale of either one to six or one to ten. Depending on the company, "one" can be a very good, "six" or "ten" a very bad rating, or vice versa. In any event one knows where one stands and where to go from there. And that's important.

"Responsibilities" are judged by how well results and expectations correspond. Special efforts above and beyond the call of duty are mentioned in the category "general achievements," where their results are documented.

Should there be a gap between targets and achievements, plans will be implemented to help the employee achieve his or her goals in the future. Therefore, in the area of plans, the approach is twofold: measures to immediately rectify shortfalls and to avoid them in the future, along with steps to help the employee develop his or her qualifications further. Another goal is to further an employee's aptitude and abilities to increase eligibility for a variety of positions.

Here the discussion turns to career planning. The ongoing evaluation process provides management with a clear picture of employees, which is then substantiated in one-on-one discussions. An attempt can then be made to match obvious strong points, skills and abilities with career possibilities in the organization. In the case of very good prospects, measures to prepare the candidate for the next career step are formulated and put into place in short order.

At this point large corporations will initiate a plan that has its own character, but points in the same direction: the internal recruiting of managers. Frequently abbreviated internal evaluation forms focusing on development potential are created based on additional interviews. Added to these files are assessments by superiors of the employee's potential, and, with the employee's consent, a personnel development program will begin.

In this way the organization can recruit new managers from within without having to initiate hiring activities. It is easy to understand that such a procedure has a positive influence on motivation. It must be stressed, however, that the identification of potential does not automatically guarantee an actual promotion.

20.4 What's Right for Today Is Not Necessarily Right for Tomorrow

Not only those who are interested in working for an American company should be able to cope with change, even sudden change. Each of us is confronted by change in our daily lives: sometimes small, sometimes dramatic.

Back to the business world: why do we have such a hard time dealing with change and new concepts? There are several points to consider here. We act primarily with our own interests in mind, not necessarily with those of the organization. When it first hits, every change is accompanied by the feeling of losing something valuable. Misunderstandings and mistrust also contribute to this feeling and lead us to resist change. Employees have the tendency to look more at the negative than the positive side of change, for themselves and the company. Employees also resist change in the company when they are afraid they will not be able to develop the necessary skills to live up to new expectations. In addition, many people up and down the hierarchy imagine the future as a continuation of the present, albeit with better financial conditions and fewer working hours.

In this context we should talk about paradigms. Paradigms are examples, models, or rules that we are constantly exposed to, and which are subject to change. For example, in 1960 it was generally believed in the United States that gas prices would continuously go down, the ideal family consisted of four children, cable TV would never succeed, and Japanese products would always be of inferior quality. All of these things have changed – some drastically – in the last 30 years.

History has taught us that many changes have actually provided unexpected chances, chances that signaled the beginning of a revolutionary development. A good example in Europe is the Swiss watch industry, which had captured 65 % of the world market by 1968. By 1980 the market share had fallen to 10 %. What caused this decline? Simply stated, a paradigm shift had occurred. Everything that had made the Swiss watch industry so powerful up to then no longer applied to this new watch that had been developed. No one could imagine a future for this watch. Ironically, it had been developed in the Swiss Uhren-Institut (Watch Institute) in Neuchâtel. But its rejection was clear and convincing. Of course, you know what happened here: the quartz watch had been developed. At the next World Watch Congress, the developers presented their useless product. Seiko caught a glimpse of it, and the rest is history. By 1981, 50,000 of the 62,000 watchmakers in the Swiss watch industry had lost their jobs.

Let's be honest: who can imagine life today without photocopies? In 1930, Chester Carlsson developed a new type of photography, and thereby the Xerox process. Interestingly enough, at first his new discovery was a big flop.

By the way, in case you would like to read more about paradigms, Joel Arthur Barker, who took pleasure in calling himself a futurologist, contributed significantly to the understanding of this topic, drawing on twenty years of experience, in his book *Future Edge: Discovering the New Paradigms of Success* (William Morrow and Company, Inc., New York, 1992).

You certainly will not have to deal with paradigm shifts on a regular basis. But as an employee in an American subsidiary, you do become aware of shifts, for example, in marketing or sales strategies, or in product or price policies. Sometimes you also experience significant changes due to quarterly figures.

20.5 Changes are Opportunities

Maybe we are also experiencing echoes of the pioneering spirit that is still thriving in some areas of the United States. As Europeans we have what are perhaps justifiable doubts about the American way of short-term thinking and planning. However, as Germans – and here we are speaking in particular about university graduates and the younger, working generation – we can learn something from the American pioneering spirit. We could use a more open attitude towards trying out new things, remaining flexible and mobile, and demonstrating more courage to leave our old ways behind and learn something new. We would also benefit from lowering our demands a little, and increasing our performance orientation.

Here we are also talking about the ability to pick oneself up off the ground when times get tough. Harley-Davidson is a case in point. For many years, the company was the unflagging number one in the American motorcycle market, an institution, basically a legend – and not just because of *Easy Rider.* Then Kawasaki, Honda, and Yamaha entered the American market and quickly surpassed Harley-Davidson. Even worse: problems with product quality surfaced. The people inside the organization were not willing to face the fact that it was high time for a change, for drastic re-thinking. But the company showed that it was possible to change from within, in an amazingly short period of time, with the cooperation and collaboration of all employees – from product development to production to sales and customer service. As you already know, Harley-Davidson is back on the road to success, once again a symbol of quality and much more. This drastic change took place with employees who were able to identify with the company and who were proud to be part of the wave of change that brought fresh energy, ideas, and success.

The moral of the story: if you are able to see change as an opportunity, and use it with creativity, quick reaction time, and courage, you may very well find satisfaction and an outlet for your talents and skills in an American company. Adapting promptly to changing customer demands, shifts in the market, new technologies and trends are just a few possibilities that especially small and mid-sized companies can respond to quickly. This is an excellent environment for bright, flexible people, especially younger ones, to lay down an impressive career path.

20.6 German Hierarchy vs. American Team Spirit

Imagine a monthly departmental meeting in a large German firm. The department head starts off with the agenda for the meeting and then asks the project manager: "Manfred, what were the sales projections that you and Sabine came up with for the next quarter?" The product manager, obviously prepared, replies confidently: "Well, Detlef, our team is expecting a five per cent increase over the current quarter." The meeting continues as planned and before adjourning, the boss, Herr Dr. Detlef Schmidt, reminds everyone about the inter-company volleyball tournament and picnic for the coming weekend. He closes with the challenge: "The winning team earns a case of beer!"

To the average German employee, such a scenario seems strange. For an American, however, it is just business as usual. There are fundamental differences between German and American firms as to how employees are organized in the corporate system: Americans prefer the team strategy, whereas in many cases Germans will still assign employees to a certain place in a formal hierarchical system. In this section, we will examine the differences between the two systems, why they exist, and draw conclusions as to their meaning to employees.

20.7 Cultural Background

In order to understand why the two different approaches to organizational structures exist, it is necessary to first examine the background of each method within its own cultural context. There are two main reasons why teamwork came to play such an important role in the United States. The first is American society in general, in which individuality is strongly emphasized. It is the individual who generates new ideas through free-spirited thinking and creativity. But these new ideas on their own may be flawed or incomplete, and an individual may lack the support to set such ideas in motion. The logic behind a team-oriented approach to business in America is to group several employees together to form a support system in order to strengthen the abilities of creative individuals. By matching different talents in a group, the weaknesses of some can be balanced out by the strengths of others, creating a solid functional unit. This notion is reflected in the American saying: "Two heads are better than one." The net result of teamwork is solid ideas that have a better chance of coming to fruition.

The second reason for stressing teamwork in American business is the development and fostering of a strong corporate image. It has always been viewed as an asset in America to be able to present one's company as a well-oiled machine to the customer. Already in the 1980s, corporate image began to play an increasingly important role, resulting in an even stronger emphasis on teamwork. The team approach achieves common goals, common standards and helps uphold a common image. Therefore, it is only logical that if a company wishes to develop a strong corporate image, it must organize its employees into teams.

The hierarchical structure in German firms, on the other hand, has a long-standing tradition. A system of checks and balances through a chain of command has led to a more bureaucratic approach to business practices. More often than not, it is one's degree that determines one's standing within the company. Adding to this is the fact that in German society a much higher value is placed on the submission to laws, rules and superiors than in the USA. A common, perhaps exaggerated saying tells us: "In Germany, rules are there to be obeyed, and in America, rules are there to be broken". This is one of the aspects of German society that helps maintain hierarchical structures in German firms.

20.8 Education

The next step to understanding the two systems is to examine the education of German and American managers. In America, the majority of business professionals has received some sort of business training at the university level. Many of these have gone on to complete a "Master of Business Administration" (MBA) degree. With a stricter curriculum than Germans are used to, classes might remind them of instruction during their younger years at school. Students and professors hold lively and intense discussions. Instruction is generally based on case studies, meaning that students discuss theoretical principles and apply these to real-life examples from business. This combination of theoretical and practical learning is rounded off by working in teams. Each team or study group receives a single grade, and members conduct an evaluation of each other at the end of the term. The objective is to develop interpersonal skills and the ability to work with diverse people to achieve a common goal. To a foreign observer this may sound rather simple, but in reality, time pressures can make effective communication with others very difficult.

In Germany, future business leaders sit in large lecture halls and seldom have the opportunity to interact with a professor. Due to the large number of first and second year students in such courses, teamwork as a teaching method is out of the question. Individuals must more or less rely on themselves to handle the course requirements. Only in the latter part of their studies are German students divided up into groups in the context of seminars.

20.9 Effects and Implications

The different implications of the German hierarchical approach and the American teamwork approach can best be seen in the day-to-day decision-making process. In both American and German companies, the ultimate decision will always rest with the manager in charge. The American manager, however, by discussing issues with the team, will allow each member to present input towards the decision. Whether the decision succeeds or fails, the team and the manager will share the praise or the blame for the decision together. Motorola/USA, for example, utilized this form of participatory management in its "Total Cycle Time Reduction" program. Employees from different departments and different educational levels were grouped together to solve certain problems within Motorola's operational system.

20.10 Decision-making

It is important for employees in American companies to realize that their opinions are not only valued, but expected. Contradicting a superior in a constructive way is commonplace, and initiative is seen as a virtue. In Germany, on the other hand, decisions are often made as follows: a manager collects information from his subordinates, analyzes it and makes a decision accordingly. Depending on the magnitude of the decision, the same manager may only be able to pass on a recommendation to his or her superior, having no direct influence on decision-making. By riding the chain of command, the decision will have been examined carefully on many levels. Opinions from subordinates are given only when asked for, and even this can be a rare occurrence. Compared to Americans, Germans love procedures, formalities and doing things by the book. Much like in a German university, the final decision comes from the top down.

20.11 Communication

Within a group, employees exchange information freely and openly. A team member does not hesitate to ask for information or assistance from another employee, regardless of his or her ranking in the company. At the same time every member is expected to share his or her information with any other member who needs it. In order to transmit this sporadic and spontaneous form of communication, American firms rely heavily on the use of telephones and electronic mail. This method is informal and can lead to miscommunication, because not every member knows what information the other members have. However, it enables a goal-oriented team to access necessary information quickly and easily at a moment's notice.

The flow of information in a German company is also influenced by its hierarchical structure. As with decisions, the direction of this flow is generally top down and on a "need to know" basis. The assumption is that the superiors have more and better knowledge and that they should therefore control the flow of information. Information flow from the bottom up occurs only when the boss requests it. Important topics that have been discussed are usually backed up in the form of written memos. Information that has not been requested is usually not shared with enthusiasm. Germans, in general, prefer to relinquish information under directives only or when it is needed for a project in which several departments are involved. In America, a person acting in such a way would be viewed as not being a "team player," whereas in Germany it is totally appropriate, given the specific organizational structure.

Informality plays a large role in the American firm as well. The dialogue during the departmental meeting outlined in a previous section is a good example of how American employees communicate with each other in the office. First names are used regardless of rank, and conversation has a leisurely tone. Foreign employees should not conclude from this easygoing attitude that a low performance/low stress office climate is typical for a U.S. firm. In fact, high performance expectations and stress are to be found in every American office. Furthermore, despite the air of collectivity, every team has a leader who bears the ultimate responsibility for the group's performance. And while interaction with this leader is informal, respect from the team members is expected.

In the German business hierarchy, employees use formalities when addressing one another. A certain distance is maintained between colleagues, especially along vertical lines of authority. This is best demonstrated through the use of the formal "Sie." It is very rare that a superior will offer the informal "Du" to an employee working under his or her authority. Germans enjoy using this formal distance as a tool in signaling the character of relationships within the company.

Although both American and German firms are growing more similar, their divergent approaches to business will remain distinct as long as cultural differences exist between the two countries. In multinational corporations that have subsidiaries operating overseas, the lines are already being blurred beyond recognition. To what extent these organizations maintain their traditional ways or take on the customs of the host country varies from firm to firm. Job seekers must therefore analyze each company separately in order to comprehend its internal structure.

20.12 MBO – A Lesson in American Management Styles

Recently I had the opportunity to discuss management techniques with an experienced marketing manager whose career path included several stints with U.S. organizations in Europe. His first comment was that something always comes up whenever company leadership is perceived – for whatever reason – as being unable to motivate, inefficient or simply incompetent. And he quoted this phrase: "There are leaders who could not even lead a group in silent prayer". Which is not to say that this is a phenomenon that can only be found in the United States!

What exactly characterizes the American management style? We have noticed that U.S. managers present themselves casually, are addressed by their first name, keep their office doors wide open (with few exceptions), and view themselves as both team leaders and team members. Alongside this relaxed and straightforward nature, the dress code plays just as important a role as the expectation that each individual give his or her utmost and work (unpaid) overtime if necessary. If all of this seems contradictory, it's not.

Although there are numerous "Management by ..." and "How to ..." methods, we would like to concentrate on MANAGEMENT BY OBJECTIVES, or MBO, because it lends itself best to explaining the "American" management style, assuming this concept will allow itself to be captured in brief.

MBO in the United States aims at the motivation and mobilization of the individual within the team. Some of the subscribers of MBO in the USA are or were General Motors, General Electric, General Foods, Unilever, Du Pont, Radio Corporation of America, and many more. Naturally MBO is also practiced in large German and European organizations, with various modifications, since fortunately each company differs from the next. In any case, the principles of MBO always have the same objectives: well-defined results guidelines; a high degree of effectiveness on the part of the individual leading to concerted action; and the union of common strengths within the team to reach measurable, predetermined objectives.

They also include the establishment of goals for specific jobs and those occupying them; the linkage of different objectives with the promotion of joint action; an emphasis on measurability and control; the involvement of everyone concerned at all levels; as well as the introduction of regular progress and feedback sessions.

Objectives must be specifically and realistically attainable, albeit with considerable effort, subject to a certain time frame, but most of all measurable. A classic marketing example can be formulated as follows: it has been agreed to increase sales for product X by DM 8 million from January 1, 2000, to December 31, 2000. You'll notice: the measurability of increased sales volume and the time frame play a decisive role.

How many objectives should be given to each individual? An experienced MBO advisor and MBO coach with a proven track record working for a leading U.S. corporation reports that on average 4 to 8 agreed-upon targets per worker have proven to be effective. Of great significance here is putting objectives down in writing and setting priorities. Grand terminology such as minimizing, maximizing and optimizing should definitely be avoided.

When you come upon an organization that has successfully applied MBO, then you know that they have planned methodically and spent a great deal of money on instruction and training.

What is actually behind this management theory, and how does it work? To begin with, top management, which serves a special exemplary function, must use its powers of persuasion extensively to gain understanding and acceptance from everyone involved. MBO must first be modeled in order to underscore the seriousness of the undertaking. Agreements about staff training, quarterly feedback sessions, and annual analyses of results must be documented beforehand to function within a fixed budget and timetable to avoid a collapse of the program at the onset. MBO, like all other management systems, has to overcome the natural resistance of people to oppose the new. When MBO works right, you will meet enthusiastic supporters who know exactly what is expected of them and who will direct their effort in reaching the objectives within their team.

If you decide to join a small or large company dedicated to MBO, to start or continue your career, you must be willing to be judged by your performance and results. It means that you have chosen a fair, but sometimes tough contest, one you must win again and again, especially when working for a German or European subsidiary of an American organization.

The reward for your decidedly above-average involvement will be a very good salary, the chance to get ahead much faster than others, and the overwhelming sense of accomplishment you gain by contributing (in a way that was agreed upon with you personally) to the overall success – as promised – of your company.

Of course there is another side of the coin: you risk not being able to reach the agreed-upon objectives. If this happens often, you should re-examine your targets, your strategies, your manner of working, your performance level and drive, or your basic attitude towards work and, if need be, reorient yourself. As harsh as it might sound, in this system, only the results-oriented individual will be successful. And as the saying goes, success breeds success!

If you would like to explore MBO, we recommend reading publications by *Peter Drucker and George Odiorne,* who were instrumental in shaping this management style. Should you be interested in modern management styles in general, consult the somewhat controversial work of *Tom Peters,* who wrote in his book *Liberation Management: Beyond the Hierarchies* that creative chaos is the solution to many management problems.

20.13 American English

If you change from a conservative German company to an American enterprise, you must change your attitude and views as well. While a certain flexibility is already evidenced by taking this step, becoming effective quickly in the new position requires adaptability and flexibility as well as a quick grasp of important issues and tasks.

A starting point is "American English," which in itself is much more than just a dialect of Oxford or BBC English. The sooner you acknowledge that you are dealing with a language in its own right, the better. Within the German branch of an American company you will of course be dealing with American colleagues and/or bosses, and they prefer to speak in their own language when things get serious. "Serious" means when decisions with binding effect have to be reached. In many parts of Germany it is possible to receive American television and radio stations like CNN and AFN. Use these as often as possible for "background entertainment" at home or in your car if you still have problems understanding American English. Even if you took English in school for seven or eight years, American spoken English can create some difficulties, not only because of the different pronunciation, but also due to the vocabulary.

When applying for a job with an American company, you should expect that at least part of the interview will be conducted in English – depending on the position – and prepare for it. This part of the interview may very well be the one that decides the further progress of your application.

Teachers or interpreters/translators of English have a much better chance to be hired by an American company than by the public sector or a German firm. Years of hard work acquiring these skills can really be put to good use here. Starting out as a "Management Assistant" or in the international human resources field is possible, and even probable, provided that one has the necessary drive and personal commitment.

The entire internal written communications within American companies are usually carried out in English. This enables communication with colleagues in the parent company or with branch offices in Europe or overseas. Here is already one example of how German employees can really make a name for themselves. Generally, the level of education is higher in Germany than in comparable schools in the U.S. In some cases this may lead to the interesting situation where an American boss asks his German secretary to polish up his written English a bit, particularly if formal correspondence is called for and his grammar skills are a little underdeveloped.

And here we hit on an important point: generally in America performance ranks higher than education, and therefore you will frequently find people who are absolute specialists in their working field, but who lack a broad education otherwise. The entrepreneur does not necessarily need a college degree to be successful. Furthermore, most Americans acquire academic degrees for the sake of acquiring knowledge rather than prestige, another reason for the relatively minor importance of titles in the United States. In most cases titles will not be a vital criterion in the hiring decision, which is true for German subsidiaries as well.

Should you have the opportunity to go to the USA – be it on company or private business – you should purchase one of the incredibly inexpensive "American Dictionaries" available there to use as a reference or to supplement your language abilities. To be worthwhile it should contain at least 150,000 entries. An additional "Thesaurus" can't hurt, which lists key words and their synonyms. It's usually available at the price of a paperback. And if you don't need it anymore, one of your co-workers will gladly take it off your hands.

If you are working in the European headquarters of a U.S. company, communication with other European countries will naturally also be in English, as already mentioned. You will find out very quickly that you, as a European, will have much fewer difficulties in communicating with your foreign colleagues than your American counterparts do. Although you are a foreigner yourself, you can understand Italian or French-accented school English much easier than an American can. You may become an important link to better understanding. American companies are usually very flexible, particularly in regard to organization and procedures; short-term adaptations to meet market requirements demand quick solutions and frequent changes.

Organizational procedures are captured in company policies and include company car and travel-expense regulations as well as rules of conduct for dealing with government agencies and competitors. Such policies, because of their legally binding character, are usually written by lawyers or administrators. For the most part they are voluminous and complicated verbal elaborations. Due to legal ramifications, important policies are often translated into the respective local language.

20.14 Make the Best of the Short Window of Time with the U.S. through E-Mail

The organization of an American enterprise is usually represented pictorially on an organization chart, using small boxes and other geometric shapes containing names and job functions. Connections are drawn using solid or dotted lines that indicate functional and technical dependencies as well as reporting schemes.

In this way an attempt is made to graphically represent what are in part very complex hierarchical interdependencies within the organization in as simple a format as possible. Of course, such has also long been the practice in German companies, as well, so this doesn't represent a novelty as such; what is unique, however, is how prevalent it is in the U.S. business culture, and how helpless the typical American businessman is without it. When meeting with a business partner, the first thing he wants to know is with which people in which positions and at what hierarchical levels he will be dealing. As a German colleague you should have this information handy, particularly since you yourself will also need it in the end.

We won't be dealing here with the subject of titles used in organizational charts, except to say that there are some typical American versions and company-specific variations. The boss of a company is usually the "General Manager"; in England he is the "Managing Director". It is advisable to have a reference list handy that shows the different titles, particularly if business contacts are not only in Germany, but throughout Europe. (See also: Oluf F. Konstroffer, *American Job Titles – und was sie bedeuten*).

Since American business behavior is usually characterized by a sense of urgency and an almost compulsive command to rush, modern communications technology of course plays the key role in information interchange. The time has come for E-mailing, both internally and externally.

Usually the employee will also be expected to empty his or her mailbox during business travel; management will also do it once a day while on vacation.

Above all, electronic mail provides an effective solution to one of the biggest problems in direct communications with the American headquarters: it stretches the otherwise small communication window between office time in Germany and in the U.S. (which during normal office hours is only three hours), by making use of the time lag. If you send your information at the end of your working day to the U.S. through electronic mail, it can be worked on there for another half a day. Chances are that there is already an answer in your mailbox the next morning when you arrive at the office.

In any event, one should attempt to make it a habit – not only for the sake of communication through electronic media – to get all the information on a specific topic onto one single page, outlining the intention, the solution, and resulting actions clearly. American managers in particular often take the position that something that cannot be put on one page has not been thought through completely. And despite the fact that electronic mail makes it possible to send a message to an almost limitless number of recipients simultaneously, one should resist the temptation to create a distribution list that overwhelms the actual information conveyed. In other words, the one-page principle should generally hold true for documents containing distribution headers as well.

If the complete information does not fit on one page, the first page should contain the most important facts and refer to attachments for more details. These are then called "appendices" and usually are organized according to topics and designated by letters in ascending alphabetical order. A single attachment is simply called "appendix."

21. How to Be Successful in the American Corporate Culture

Week after week you can find opportunities to join a subsidiary of a U.S. corporation or its headquarters in Germany or elsewhere in Europe in the employment sections of the large German daily newspapers. If you just compare a good dozen such recruitment ads, you will notice that the requirements regarding personal characteristics are just about the same for each individual target group addressed. We would like to illuminate these points more precisely with the following. This much for now: whatever your situation, you want to be the type of employee or manager who clearly performs beyond the norm. Whether 36, 38 or 40 hours per week – that should not matter to you. You should work as long as it takes to get the job done on time. You should also identify completely with the goals of the company and support "your" firm, no ifs, no buts.

American corporate culture in Germany and Europe presents itself somewhat differently than that of the "typical" German, French, British or Italian corporation, even when narrowly interpreting and closely following local employment ordinances.

Fortunately, intelligent and ambitious people will always find new ways to be creative and explore uncharted waters. They have realized that without work there is no meaningful fulfillment – no happiness, if you will. Here we are talking about recognizing and benefiting from the wealth of opportunities generally available in most corporations, regardless of national origin.

In U.S. corporations you will observe a much more robust way of dealing with bureaucratic obstacles. Without a hint of apprehension, they offer challenging and lofty opportunities to prospective employees in their quest for those who have a passion for achievement and who want to advance in a demanding yet rewarding environment.

Let's assume, upon receiving your degree, you have already proven your ability to accomplish tasks successfully within a certain time frame, or you have acquired specific knowledge and abilities in your professional life. Then it will always come down to a few prominent personal characteristics that will be the deciding factor in determining the course of your career.

To be sure, what we want to summarize in the following is not just valid for the American corporate culture, but here in Germany especially, because in a "bottom-line"-oriented environment, the strengths and weaknesses of a worker or a team become effective more quickly and also lead more quickly to positive or negative results, as the case may be.

The personal qualifications most often required of applicants responding to recruitment ads placed by U.S. companies for professional and managerial positions are as follows:

21.1 Drive, Performance and Results Orientation

This specifically means for you that your future employer will evaluate how capable you are of performing your tasks in accordance with company goals, within a specified time frame, and with joy, energy and creativity. If your tasks cannot be completed within a 40-hour week, you will gladly spend the additional time it takes at work and will consider this an investment in your professional future. By doing so you are offering your company a very good service – and that is what is expected of you. You must be aware that your time investment alone will not suffice. It's results that count, in other words, the bottom line. Your every deed and your entire behavior must be governed by a positive cost-benefit ratio.

21.2 Flexibility, Mobility

If you can deliver on these two important qualifications alone you are way ahead of the game. American companies listed on the U.S. stock exchange are required to report quarterly. What this means for you in practice is that you will find yourself confronted with last-minute changes with respect to marketing, sales, product lines, pricing policies, or even cost-cutting measures, all of which have quite a considerable effect on your work.

To succeed you must grasp the need for changes as early as possible, be proactive and utilize change as an opportunity. Being flexible also means being willing to critically examine one's own accomplishments and, if warranted, being able to take off on what are often rockier roads.

Mental flexibility and physical mobility have to go hand in hand – this presents a big problem for many job hunters. If you want to succeed in business, you need to be mobile. If you only recognize an opportunity as such when it is offered in Munich or Hamburg, you should just stay where you are and try to get by there. U.S. corporations require a high degree of mobility from their managers. Relocation in the context of job rotations or human resources development programs are not only a matter of course, but they are also highly welcome by hearty souls. They often represent important stages in one's career and offer the possibility of getting acquainted with many German or European production facilities and/or sales organizations, and may additionally lead to a stint at corporate headquarters in the U.S.A. People who are not willing to relocate and to make certain personal sacrifices will give their American partners the impression that their professional priorities are not in order. Very soon they will no longer be able to play in the big league and will be viewed as unreliable candidates who are ill-suited for management positions, especially international ones.

21.3 Reliability

This term has a much broader meaning in most U.S. companies than we are used to in Germany. That you are expected to be reliable and dependable goes without saying. But we are not talking about being reliable in the sense of arriving at work on time and leaving promptly at 5:00 in the afternoon. On your way up you must prove to your company that it can count on you in the event of unforeseen problems. You must be comfortable with the fact that the customer will always be first, followed by the company, and only then by the employee. Accordingly, there will be times when you have to give up a weekend or change vacation plans for the sake of your employer. And remember – absenteeism should be kept to a minimum.

21.4 Team Spirit

You are expected to shoulder responsibility, be performance driven and results oriented, combine flexibility and mobility with reliability, and on top of everything else, be a team player – can all this be done at the same time?

The answer is a resounding yes in American corporate culture. Whether you are an employee in charge of a business unit or a team leader in the finance and administration department, you will appreciate the performance that results from a team effort, utilizing the personal strengths of each individual team member. In this scenario even the team leader becomes a team player. You must feel comfortable addressing your superior by his or her first name and enjoy the fact that your team calls you by your first name. You are an efficient and integral part of a well-functioning and hard-working team in pursuit of results and success. The team depends on you for your input and achievements. Which brings us to our last point:

21.5 Hands-on Management Style

Maybe you have been working for a company with a tightly structured hierarchy, are used to dealing with various complex organizational structures, and know how to live by regulations, mostly unwritten. In other words, you know how to avoid stepping on other people's toes. And now you are confronted with this: you find yourself inside a typical American office-without-walls, and you feel about as helpless as someone standing above an anthill trying to precisely describe its operational structure. What you are actually experiencing is a team in action. At first glance you might not even be able to identify the team leader, who is sitting (just like everybody else) in front of his own PC. He does not need a secretary to connect his calls, and he even knows how to make his own photocopies.

Hands-on management – that's what's required in a corporate culture with little room for prima donnas too good for everyday tasks. This also spells bad news for empty talkers, hot air producers, status seekers and other so-called non-performers. In demand are managers who lead by example and never lose sight of day-to-day business while engaged in projects that require analytical, organizational, conceptual, and strategic skills and place high demands on one's resolve. It's a fact: before you know it, the end of the month or the quarter has arrived.

If you possess these skills, have a positive attitude and confidence in your own abilities coupled with a good dose of courage and ambition, then success is within your grasp. Because in subsidiaries of U.S. businesses that decide to invest in Germany despite its problems at the moment as a business location, you may well be just the employee or manager they are looking for.

Please help in the effort to see that Germany, notwithstanding all the problems connected with "Business Location Germany", not only remains viable and attractive as a production and investment site for our friends from across the North Atlantic, but becomes even more so.

People will talk with you openly and leave no doubt that they will want to be successful with you. And isn't that what we all want? *"The rules may be different, but success is the name of the game"* – this sentence gets right to the point.

Literaturnachweis

American Chamber of Commerce; Trade & Investment Figures, Juli 1999; AmCham Report 1999, Juni 1999; Die Attraktivität des Investitionsstandortes Deutschland aus der Perspektive von Auslandskorrespondenten, Mai 1999; Frankfurt/Main

Barker, Joel Arthur; Future Edge: Discovering the New Paradigms of Success; William Morrow and Company, Inc., New York, NY, 1992

Bureau of Economic Analysis (U.S. Department of Commerce); U.S. Direct Investment Position Abroad on a Historical-Cost Basis. 1994–98, U.S. Direct Investment Abroad: Capital Outfloors 1994–1998, Chicago, IL

Campbell, Andrew/Devine, Marion/Young, David; Vision, Mission, Strategie: Die Energien des Unternehmens aktivieren; Campus Verlag, Frankfurt/Main, 1992

Chruden/Cherman; Managing Human Resources, South Western Publishing Co., Cincinnati, Ohio, 1984

Crosby, Philip B.; Quality is Free: The Art of Making Quality Certain; McGraw-Hill Book Company, New York, NY, 1979

Crosby, Philip B.; Quality Without Tears: The Art of Hassle-Free Management; New American Library, New York, NY, 1985

Crosby, Philip B.; Let's Talk Quality: 96 Questions You Always Wanted to Ask Phil Crosby; Penguin Group, New York, NY, 1990

Deming, W. Edwards; Elementary Principles of the Statistical Control of Quality; Nippon Kagaku Gijutsu Remmei JUSE, 1951

Deming, W. Edwards; Quality, Productivity and Competitive Position; M.I.T. Center for Advanced Study, Cambridge, MA, 1982

Deming, W. Edwards; Out of the Crisis; M.I.T. Center for Advanced Engineering, Cambridge, MA, 1986

Denison, Daniel R.; Corporate Culture and Organizational Effectiveness; John Wiley & Sons, Inc., New York, NY, 1990

Deutsche Bundesbank; Zahlungsbilanzstatistik Oktober 1999, Frankfurt/Main

Deutscher Akademischer Austauschdienst (DAAD); Studium, Forschung, Lehre: Förderungsmöglichkeiten im Ausland für Deutsche 1994/95; Petersberg Verlag GmbH, Königswinter, 1993

Drucker, Peter Ferdinand; The Frontiers of Management; Truman Tulley Books, New York, NY, 1986

Drucker, Peter Ferdinand; The New Realities: In Government and Politics, in Economics and Business, in Society and World View; Harper & Row, New York, NY, 1989

Drucker, Peter Ferdinand; Managing the Non-Profit Organization: Practices and Principles; Harper Collins Publishers, New York, NY, 1990

Drucker, Peter Ferdinand; Adventures of a Bystander; Harper Collins Publishers, New York, NY, 1991

Edwards, Owen; The New Informality, in: Gentlemen's Quarterly, October 1992; Conde Nast Publications, New York, NY

Grisham, John; The Firm; Doubleday & Co., Inc., New York, NY, 1991 (Deutsche Ausgabe: Die Firma; Hoffmann und Campe, Hamburg, 1992)

Ishikawa, Kaoru; What is Total Quality Control? The Japanese Way; Prentice-Hall, Englewood Cliffs, NJ, 1985

Juran, Joseph M.; Juran on Leadership for Quality – An Executive Handbook; The Free Press, A Division of Macmillan Inc., New York, NY, 1989

Juran, Joseph M./Gryna, Frank M.; Juran's Quality Control Handbook; McGraw-Hill Book Company, New York, NY, 1988

Kennedy, George F.; The Education Digest; Volume 58, Number 7, March 1993, Prakken Publications, Inc., Ann Arbor, Michigan

Kotter, John P./Heskett, James L.; Corporate Culture and Performance; The Free Press, A Division of Macmillan, Inc., New York, NY, 1992

Little, Royal; Where You Should Put Your Money, in: Business Week, S.68–72, December 1986; McGraw-Hill Book Company, New York, NY

Odiorne, George S.; Management Decisions by Objectives; Prentice-Hall, Englewood Cliffs, NJ, 1969

Peters, Thomas J./Waterman Robert H., Jr.; In Search of Excellence – Lessons from America's Best-Run Companies; Harper & Row Publishers, Inc., 1982 (Deutsche Ausgabe: Auf der Suche nach Spitzenleistungen: Was man von den bestgeführten US-Unternehmen lernen kann; Verlag Moderne Industrie, Landsberg am Lech, 1993)

Peters, Tom; Liberation Management, Alfred A. Knopf-Verlag, 1992 (Deutsche Ausgabe: Jenseits der Hierarchien; Liberation Management; Econ Verlag, Düsseldorf, 1993)

Rauner, Max; Als Gastschüler in den USA; Reise Know-how-Bücher, Grundmann Verlag, 1999

Survey of Current Business; June, 1993, Volume 73, Number 6; U.S. Department of Commerce, Economics and Statistics Administration, Bureau of Economic Analysis

Walton, Mary; Deming Management at Work, Six Successful Companies That Use the Quality Principles of the World-Famous W. Edwards Deming; G. P. Putnam's Sons, New York, NY, 1990

Wenn Sie Fragen, Anregungen oder Kommentare haben,
bitte wenden Sie sich an den Verfasser

OLUF F. KONSTROFFER

e-mail: info@konstroffer.de
http://www.konstroffer.com

Konstroffer & Partner
Personalmarketing KG
Glauburgstr. 95
60318 Frankfurt am Main
Postfach 18 02 40
60083 Frankfurt am Main
Tel.: 069/95 99 06–0
Fax: 069/55 87 20

K & P INTERNATIONAL
Konstroffer & Partner
Personnel-Marketing Inc.
4343 Commerce Court
Suite 112
Lisle, IL 60532, USA
Tel.: + (630) 577–1560
Fax: + (630) 577–1563

Stichwortverzeichnis